教科書ガイド

大修館書店版

古典探究　漢文編
精選　古典探究　漢文編

TEXT BOOK GUIDE

文研出版

はしがき

本書は、大修館書店発行の教科書「古典探究　漢文編（707）」及び「精選　古典探究（708）」に準拠した教科書解説書として編集されたものです。

教科書内容がスムーズに理解できるように工夫されています。予習や復習、試験前の学習にお役立てください。

本書の特色

●教科書参照ページ

本書は、お使いの教科書によって「教科書参照ページ」が異なります。

教707…**古典探究　漢文編**（707）

教708…**精選　古典探究**（708）

●冒頭解説

必要に応じて単元の冒頭で、学習にあたっての予備知識となるような事柄（作品と作者など）について解説しています。

●教材解説

〔大意〕では、教材の大意を、簡潔にまとめています。漢詩の〔主題〕では、詩形と押韻も示しています。〔書き下し文〕は、すべての漢字に現代仮名遣いによる読み仮名をつけています。送り仮名は旧仮名遣いで表記し、現代仮名遣いの読み方を片仮名で示しました。〔現代語訳〕には、適宜必要な言葉を補って現代語訳を示しています。その際、〔書き下し文〕と同じ番号をつけ、上下で対照させてわかりやすく示しました。〔語句の解説〕は、教科書脚注と重複しない範囲で、重要語句や文脈上押さえておきたい箇所の意味、重要な句形について解説しています。また、教科書下段の脚問の解答を施しています。

●学習のポイント

教科書教材末に出ている問題に対応する解答（例）、考え方などを説明し、「句形」についても確認問題と解答を示しました。

目次

教科書によって「教科書参照ページ」が異なりますので、ご注意ください。

教707…古典探究　漢文編(707)
教708…精選　古典探究(708)

第Ⅰ部

4 文章

5 思想

6 長恨歌と日本の文学

7 小説

*の付いた教材は 教708 では学習しません。

1 故事・逸話

●故事・逸話とは

故事とは、古くから語り伝えられてきた事柄であり、逸話とは、人物の隠れた一面を伝えた話をいう。『後漢書』『晋書』など歴史書には、多くの故事・逸話があり、こうした話だけを集めた『説苑』『世説新語』『蒙求』などもある。また、『荘子』『孟子』『韓非子』など諸子百家の書の中にもさまざまな故事・逸話がある。

故事・逸話を読んで、古代中国の歴史を学びながら、当時の人々の生き抜く知恵や教訓について考えてみよう。「故事成語」は、こうした故事・逸話に基づいて生まれた言葉である。

知音 〔呂氏春秋〕

教707 8 教708 208

【大意】 教707 8ページ1～6行 教708 208ページ1～6行

伯牙が琴を弾くと、鍾子期はその音色を聴いて伯牙の心をよく理解した。鍾子期が死んでしまうと、伯牙は琴を壊し、二度と琴を弾かなかった。

【書き下し文】

❶伯牙琴を鼓し、鍾子期之を聴く。❷琴を鼓するに方たりて志太山に在り。❸鍾子期曰はく、「善きかな琴を鼓する、巍巍乎として太山のごとし。」と。❹少選の間にして志流水に在り。❺鍾子期又曰はく、「善きかな琴を鼓する、湯湯乎として流水のごとし。」と。❻鍾子期死す。❼伯牙琴を破り絃を絶ち、終身復た琴を鼓せず。

（呂氏春秋）

【現代語訳】

❶伯牙は琴を演奏し、鍾子期はこれ（伯牙が弾く琴の音）を聴いた。❷（伯牙が）琴を弾くときその心は泰山にあった。❸鍾子期は、「すばらしいなあ（君が）琴を弾くのは、高くそびえる泰山のようだ。」と言った。❹しばらくして、（琴を弾く伯牙の）心が流れる水に向かった。❺鍾子期はまた、「すばらしいなあ（君が）琴を弾くのは、水が盛んに流れる流水のようだ。」と言った。❻鍾子期が死んだ。❼伯牙は琴を壊して絃を切り、生涯二度とは琴を弾かなかった。

語句の解説

教707 8ページ　教708 208ページ

○知音（ちいん）　親友。心から理解しあえる友人。

❶聴レ之（きくこれヲ）　これ（＝伯牙が弾く琴の音）を聴いた。

❷方（あタリテ）　…するときに。…にあたって。

❷志（こころざし）　「志」は、意志や目標の意味だが、ここでは「心・心が向かうところ」というような意味。

❸善哉乎鼓レ琴（よキかなこスルことヲ）　すばらしいなあ、（君が）琴を弾くのは。

＊…哉乎　…だなあ、…は。詠嘆を表す。「哉」「乎」とも助字だが、「哉乎」二字で「かな」と読む。

❸若二太山一（ごとシたいざんノ）　泰山のようだ。「若レ…（シ）（ノ）」は「…のようだ」の意味。

❼破レ琴絶レ絃（やぶりことヲたチげんヲ）　琴を壊して絃を切り。ここでは「破」は「傷つけて壊す」、「絶」は「糸などを切る」の意。

❼終身（しゅうしん）　死ぬまで。生涯。

❼不二復鼓一レ琴（ずまタこせことヲ）　二度とは琴を弾かなかった。

＊不二復…一（ずまタ）　二度とは…ない。一部否定の意を表す。

1 「志在二太山一。（こころざしたいざんニあリ）」「志在二流水一。（こころざしりゅうすいニあリ）」とはどういうことか。

答　「志在太山」は、泰山が高くそびえる様を思い描きながら琴を演奏したということで、「志在流水」は、勢いよく流れる水を思い描きながら演奏したということ。

学習のポイント

◆伯牙が琴を演奏しなくなってしまったのはなぜか。

考え方　伯牙にとって鍾子期はどんな人物だったのかを読みこんでみよう。

解答例　鍾子期ほど、自分の琴の音とそれを弾く心を理解してくれる者が、この世にもういなくなってしまったから。

句法

◆書き下し文に直し、太字に注意して、句法のはたらきを書こう。

◇善（キ）哉乎鼓レ琴（スル）（ヲ）、

（　　　　　　　　　）（　　　）

答　善きかな琴を鼓する、／詠嘆

画竜点睛 〔歴代名画記〕

教707 9 教708 209

【大意】 教707 9ページ1〜7行 教708 209ページ1〜7行

張僧繇は武帝に寺の装飾絵を描くことを命じられていたが、安楽寺に描いた四頭の白竜には、ひとみを描かなかった。ひとみを描くと空に飛んでいってしまうからだ。人々は信じず無理矢理ひとみを描かせた。僧繇がひとみを描くと竜は雲に乗り空を飛んでいってしまった。

【書き下し文】

❶張僧繇は、呉中の人なり。❷武帝仏寺を崇飾するに、多く僧繇に命じて之に画かしむ。❸金陵の安楽寺の四白竜は、眼睛を点ぜず。❹毎に云ふ、「睛を点ぜば即ち飛び去らん。」と。❺人以て妄誕と為し、固く之に点ぜんことを請ふ。❻須臾にして雷電壁を破り、両竜雲に乗り、騰去して天に上る。❼二竜の未だ眼を点ぜざる者は、見に在り。

（歴代名画記）

【現代語訳】

❶張僧繇は、呉中出身の人である。❷（梁の）武帝は仏教の寺院を立派に飾る際には、多くは、張僧繇に命じて絵を描かせた。❸（僧繇は）金陵の安楽寺に描いた四頭の白竜には、ひとみを描き入れなかった。❹（僧繇は）いつもこう言っていた、「ひとみを描き入れるとすぐに飛び去ってしまいます。」と。❺人々は、でたらめだと考え、ひとみを描き入れることを強く求めた。❻（僧繇がひとみを描き入れると）たちまち雷が壁を突き破り、二頭の竜は、雲に乗って、躍り上がって天に昇っていった。❼（残りの）二頭の竜（の絵）でまだひとみを描き入れていないものは、現在も残っている。

語句の解説 教707 9ページ 教708 209ページ

○**画竜点睛** 作業の最後の仕上げ。これを訓読すると、竜を画き睛を点ける、となる。竜（龍）を「りゅう」と読むのは、日本語読み。本来は「りょう」と読む。「竜」は本来は「龍」の略字だが、日本では常用漢字。「睛」は「晴」とは異なり、「ひとみ」の意味。「点」は「つける」の意。

❶**張僧繇** 姓は「張」名が「僧繇」。南北朝時代の人。南北朝は三国時代の後、晋の滅亡を経て南北に国家が乱立した時代で、北魏の建国から隋の統一までを指す。

❸**金陵 安楽寺 四白竜** 金陵にある安楽寺の四つの白竜の絵。

❸**不ㇾ点㆓眼睛㆒** 「眼」は目、「睛」はひとみ。目の中にひとみを描き入れず、白いままにしたということ。

❹**毎云** いつも言っている。毎度言っている。

❹**即** すぐに。ただちに。「即席ラーメン」の「即席」は席につい

てすぐ、という意味。

1 人々は何を「妄誕」と思ったのか。

答 「竜の絵にひとみを描き入れると、竜が本物になって動き出し飛んでいってしまう」という張僧繇の説明。

❺**固請レ点レ之** 執拗にこれ(四つの竜の絵)に、目を描き入れることを強く求めた。「固」は「硬い」が第一義。派生して「強く」「強引に」「強硬に」などの意味を持つ。「請」は「請求」「要請」などの言葉にもあるように「求める」意。人々は張僧繇の言葉を信じず、恥をかかせてやろうという意図で、半ば強引に竜の目を描かせたのである。

❻**雷電** いなずま。

❻**両竜乗レ雲** 二頭の竜は雲に乗って。竜は雲に乗って空を飛ぶとされている。

❼**二竜未レ点レ眼者** 二竜で、まだ眼を描き入れていないものは。日本語だと修飾語が上に来るので、そのままの語順では少し不自然な表現。「未」は再読文字で、「まだ…ではない」の意。

❼**見在** 現在も(そこに)ある。「見」は「現在」の意。「在」は存在するということ。

学習のポイント

◆**張僧繇が描いた竜の絵はどのようなものだったか。**

考え方 ❸❹を中心に読み、竜の絵がどういうものであったかを確認する。

解答例 ひとみの描かれていない竜で、ひとみを入れると本物の竜になるもの。

句法

◆**書き下し文に直し、太字に注意して、句法のはたらきを書こう。**

◇**命**ニ僧繇一画レ之。

(　　　　)(　　)

答 僧繇に命じて之に画かしむ。/使役

両頭蛇(りょうとうノへび) 〔蒙求(もうぎゅう)〕

教707 10 教708 210

【大意】 教707 10ページ1~7行 教708 210ページ1~7行

孫叔敖(そんしゅくごう)はある日、見たものは死ぬと言われている「両頭蛇」を見てしまい、自分は死ぬと思って家についていても食事もできない。母親が訳を聞くと、両頭蛇を見てしまったが、他の人が見て死んでしまうのを避けたいと考え殺して埋めたという。人は皆、彼が仁愛の持ち主だと理解した。彼が後に令尹となると、国を治める前から皆、彼を信頼した。

【書き下し文】

❶孫叔敖嬰児たりしとき、出遊して還り、憂へて食らはず。❷其の母其の故を問ふ。❸泣きて対へて曰はく、「今日吾両頭の蛇を見たり。❹去死すること日無きを恐る。」と。❺母曰はく、「今、蛇安くにか在る。」と。❻曰はく、「吾聞く、『両頭の蛇を見る者は死す。』と。❼吾他人の又見んことを恐れ、已に之を埋む。」と。❽母曰はく、「憂ふること無かれ。❾汝死せず。❿吾之を聞く、『陰徳有る者は、天報ゆるに福を以てす。』」と。

⓫人之を聞き、皆其の仁たるを喩る。⓬令尹たるに及び、未だ治めずして国人之を信ず。

（蒙求）

【現代語訳】

❶孫叔敖が幼児のとき、遊びに行き（家に）戻ると、心配事がある様子で（夕食を）食べなかった。❷孫叔敖の母はその理由を聞いた。❸孫叔敖は泣きながら、「今日ぼくは両頭の蛇を見ました。❹やがて死ぬだろうことが恐いのです。」とこたえた。❺母は、「今、その蛇はどこにいるの。」と聞いた。❻孫叔敖は、「ぼくは、『両頭の蛇を見た者は死ぬ。』と聞いています。❼（そして）他の人がまた見てしまうといけないと思って、（蛇を殺して）埋めました。」と言った。❽母は、「心配することはありません。❾お前は死にません。❿私はこう聞いています、『隠れたよい行いをした者には、天が幸福を与えてくださるものだ。』」と言った。

⓫人々はこの話を聞き、皆、孫叔敖が仁徳の心を持った人物であることを理解した。⓬孫叔敖が宰相になったとき、まだ実際に国政に携わる前から、国民は彼のことを信頼した。

語句の解説

教707 10ページ　教708 210ページ

❶**孫叔敖**　春秋時代、楚の宰相。楚の荘王に仕えた。

❶**出遊**　遊びに行く。

❶**而**　順接を表す。ここでは置き字。

❶**還**　帰る。ここでは家に帰る。

❶**憂**　悩んで。心配して。「うれえる」と読む語は他に「愁」がある。

❶**不レ食**　食べない。遊んで帰ってきたので夕食であると思われる。

❷**故**　わけ。理由。

❸**対**　答えて。目上の人に答える。問いかけに対して答える。「こたえる」と読む語は他に「答・応・諾」があり、「答」が疑問に答える、「応」は何かの動作に応じる、「諾」は同意する、の意。

❹**矣**　断定を表す助字。ここでは読まないので置き字。

❺**安**（いづクニカ）**在**（あル） どこにいるのか。「安…」は、疑問。「いづクニカ…」と読み、「どこに…か。」の意。

❼**已**（すでニ） すでに。古文の「已然形」は「已にそうなった形」。

❼**埋レ之**（うづムこれヲ） これ（両頭の蛇）を埋めた。

❾**汝**（なんじ） おまえ。対等以下の人物に対して用いる。

❾**不レ死**（しセず） 死なない。ここでは「両頭蛇」を見たことでは死なない、ということであり、永遠に「不死」ということではない。

⓫**仁**（じん） 仁徳者。

⓫**也** である。断定を表す助字。

⓬**未レ治**（いまダおさメずシテ）**而国人信レ之**（こくじんしんズこれヲ） まだ国を治めないうちからこれ（孫叔敖）を信頼した。治は、ここでは令尹（れいいん）の職務に就き国政を司ること。国人はここでは「楚」の人々のこと。

答 1 **国人は何を信じたのか。**

孫叔敖の子どもの頃の「両頭の蛇」に対しての対応を知っていたため、彼が宰相として人々の幸福を考えた善政を敷くことを信じた。

学習のポイント

◆ **「有ル二陰徳一者ハ、天報ユルニ以テスレ福ヲ。」（707 10・5 708 210・5）で、「陰徳」「福」は本文ではそれぞれ何に該当するか。**

考え方 この文章の中で「陰徳」「福」に該当する記述をこの部分よりも前の内容から探す。「陰徳」は「隠れたよい行い」、「福」は「幸運」。

解答 「陰徳」…「吾恐他人又見、已埋之矣」
「福」…「不死」

句法

◆ **書き下し文に直し、太字に注意して、句法のはたらきを書こう。**

1 今、蛇**安**クニカ在ル。 （　　　） （　　　）

2 **無**カレ憂フルコト。 （　　　） （　　　）

答
1 今、蛇安くにか在る。／疑問
2 憂ふること無かれ。／禁止

【大意】 教707 11ページ1～7行 教708 211ページ1～7行

孫子荊は若い頃、「枕石漱流」と言うべきところを「漱石枕流」と言ってしまい、友人から誤りを指摘された。しかし、それを認めようとせず、理屈に合わない反論をした。

【書き下し文】

❶孫子荊年少き時、隠れんと欲す。❷王武子に語るに、当に石に枕し流れに漱がんとすといふべきに、誤りて曰はく、「石に漱ぎ流れに枕せん。」と。❸王曰はく、「流れは枕すべく、石は漱ぐべきか。」と。❹孫曰はく、「流れに枕する所以は、其の耳を洗はんと欲すればなり。❺石に漱ぐ所以は、其の歯を礪かんと欲すればなり。」と。

（世説新語）

【現代語訳】

❶孫子荊は若い頃、世を捨て、隠棲しようと思っていた。❷（そこで友人の）王武子と話していて、当然、石を枕にして（眠り）川の流れでうがいをするとすべきところを、間違って、「石でうがいをし、川の流れを枕にしたい。」と言ってしまった。❸（これを聞いた）王は、「川の流れを枕にし、石でうがいをすることができるのだろうか。」と言った。❹孫は、「川の流れを枕にする理由は、俗事を聞いて汚れた耳を洗い清めたいからだ。❺石でうがいをする理由は、俗世の物を食べて汚れた歯を磨きたいからだ。」と言った。

語句の解説

教707 11ページ 教708 211ページ

❶**年少時** 年が若いとき。少年の頃。「少」はここでは「若い、幼い」の意。

❶**欲レ隠** 俗世間から離れて住もうと思う。隠棲しようと思う。

❷**当二枕レ石漱一レ流** 石を枕とし、（川の）流れでうがいをする、とするべきところを。「当レ…」は再読文字で、当然…しなければならない、の意。石を枕とし、流れでうがいをするとは、比喩的な意味であり、世俗から離れた質素な暮らしをする、つまり隠遁生活をすること。日本でも同じ概念があるが、もともとは古代中国の概念。社会を「俗」なものと考え「世俗」と呼び、自然の中での人と交わらない質素な貧しい暮らしを「清貧」と考えた。

❷**漱レ石枕レ流** 石でうがいをし、（川の）流れを枕とする。石と流を言い間違えたもの。明治大正期の文豪夏目漱石の「漱石」はここから採られている。

❸**流可レ枕、石可レ漱乎** 流れは枕にすることができ、石はうがいをすることができるのだろうか。「可」は可能・許可などを表す。ここでは可能。文末の「乎」は疑問・反語を表す。ここでは疑問。反語ととることもできる。その場合の現代語訳は「流れは枕にすることができ、石はうがいをすることができるだろうか、いや、そんなことはできないはずだ。」となる。

❹**所以** 理由。「所二―以…一」で「…（する）理由。」となる。

❹洗二其耳一　昔、人徳があると有名であった許由は、聖天子である堯が許由に天下を譲ろうとしているという話を聞いた。政治を俗なものと忌避していた許由は「汚れた話を聞いた」と耳を洗った、という故事にもとづく。

学習のポイント

◆王武子に誤りを指摘された孫子荊は、どのような態度をとったか。

考え方　❹以降の孫子荊の発言を読み、どう答えているかを確認し、どのような態度なのかを考える。

解答例　誤りを指摘されたが、自分の非を素直に見つめることができず、むきになって故事に則っていると苦しい言い訳をしている。

句法

◆書き下し文に直し、太字に注意して、句法のはたらきを書こう。

◇流レハ可レ枕ス、石ハ可レ漱グ乎。

（　　　　）（　　）

答　流れは枕すべく、石は漱ぐべきか。／疑問

糟糠之妻〔後漢書〕

教707 12〜13　教708 212〜213

【大意】 教707 12ページ1〜8行　教708 212ページ1〜8行

光武帝は、夫を亡くした姉が、宋公と再婚してもよいと思っていることを知った。光武帝は宋公を召し出して姉を屏風の後ろに座らせ、「『豊かになると妻を替える』と言う、これが人情というものか。」と尋ねたところ、宋公は、「『糟糠の妻は堂より下さず。』と聞いております。」と答えた。光武帝は姉の方を振り返って、「思いどおりにはならなかった。」と言った。

【書き下し文】

❶時に帝の姉湖陽公主新たに寡となる。❷帝与共に朝臣を論じ微かに其の意を観る。❸主曰はく、「宋公の威容徳器、群臣及ぶ莫し。」と。❹帝曰はく、「方に且に之を図らんとす。」と。

【現代語訳】

❶光武帝の姉である湖陽公主は夫を亡くした妻になったばかりだった。❷光武帝は（姉と）一緒に朝臣について論じ、ひそかにその（＝姉の）気持ちをうかがった。❸公主が言うには、「宋弘の威厳のある容貌と優れた人格は、多くの臣下たちの中で及ぶ者はいません。」と。❹光武帝が言うには、「今これからこれ（＝宋弘の気持ち）

❺後、弘引見せらる。❻帝主をして屏風の後ろに坐せしめ、因りて弘に謂ひて曰はく、「諺に言ふ、『貴くして交はりを易へ、富みて妻を易ふ。』と。❼人の情か。」と。❽弘曰はく、「臣聞く、『貧賤の交はりは忘るべからず。❾糟糠の妻は堂より下さず。』」と。❿帝顧みて主に謂ひて曰はく、「事諧はず。」と。

（後漢書）

を図ってみよう。」と。

❺その後、宋弘が（光武帝に）引見された。❻光武帝は公主を屏風の後ろに座らせ、そこで宋弘に向かって言うには、「諺に、『身分が高くなると交友関係を替え、豊かになると妻を替える。』と言う。❼（これが）人の自然な心か。」と。❽宋弘が言うには、「わたくしは、『（立身出世しても）貧しく身分が低かった時の付き合い（＝友人）は忘れてはいけない。❾（また）貧しい生活をともに送り苦労してきた妻は住居の母屋から追い出さない（＝離縁しない）。』と聞いています。」と。

❿光武帝は後ろを振り返って公主に向かって、「（再婚の）事は思い通りにはなりませんでした。」と言った。

語句の解説

教707 12ページ　教708 212ページ

❶帝　皇帝。ここでは後漢の光武帝劉秀のこと。前漢王朝が滅び、混乱状態であったのをまとめ上げ後漢王朝を樹立した。

❶新　近ごろ。最近。

❶寡　夫を亡くした妻。寡婦。「寡」は本来「少ない」という意。

❷与共　一緒に。二字で「ともニ」と読む。

❷論朝臣　朝臣について語り合い。「朝臣」とは朝廷に参列する家臣の意。「論」は語り合う。ここでは人物批評をすること。

❷微　こっそり。ひそかに。光武帝は姉の再婚の相手としてふさわしい人物かどうかを探るため、人物批評をする振りをして、姉の思いを知ろうとした。

❸主　公主の略。「公主」は、皇女。ここでは湖陽公主。

❸莫及　及ぶ者はいない。宋弘の威厳のある容貌と優れた人格に匹敵する人物はいないということ。

❹且図之　「且」は再読文字。今にも…する。「図」は、考えること。計画を練ること。「之」は、宋公を湖陽公主の再婚相手とすること。宋公は既婚者であるので、現在の妻を捨てさせる必要がある。

1　「図之」とはどういうことか。

答　湖陽公主が気に入っている宋公（宋弘）を湖陽公主の夫とする方法について考えるということ。「図」は「企てる」「計画する」の意。

❺弘　宋公のこと。宋が姓、弘が名。「公」は三公であり、最高位

の役職の人物に対する敬称。

❺**被二引見一** 「被」は、受身を表す助字。「引見」は、呼び出して面会すること。宋弘が主語なので、受身になっている。

❻**令二主坐一屏風後一** 公主を屏風の後ろに座らせる。「令二A一B」は、AをしてBせしむ、と読み、「AにBさせる。」と使役の意味を表す。Aにあたるのは(湖陽公主)、Bにあたるのは、(屏風の後に)座る。

❻**因** そこで。これによって。

❻**貴易レ交、富易レ妻** 高い身分や財産を手に入れたら、交友関係や妻は立場にふさわしい相手に替えるべきだ。「貴」は身分が高いこと。「交」は交流すること。「富」は財産があること。この時代このように思考し行動する人物が多かったことを表している。

❽**臣** わたくし。わたし。君主や目上の者に対する際の一人称。臣とは、自分が相手の臣下であることを強調する表現。現代の日本語で使われる一人称「僕」も本来は「下僕」を意味し、あなたの下僕であるわたし、という謙遜の意味がある。

❽**貧賤之交** まずしくいやしい人々の交流。「貧」は「貧しいこと、貧困であること」を表し、「賤」は「身分が低いこと」を表す。

❾**糟糠之妻** 貧しい生活を共にしてきた妻。糟糠は酒かすと米ぬか。酒かすや米ぬかは通常食用にはしないが、それらを食べて苦しい生活をしてきた頃からの妻、つまり苦楽をともにしてきた妻だ、ということ。

答 2 「不レ下レ堂」とはどういうことか。

家から追い出してはいけないということ。

❿**顧** 振り返って。振り向いて。

❿**矣** 文末につき、断定を表す助字。

学習のポイント

◆「帝」が「事不レ諧矣。」(707 12・7 708 212・7)と言ったのはなぜか。

解答例 宋弘に今の妻と別れて、より身分の高い人と再婚しないかと勧めたが、宋弘が今の妻と別れる気がないことを理解したから。

考え方 光武帝のいうことわざの意味を考えると、出世後、妻と別れて、身分にふさわしい妻を迎える習慣があったと考えられるが、宋弘の発言から、苦楽を共にした妻は大切にすべきだという考え方も同時にあったと考えられる。

句法

◆書き下し文に直し、太字に注意して、句法のはたらきを書こう。

1 後、弘被二引見一。 (　　)(　　)

2　帝令主坐屏風後、（　　　　）

3　人情乎。（　　　　）

答
1　後、弘引見せらる。／受身
2　帝主をして屏風の後ろに坐せしめ、／使役
3　人の情か。／疑問

塞翁馬

〔淮南子〕

教707 14～15　教708 214～215

【大意】

教707 14ページ1行～15ページ5行　教708 214ページ1行～215ページ5行

老人の馬が異民族の地に逃げたが、立派な馬を連れて帰ってきた。息子が乗馬で足の骨を折ったが、戦争が始まり、若者たちはほぼ戦死したが、息子は足が不自由なので戦争に連れて行かれず、親子ともに無事だった。

このように、何が幸いし、何が禍いするかを決めるのは難しいのだ。

【書き下し文】

❶塞上に近きの人に、術を善くする者有り。❷馬故無くして、亡げて胡に入る。❸人皆之を弔す。❹其の父曰はく、「此れ何ぞ福と為らざらんや。」と。

❺居ること数月、其の馬胡の駿馬を将ゐて帰る。❻人皆之を賀す。❼其の父曰はく、「此れ何ぞ禍と為る能はざらんや。」と。❽家良馬に富む。❾其の子騎を好み、堕ちて其の髀を折る。❿人皆之を弔す。⓫其の父曰はく、「此れ何ぞ福と為らざらんや。」と。

⓬居ること一年、胡人大いに塞に入る。⓭丁壮なる者、弦

【現代語訳】

❶とりでの近くに住んでいる人で、占いなどの上手な人がいた。❷（その人の）馬がどうしたことか、逃げて胡（西北方の異民族の地）に行ってしまった。❸近所の人々は、誰もが慰めた。❹その老人は、「このことがどうして福とならないだろうか（、いや、きっと福となる）。」と言った。

❺数か月たって、その（逃げた）馬が、胡の地の足の速い良馬を連れて帰ってきた。❻近所の人々は誰もが祝った。❼その老人は、「このことがどうして不幸とならないだろうか（、いや、きっと不幸になる）。」と言った。❽この家は（足の速い良馬を手に入れ、繁殖して馬が増え）名馬を多く持つようになった。❾息子は乗馬を好み、（ある日、馬から）落ちて大腿骨を折った。❿近所の人々は誰もが慰めた。⓫その老人は、「このことがどうして福とならないだろうか（、

を引きて戦ひ、塞に近きの人、死する者十に九。⓮此れ独り跛の故を以て、父子相保てり。⓯故に福の禍と為り、禍の福と為る、化極むべからず、深測るべからざるなり。

（淮南子）

いや、きっと福となる）。」と言った。⓬一年程たち、胡人が大挙してとりでに攻め入ってきた。⓭働き盛りの男たちは弓を執って戦い、とりでに近い人々の、十人中の九人までは死んだ。⓮ただ息子だけが片方の足が不自由であったがために（戦争に行かず）、父子は互いに無事であった。⓯だから幸福が不幸となり、不幸が幸福となる、この禍福の変化は理解することはできないし、道理の奥深さを測ることもできないのだ。

語句の解説

教707 14ページ　教708 214ページ

○**塞翁馬**　幸不幸は単純にはわからないという意味の故事成語。「人間万事塞翁が馬」とも。同じ意味の故事成語に「禍福は糾える縄のごとし」がある。

❶**塞**　とりで。外敵の侵入を防ぐため国境近くに立てた城塞。

❷**故**　理由。わけ。

❸**人皆弔レ之**　近所の人々は誰もが慰めた。

❹**此何不レ為レ福乎**　このことはどうして福とならないだろうか（、いや、きっと福となる）。「為…」は「…となる」。ここでは上に「不」があるので、「…とならない。」となる。

＊何…乎　どうして…か。いや、…ではない。反語。

❺**将**　統率して。引き連れて。

❻**賀**　祝う。喜ぶ。

❼**此何不レ能レ為レ禍乎**　このことがどうして不幸とならないだろうか（、いや、きっと不幸になる）。「能」は可能を表すので、直訳すれば「このことがどうして不幸になる可能性がないだろうか。いや、きっと不幸になる可能性がある。」などとなる。

＊能　できる。可能。

❾**其子好レ騎**　その（占いなどの上手な人の）子は馬に乗ることを好み、「其」はここでは、「占いなどの上手な人」のことを指す。「騎」は「馬に乗る・またがる」の意。よく目にする「騎兵」という熟語は「馬に乗った兵」のこと。

❾**堕**　落ちる。ここでは落馬すること。「堕」は「堕落」という熟語がよく使われる。「墜」は、同じように「人が落ちる」という意味だが別字なので注意。

教707 15ページ　教708 215ページ

⓭**引レ弦**　弦を引く。つまり、弓で攻撃すること。

1　「死者十九」とは、どういうことか。

答　戦死した者は十人中九人だったということ。九割の人間が死亡ということは残りの一割も何らかの被害を受けていると思われる。

⑭父子（ふし） 父と子、父は❹の「父」で、冒頭の「術を善くする者」つまり「占いなどの上手な人」のこと。子は落馬した子。

学習のポイント

1 **「人皆弔レ之ヲ。」（707 14・3、同8 708 214・3、同8）、「人皆賀レ之ヲ。」（同6）は、それぞれ何を「弔」し、何を「賀」したのか。**

考え方 それぞれの「之」が指す内容が解答になる。

解答例 最初の「弔」は、馬が逃げてしまったことを、次の「弔」は、息子が落馬してしまったことを、「賀」は逃げた馬が駿馬を連れて戻ってきたことを目的語としている。

2 探究 **この単元で取り上げた「知音」「画竜点睛」「漱石枕流」「糟糠之妻」「塞翁馬」は、それぞれ現在どのような意味で用いられているか、調べてみよう。**

解答例 「知音」…心の底からわかりあえている友。

「画竜点睛」…最後に加える重要な仕上げのこと。「画竜点睛を欠く」は、肝心な仕上げを怠っているために物事が精彩を欠くこと。

「漱石枕流」…負け惜しみの強いこと。

「糟糠之妻」…貧しいころから苦労を共有してきた妻。

「塞翁馬」…人の幸不幸は簡単には決められないものであること。

3 探究 **「知音」のような親しい交友についての故事成語や名言を集め、それぞれの由来や意味を調べてみよう。**

解答例 「水魚の交わり」「刎頸（ふんけい）の友」「宋襄（そうじょう）の仁」

考え方 由来や意味は漢和辞典、故事成語辞典、国語便覧などで調べる。国語辞典やネット上での検索だと使われ方は書いてあるが由来までは書かれていないことが多い。

句法

書き下し文に直し、太字に注意して、句法のはたらきを書こう。

1 此レ**何**ゾ**不**ランレ為ラレ福ト**乎**。
（　　　　）（　　　）

2 **独**リ以テ二跛之故ヲ一、
（　　　　）（　　　）

答
1 此れ何ぞ福と為らざらんや。／反語
2 独り跛の故を以て、／限定

2 漢詩―近体詩

●近体詩

近体詩とは、句数や韻律などに定まった規則があり、それに準じて作られた詩をいう。それまでは、形式的に自由で韻律も少ない古体詩があったが、唐代に入ってこの詩形が確立した。代表的な近体詩に絶句と律詩がある。

絶句とは、四句からなる詩をいう。第一句を起句、第二句を承句、第三句を転句、第四句を結句といい、起承転結の構成をとる。律詩とは、八句からなる詩をいう。第一・二句を首連(聯)、第三・四句を頷連(聯)、第五・六句を頸連(聯)、第七・八句を尾連(聯)といい、原則として頷聯と頸聯には対句(＝意味や文法が似た句を並べる技法)を用いる。

詩の形式として、一句が五字のものを五言絶句・五言律詩、一句が七字のものを七言絶句・七言律詩という。

詩の音律として、五言では偶数句末、七言では第一句と偶数句末に押韻(＝句末に同じ韻の漢字を用いて音や調子を美しくする技法)がある。

作者

王維…盛唐の自然詩人。山水画にも優れ「詩仏」と呼ばれる。

蘇軾…北宋の詩人。唐宋八大家の一人。「赤壁賦」が有名。

岑参…盛唐の詩人。辺境の自然や人を歌い「辺塞詩人」と呼ばれる。

李白…盛唐の詩人。絶句にすぐれ、豪放かつ自由奔放な作風で「詩仙」と呼ばれる。『李太白集』に、詩一一二〇首を収める。

杜甫…盛唐の詩人。律詩の完成者とされ、誠実で厳格な作風で「詩聖」と呼ばれる。李白と対照的な詩風から「李杜」と並び称された。

于武陵…晩唐の詩人。官を捨て放浪生活を送る。「勧酒」が有名。

杜牧…晩唐の詩人。絶句にすぐれ、杜甫に対し「小杜」と呼ばれる。

許渾…晩唐の詩人。人生の悲哀や情熱を「懐古詩」として歌った。

陸游…南宋の詩人。愛国と閑適が主題。『剣南詩稿』の著がある。

出典

『唐詩選』…明代の唐詩選集。全七巻。収められた詩の数は四六五首、盛唐の詩が三分の二を占める。杜甫、李白、王維が最も多い。

『三体詩』…南宋の唐詩選集。全三巻。唐詩から七言絶句、七言律詩、五言律詩の三つの詩形の作品を選出。とくに晩唐に重点がおかれている。李白、杜甫の作品はない。

『唐詩三百首』…清代の唐詩選集。全八巻。初・盛・中・晩唐の佳品を網羅している。唐代の詩史や詩風を概観するのに適した唐詩入門書。

自然

竹里館

王維〔唐詩選〕

教707 16　教708 216

【主　題】教707 16ページ1～6行　教708 216ページ1～6行

奥深い竹の中で、明月の下、俗世から離れた自然に身を置いて、静寂のうちに高雅な心境をうたう。

●五言絶句　韻　嘯　照

【書き下し文】

○竹里館

❶独り坐す　幽篁の裏

❷琴を弾じ　復た長嘯す

❸深林　人　知らず

❹明月　来たりて相照らす

（唐詩選）

【現代語訳】

○竹里館

❶（私は）ただひとり座り、奥深く静かな竹の林の中にいる。

❷琴を弾いては、（調べに）重ねて声を長く引いて詩を口ずさむ。

❸人里離れた奥深い竹林での（この高雅な）趣は、世間の人にはわからない。

❹（ただ）明るく輝く月だけが訪れて、照らしている。

語句の解説

教707 16ページ　教708 216ページ

○**竹里館**　王維が持っていた竹林の中にある別荘の名。

❶**独**　たった一人で。

❶**裏**　ここでは「うら」ではなく「なか（内側）」の意。

❷**弾レ琴**　琴を弾く。「琴」は、主に五弦、七弦で、日本の「こと」とは異なる。中国では、「琴」を弾くことは男子のたしなみであり、高雅な脱俗の心情を表した。

❷**復**　かさねて。その上に加えて。

❸**深林**　第一句の「幽篁」と同じ。「竹里館」が竹林で囲まれた（＝深林・幽篁）趣深い場所であることを表現している。

1　「人不レ知ラ」とあるが、人は何がわからないのか。

答　深い竹林によって世俗から切り離された高雅な情趣の世界。

2　「明月」は、何を照らしているのか。

答　「私」「竹里館」「あたり」「こちら」など。

自然

六月二十七日望湖楼酔書　蘇軾〈蘇文忠公全集〉

教707 17　教708 217

【主　題】教707 17ページ1〜6行　教708 217ページ1〜6行

急に雲が立ちこめて雨が降り、大風が雲を吹きはらい晴れ渡る。瞬時の情景をダイナミックに描く。

●七言絶句　韻　山　船　天

【書き下し文】

○六月二十七日　望湖楼に酔ひて書す

❶黒雲　墨を　翻して未だ山を遮らず

❷白雨　珠を跳らし乱れて船に入る

❸地を巻き風来たりて忽ち吹き散ず

❹望湖楼下　水　天のごとし

（蘇文忠公全集）

【現代語訳】

○六月二十七日、望湖楼で酒の酔いにまかせて書きつける

❶真っ黒な雲が墨をぶちまけたようにひろがり、まだ山を覆い隠してはいないが、

❷白い雨粒が真珠を踊らすように跳ねて船に入ってきた。

❸（すると）大地を巻き上げるような風が吹いて、たちまち（雲と雨とを）吹きはらい、

❹望湖楼の下には、西湖の水が大空のように（その色をたたえて）ひろがっている。

語句の解説

教707 17ページ　教708 217ページ

❶未遮山　まだ雲が山を覆ってその姿を隠してはいないが。
「未」は「まだ…ではない」という意味を持つ再読文字。

❷白雨　雨脚が白く見えるほどの激しい雨。

❷跳珠　水滴や雨粒がぶつかり合ってばらばらと跳ね上がる。

❸忽　急に。突然。

3　「吹散」とは、何を吹き散らすのか。

答　黒雲と白雨。

❹水如天　「水」は西湖、「天」は空。湖面が空のように見えるということ。

4　「水如天」は、どのような情景か。

答　湖面が澄みきって大空のように見える情景。または、湖面（＝「水」）と空（＝「天」）が連なっているように見える情景。

＊如　比況。「…のようだ」の意。

学習のポイント

【自然】の詩について、それぞれの作品に描かれた自然の情景を整理してみよう。

考え方　「竹里館」…「幽篁裏」「深林」「明月」に着目しよう。こうした世俗にありながら世俗とは離れた自然の中で、作者は「琴」や「長嘯」に興じているのである。
「六月二十七日望湖楼酔書」…前半の「黒雲」「白雨」、後半の「風」「水」「天」に着目しよう。静と動の対比、「黒雲」と「白雨」という色彩の対比が効果的に表現されている。

解答例　「竹里館」…奥深く静かな竹林を明るい月が照らしている。（その情景のなかで、脱俗の世界が描かれている。）
「六月二十七日望湖楼酔書」…穏やかな西湖に黒雲が広がり、あっという間に激しい雨が降り出す。突然の激しい風によって雲や雨は吹き払われ、一転、湖面は青い空の色をたたえて静かに広がっている。（瞬時に変化する自然のさまを、作者は、景勝の地、西湖の夏の終わりの情景として生き生きと描いている。）

旅情

磧中作

岑参〔唐詩選〕　教707 18　教708 218

【主　題】　教707 18ページ1〜3行　教708 218ページ1〜6行

辺境の広大な砂漠で感じる、言い知れぬ寂しさと不安。

●七言絶句　韻　天　円　煙

【書き下し文】

○磧中の作

❶馬を走らせて西来　天に到らんと欲す
❷家を辞してより　月の両回円かなるを見る
❸今夜は知らず　何れの処にか宿するを
❹平沙万里　人煙絶ゆ

（唐詩選）

【現代語訳】

○砂漠の中で作る

❶馬を走らせて西に進み、天にまで上ってしまいそうだ。
❷家を出てから月が二回満月になるのを見た。
❸今夜はどこに泊まるかわからない。
❹一万里にわたる平らな砂漠には、人家から立ち上る煙はまったく見えない。

語句の解説

❶**西来** 教707 18ページ 教708 218ページ
西へ進むこと。岑参は、長安の西方、安西に赴任した。辺境地帯をうたった詩のことを「辺塞詩」という。

❶**欲レ到レ天** 天にまで上ってしまいそうだ。天に届きそうに感じるほど、果てしなく砂漠が広がっているのである。

❷**辞レ家** 家を出てから。

❷**見二月両回円一** 月が二回満月になるのを見た。「円」は、円い形である様子をいう。起句(❶)は砂漠の空間の広がり、承句(❷)は砂漠の時間の広がりを表している。

❸**何処宿** どこに泊まるか。

＊何処…　どこに…か。疑問の意を表す。

❹**万里** 一万里。きわめて広大である様子。「万」は、非常に多いことを表す。なお、現在の中国の一里は、約五百メートル。

❹**絶二人煙一** 人家から立ち上る煙はまったくない。「絶」は「まったくない」の意。「人煙」は、人家からの炊事の煙。

1 「月両回円」とは、どれくらいの時間の経過を表現しているのか。

答 二か月がたっていること。

旅情

峨眉山月ノ歌　李白〔唐詩選〕

教707 18　教708 219

【主題】教707 18ページ4〜6行 教708 219ページ1〜6行

月夜の舟旅に想起する、将来の期待と不安、故郷への愛情。

【書き下し文】

○峨眉山月の歌

❶峨眉山月 半輪の秋

❷影は平羌江水に入りて流る

❸夜 清渓を発して 三峡に向かふ

❹君を思へども見えず 渝州に下る

（唐詩選）

●七言絶句 韻 秋 流 州

【現代語訳】

○峨眉山月の歌

❶峨眉山にかかる月は半円で秋めいている。

❷月光は平羌江に入り(水面に映って)水とともに流れていく。

❸夜、清渓を出発して(舟は難所の)三峡へ向かおうとしている。

❹(再び)君を見たいと思うが見ないままに、渝州へと下ってゆく。

語句の解説 教707 18ページ 教708 219ページ

○峨眉山月歌　李白最初期の代表作。李白二十五歳、都で志を遂げようと蜀を出て各地を旅しながら見聞を広めていた。

❸三峡　長江上流の峡谷。両岸がせまって絶壁になっており、急流なうえ底に暗礁が多いため、難破する危険も大きかった。二十代の李白にとって「三峡」は、期待ふくらむ将来への、世の中の危険、恐ろしさをたとえた表現ともいえる。

❹思レ君　「君」は、表面上は月を指すが、「月」は女性の縁語でもあること、峨眉山が「蛾眉」に通じ、蛾の触角のようなきれいに湾曲した眉をもつ女性を意味することから、作者にとって忘れがたい人物とも考えられる。

2　「君」は、何を指しているか。

答　月、または意中の人。

旅情　早発白帝城

李白〔唐詩選〕　教707 19　教708 220

【主題】 教707 19ページ1～6行　教708 220ページ1～6行　●七言絶句　韻　間　還　山

舟で長江の急流を下る、その軽快さと心地よさ。

【書き下し文】

○早に白帝城を発す

❶朝に辞す　白帝彩雲の間

❷千里の江陵　一日にして還へる

❸両岸の猿声啼いて住まざるに

❹軽舟已に過ぐ　万重の山

（唐詩選）

【現代語訳】

○早朝に白帝城を出発する

❶朝早く白帝城の（上の）色鮮やかな雲のたなびくあたりを出発し、

❷千里も離れた江陵の地まで、（わずか）一日で着いた。

❸（三峡の）両岸から（悲しげな）猿の鳴き声が途切れないうちに、

❹（私の乗った）舟足の軽快な小舟は、すでに幾重にも重なった山々の間を通り過ぎてしまった。

語句の解説 教707 19ページ 教708 220ページ

一

❶朝辞白帝彩雲間　「朝に白帝を彩雲の間に辞す」と訓読すべき

ところを、語調を重視して倒置法で訓読している。

❶辞(じ)白帝(はくてい)　白帝城に別れを告げた。白帝城を出発した。「辞」は、別れの挨拶をする。別れを告げる。

❷千里(せんり)　当時の一里は約五六〇メートル。

❷還(かへル)　本来は、もとの地へ戻る、の意だが、ここでは「行」（＝ゆく）と同じ意で用いている。

3　「一日還(ニシテかへル)」とはどういうことを指すか。

答　わずか一日で着いたということ。

❸両岸猿声(りょうがんノえんせい)　両岸の（悲しげな）猿の鳴き声が。当時の人々にとって猿の声は悲哀を感じさせるものだった。

❹軽舟已過万重山(けいしゅうすでニすグばんちょうノやま)　舟の軽快さを味わいながら、その躍動感・解放感に浸る気持ちを表している。ここも本来なら「軽舟已に万重の山を過ぐ」と訓読すべきところを倒置法で訓読されている。「重」は、「チョウ」と読み、重なる、の意。

＊已(ニ)　事態の完了を表す副詞。すでに。もう。

旅情　登(ニ)岳陽楼(一)(ル)(ニ)　杜甫(とほ)〔唐詩選〕

教707 20　教708 221

【主　題】　教707 20ページ1～9行　教708 221ページ1～9行

雄大な光景を前にしながらも募る、戦乱のために故郷に帰れぬ流離の悲しみ。

●五言律詩　韻　楼　浮　舟　流

【書き下し文】

○岳陽楼(がくようろう)に登(のぼ)る

❶昔聞(むかしき)く　洞庭(どうてい)の水(みず)

❷今上(いまのぼ)る　岳陽楼(がくようろう)

❸呉楚(ごそ)　東南(とうなん)に坼(さ)け

❹乾坤(けんこん)　日夜浮(にちやう)かぶ

❺親朋(しんぽう)　一字無(いちじな)く

❻老病(ろうびょう)　孤舟有(こしゅうあ)り

【現代語訳】

○岳陽楼に登る

❶以前から洞庭湖という（雄大な）湖水があると聞いてはいた。

❷（思いがけず）今、岳陽楼に登って（洞庭湖を）眺め見ている。

❸呉の地と楚の地は（この湖によって）東と南に裂かれ、

❹天と地は日に夜に（果てしなく広がる）水面の上に浮動している。

❺親戚や友人たちからはわずか一字の便りもなく、

❻年老いた病の身にはたった一そうの小舟があるだけだ。

❼戎馬（じゅうば）　関山（かんざん）の北（きた）
❽軒（けん）に憑（よ）りて涕泗（ていし）流（なが）る
（唐詩選（とうしせん））

❼軍馬は関所のある山々の北にとどまって（故郷へは帰れず）、
❽（岳陽楼の）てすりにもたれていると、涙が流れるばかりだ。

語句の解説

教707 20ページ　教708 221ページ

○**登㆓岳陽楼㆒（のぼルがくようろうニ）**　杜甫最晩年の作。杜甫は五十代を迎え、長江を下り都を目指したが、反乱のために頓挫した。旅の途上、たまたま名所の岳陽楼に登ったとき、老境の心情を吐露した詩である。

4　**第三句と第四句は、洞庭湖のどのような様子を表現しているのか。**

答　第三句は雄大な空間の広がりを、第四句は永遠に続く時間の流れを表現している。

5　**「涕泗流ル」とあるが、なぜ涙を流すのか。**

答　戦乱のために故郷に帰ることのできないことを悲しみ、国家の不幸に心を痛めていたから。

学習のポイント

◆**［旅情］の詩について、それぞれの作品に表現された心情を味わおう。**

考え方　「磧中作」…起句❶承句❷で、辺境の広大な砂漠という情景を、転句❸結句❹で、砂漠で旅することの寂しさと不安という心情を表現している。

「峨眉山月歌」…起句❶承句❷で、月下に浮かぶ峨眉山の情景を、転句❸結句❹で、新天地への期待や不安、故郷への惜別の心情を表現している。

「早発白帝城」…起句❶承句❷で、舟で長江の急流を一日で下るという状況を、転句❸結句❹で、その途上で軽快に進む舟の心地よさという心情を表現している。

「登岳陽楼」…首連（しゅれん）（聯（れん））❶❷頷連（がんれん）（聯）❸❹で、岳陽楼から見える洞庭湖の雄大な光景という情景を、頸連（けいれん）（聯）❺❻尾連（びれん）（聯）❼❽で、旅の途上に戦乱が勃発し、故郷に帰れないことを悲しみ、今後の国の行く末を憂えていたたまれないという心情を表現している。

句法

◆**書き下し文に直し、太字に注意して、句法のはたらきを書こう。**

◇今夜ハ不㆑知ラ**何**レノ**処**ニカ宿スルヲ

（　　　　　　　　）（　　）

答　今夜は知らず何れの処にか宿するを／疑問

別離 勧酒 于武陵〔唐詩選〕

教707 21 教708 222

【主題】教707 21ページ1～3行 教708 222ページ1～3行
友人との別れを惜しんで酒を酌みかわし、人生には別離が多いことをうたう。

●五言絶句 韻 巵 辞 離

【書き下し文】
○酒を勧む
❶君に勧む　金屈巵
❷満酌　辞するを須ゐず
❸花発きて　風雨多し
❹人生　別離足る
（唐詩選）

【現代語訳】
○酒をすすめる
❶君にすすめよう、この黄金の杯を。
❷なみなみとついだこの酒を、辞退するには及ばない。
❸花が咲く頃は、雨や風が多い（ように）。
❹人の生涯には、別れがいっぱいある。

語句の解説

教707 21ページ 教708 222ページ

○勧ㇾ酒　別れの酒をすすめる。作者は役人生活を捨て、琴と書物を携えて旅することが多かった。この詩は、その旅の途中で友人と別れた時の作とされる。
❶勧ㇾ君　「君」とは、ここでは、友人のこと。
❷満酌　「酌」は酒をつぐ意。ここでは、杯になみなみと満たした酒をいう。
❷不ㇾ須ㇾ辞　「不ㇾ須…」は、…するには及ばない。「辞」は、ここでは「辞退する」の意。遠慮せずに大いに飲んでくれということ。
❸花発　「発」は、ここでは「花びらが開く」の意。

1 「花発キテ多二風雨一」は、どのようなことをたとえているのか。

答
・よい時や状態は、長く続くものではないということ。
・人の世では、楽しいことは長くは続かないということ。

❹人生　人の一生、人の生き方。また動詞として「人生まれて」と読み、人としてこの世に生きる、の意ともなる。

別離

贈別

杜牧〔唐詩三百首〕

教707 21　教708 222

【主　題】教707 21ページ4～7行　教708 222ページ4～7行

愛する女性との別離の悲しみを、燃える蠟燭の蠟を涙に見立ててうたう。

【書き下し文】

○贈別

❶多情は却つて似たり　総て無情なるに

❷唯だ覚ゆ　尊前笑ひの成らざるを

❸蠟燭心有り　還た別れを惜しみ

❹人に替はりて涙を垂れて天明に到る

（唐詩三百首）

◉七言絶句　韻　情　成　明

【現代語訳】

○旅立つ人に贈る

❶感受性が豊かであると、（あまりの悲しみに）かえってまったく物に感じないように（黙ったままに）みえる。

❷ただ酒の壺を前にして笑うことができずにいるのに気づくだけである。

❸（傍らを見ると）蠟燭に（芯はあるが）心もあるのか、やはり別れを惜しみ、

❹人にかわって夜明けまで涙を流し続けている。

語句の解説

教707 21ページ　教708 222ページ

❶却　かえって。逆に。予想に反した気持ちを表す。

❶総　すべて。まったく。否定表現を強調する。

❷唯覚　ただ…が自覚されるだけだ。

＊唯　ただ…だけ。限定を表す。

❸蠟燭有レ心　「芯」と「心」を掛けた表現。蠟燭には（芯があるように）心がある、と擬人化して表現した。蠟燭はしばしば別れの場を彩るものとして詩に用いられた。

❸還惜レ別　「還」は、やはり。蠟燭も、やはり、人間と同じように別れを惜しむ。

❹替レ人　人にかわって。「人」は、別れる二人としても、作者としてもよい。

❹垂レ涙　蠟のしずくを「蠟涙」という。これを念頭において、涙を流すと擬人化した。

2　「垂レ涙ヲ」とあるが、何を涙にたとえたのか。

答　蠟燭が溶けて流れる蠟のしずく。

学習のポイント

〔別離〕の詩について、それぞれの作品に表現された心情を味わおう。

考え方 「勧酒」…起句(❶)承句(❷)は、旅立ちに際し、友人と酒を酌みかわして別れを惜しむ心情を、転句(❸)結句(❹)では、その心情を、咲いた花が雨風にさらされることにたとえ、人の世も同様に、楽しみは長く続くものではなく、多くの別れがやってくるものだと人生の別離を表現している。

「贈別」…起句(❶)承句(❷)は、別れの悲しみが極まって、互いに言葉を交わすことなく、静物のようにおし黙ってしまうという心情を、転句(❸)結句(❹)では、その心情を代弁するものとして、蠟燭の輝きと垂れる蠟のしずくを涙に見立てて愛する人との別離を表現している。

句法

◆ 書き下し文に直し、太字に注意して、句法のはたらきを書こう。

◇ **唯**ダ覚ユ尊前笑ヒノ不レ成ラ

（　　　　）（　　）

答 唯だ覚ゆ尊前笑ひの成らざるを／限定

憂愁 秋浦歌 李白〔唐詩選〕

教707 22

※本教材は教708では学習しません。

【主題】 教707 22ページ1～6行

なすすべもなく白髪の老人となってしまったわが身への嘆き。

●五言絶句 韻 長 霜

【書き下し文】

○秋浦の歌

❶白髪三千丈

❷愁へに縁りて箇くのごとく長し

❸知らず明鏡の裏

❹何れの処にか秋霜を得たるを

（唐詩選）

【現代語訳】

○秋浦の地での歌

❶白髪は三千丈もある。

❷(積もる)愁えのためにこのように長くなった。

❸曇りのない澄んだ鏡のような川面の中(に映る私の姿)、

❹いったいどこから秋に降りる霜(にも似たこの白さ)を身につけたのだろうか。

語句の解説

教707 22ページ

○秋浦歌（しゅうほノうた）　「秋浦」は李白が晩年に過ごした土地で、李白はその、もの寂しい美しさが気に入っていた。「秋浦歌」は十七首連作で、この歌はその十五首目。

1　第一句の誇張した表現には、どのような思いが込められているか。

答　自分の白髪を見つけたときの驚き。

❷**縁レ愁**（よリテうれへニ）　愁えのために。「縁」は、原因や理由を表す。…によって。…のために。

❷**似レ箇**（ごとクかクノ）　このように。「如此」と同じ。

❸**明鏡**（めいきょう）　曇りのない澄んだ鏡。ここでは、静かで澄みきった川面を鏡にたとえている。

❸**裏**（うち）　うち。中。

❹**何処**（いずレノところニカ）　どこから…（するの）か。

＊何レノ処ニカ A（スル）　疑問を表す。疑問詞「何レノ」（どの…か。の意を表す）が場所を表す名詞「処」を伴い、場所を問う表現となっている。

❹**秋霜**（しゅうそう）　秋に降りる霜。色（＝白）の類似性から、ここでは白髪にたとえる。

2　「秋霜」は、何をたとえているか。

答　（作者の）白髪。

憂愁

咸陽城（かんやうじやうノ）東楼

許渾（きょこん）〔三体詩〕

教707 23　教708 223

【主題】 教707 23ページ1～9行　教708 223ページ1～9行

咸陽楼の東楼に上り、秦漢の昔をしのび、悠久の時の流れと人間の営みのはかなさを描く。

●七言律詩　韻　愁　洲　楼　秋　流

【書き下し文】

○咸陽城（かんようじょう）の東楼（とうろう）

❶一（ひと）たび高城（こうじょう）に上（のぼ）れば万里（ばんり）愁（うれ）へ

❷蒹葭（けんか）　楊柳（ようりゅう）　汀洲（ていしゅう）に似（に）たり

❸渓雲（けいうん）初（はじ）めて起（お）こり日閣（ひかく）に沈（しず）み

【現代語訳】

○咸陽城の東楼

❶ひとたび高楼に登ると、広がる（荒涼たる）景色に（私の心は）限りない悲しみに満ち、

❷川辺に茂るおぎやあし、やなぎは、まるで水辺の平らな砂地のようである。

❹山雨来たらんと欲して風楼に満つ
❺鳥は緑蕪に下る　秦苑の夕べ
❻蟬は黄葉に鳴く　漢宮の秋
❼行人問ふ莫かれ　当年の事を
❽故国　東来　渭水流る

（三体詩）

❸谷間の雲が今わき起こり、太陽は高殿のかげに沈んでゆき、
❹山のほうで降り出した雨が降り寄せようとして、風がこの高楼いっぱいに吹き付ける。
❺鳥が緑の雑草の茂る荒野に舞い下り、かつて秦代の宮殿の広大な庭園であったあたりには夕暮れが訪れ、
❻蟬が黄ばんだ葉陰に鳴き、かつての漢代の宮殿のあたりには秋の気配が忍び寄る。
❼旅人よ、当時のことを尋ねないでほしい。
❽この古い都のあたりには東へ向かって渭水が流れてゆくだけなのだから。

語句の解説

教707 23ページ　教708 223ページ

❶**一上**　ひとたび…に上ると。「一」は、ただちに結果が生じることをいう。

❶**高城**　城に設けられた見張り台。ここでは、「東楼」を指す。

❶**万里愁**　「万里」は、はるかかなたに広がるさまを表す。「愁」にもかかって、果てしない愁いに沈むさまを表現している。

3　「万里愁」とは、どのようなことをいうのか。

答　万里のかなたまで続く荒涼とした風景から触発された果てしない悲しみが起こること。

❷**楊柳**　かわやなぎとしだれやなぎ。ここでは、広く柳の総称として用いられている。

❸**初起**　今しも起こって。「初」は、今…したばかり。

❸**閣**　高楼、高殿など、高く造った建物。

❹**欲レ来**　（山雨が）こちらにも降り寄せようとする。「欲」は、…しようとする。

❹**風満レ楼**　しめった風が楼いっぱいに吹いている。「風」は、「山雨欲レ来」から雨の気を帯びた風。「満レ楼」は、楼全体に。

❻**蟬**　この場面では、秋に鳴く蟬。

❼**莫レ問**　聞かないでほしい。尋ねないでほしい。

＊莫二…一　…するな。禁止を表す。

4　作者はなぜこのように言うのか。

答　帝都の荒廃した光景に、人の営みのはかなさ、栄華のはかなさを悲嘆していたから。

憂愁

哭ニ晁卿衡一

李白〔李太白集〕 教707 24 教708 224

【主 題】 教707 24ページ1〜6行 教708 224ページ1〜4行

李白は、友である晁卿こと阿倍仲麻呂が、日本へ帰国の途中で船が難破して亡くなったと聞き、非嘆にくれ朋友の死を悼む。

●七言絶句 韻 都 壺 梧

【書き下し文】

○晁卿衡を哭す
❶日本の晁卿 帝都を辞し
❷征帆一片 蓬壺を遶る
❸明月帰らず 碧海に沈み
❹白雲 愁色 蒼梧に満つ
（李太白集）

【現代語訳】

○阿倍仲麻呂の死をいたむ
❶日本の（友人である）晁卿（＝阿部氏）は長安に別れを告げ、
❷去りゆく帆の一片は仙人が住むという海中の山をめぐってゆく。
❸清く澄みわたった月は再び戻ることなく碧色の海に沈んでしまい、
❹白い雲は悲しげな様子で蒼梧の空に満ちわたっている。

語句の解説 教707 24ページ 教708 224ページ

○**哭** 大声をあげて人の死をいたむこと。

❶**辞** ①別れの挨拶する、②ことわる、③言葉。ここでは①の意。

❶**帝都** 玄宗皇帝の統治する唐都、長安のこと。

❷**征帆** 航行する船、またはその帆をいう。「征」は、遠くへ行く、の意。

❷**遶** 曲がりくねりながら進む。

❸**明月** くもりなく澄みわたった満月。ここでは、阿倍仲麻呂を指す。

5 「明月不レ帰 沈ニ碧海一」は、どのようなことをたとえているか。

答 阿倍仲麻呂が、船旅の途上、暴風雨に見舞われて故国に帰ることなく溺死したこと。

❹**愁色** 憂いに沈んでいる顔つき、様子。

学習のポイント

※教707では2〜4は学習しません。

1

［憂愁］の詩について、作者の愁いがそれぞれどのように表現されているか、整理してみよう。

考え方 それぞれの詩に用いられている比喩や対比の表現に着目して、作者の愁いとは何かを読み取ろう。

解答例
「秋浦歌」…鏡に映る白髪の姿に驚き、時知らず年老いている自身の憐れみを表現している。
「咸陽城東楼」…繁栄を極めた秦漢の都が今はしのぶ影もないが、昔と変わらずに流れる渭水を眺め、人の世のはかなさを表現している。
「哭晁卿衡」…友人が帰国の途上で溺死したことを海中に沈む満月にたとえ、故人を失った悲しみを表現している。

2

探究 **「漢詩の形式と表現」（⬇708 230ページ）を参考にして、この単元で取り上げた詩を絶句と律詩に分け、その形式について比較してみよう。**

考え方 それぞれの詩の【主　題】の下に記している。

3

探究 **特に感銘を受けた作品を暗唱したり、自由に訳したりしてみよう。**

考え方 暗唱は、切れ目に留意して繰り返し音読しよう。訳は、まず詩の構成・語句の意味・内容を理解すること。次に、情景や心情を想像して、言葉を選びながら自分なりの訳を作ってみよう。

（参考）于武陵「勧酒」を、井伏鱒二は次のように訳している。

勧君金屈卮　コノサカヅキヲ受ケテクレ
満酌不須辞　ドウゾナミナミツガシテオクレ
花発多風雨　ハナニアラシノタトエモアルゾ
人生足別離　「サヨナラ」ダケガ人生ダ

4

探究 **「自然」「旅情」「別離」「憂愁」「自適」から好きなテーマを選び、次の手順を参考に漢詩を作ってみよう。⬇「漢詩の形式と表現」（708 230ページ）**

- **表現したい内容を、熟語で表す。**
- **漢和辞典などを参考に、三字の熟語で押韻する字を選び、句を組み立てる。**
- **起承転結を意識して配列を整える。**

考え方 選んだテーマについて、印象に残っている風景や人物、感動した出来事などを漢語で書き出しつなげてみよう。

句法

書き下し文に直し、太字に注意して、句法のはたらきを書こう。

1　**何処**得秋霜（707のみ）　（　　　　）（　　　　）

2　行人**莫**問当年事　（　　　　）（　　　　）

答
1　何れの処にか秋霜を得たるを／疑問
2　行人問ふ莫かれ当年の事を／禁止

読み比べ　土佐日記

紀貫之

教707 25〜27　教708 225〜227

阿倍仲麻呂の歌

【大　意】 教707 25ページ1行〜26ページ11行　教708 225ページ1行〜226ページ11行

貫之一行は、悪天候のために二十日の日も室津にとどまることになった。心細く不安だったが、二十日に昇る月を見て、渡唐し帰国することのなかった阿倍仲麻呂の送別の場面が想われた。その折、仲麻呂が詠んだ月の和歌は異国の人々にも共感を得た。その当時のことを思って、ある人が今の旅の心情を月の歌に詠んだ。

【古文】

❶二十日。❷昨日のやうなれば、船いださず。

❸みな人々憂へ嘆く。❹苦しく心もとなければ、ただ、日の経ぬる数を、今日幾日、二十日、三十日とかぞふれば、指もそこなはれぬべし。❺いとわびし。❻夜は寝も寝ず。

❼二十日の夜の月出でにけり。❽山の端もなくて、海の中よりぞ出で来る。❾かうやうなるを見てや、昔、阿倍仲麻呂といひける人は、唐土にわたりて、帰り来ける時に、船に乗るべき所にて、かの国人、馬のはなむけし、別れ惜しみて、かしこの漢詩作りなどしける。❿飽かずやありけむ、二十日の夜の月出づるまでぞありける。⓫その月は、海よりぞ出でける。⓬これを見てぞ仲麻呂のぬし、「わが国に、かかる歌を

【現代語訳】

❶（一月）二十日。❷昨日に続き天候が悪いので、船を出さない。

❸人々の誰もが（日和がよくならないのを）心配してため息をつく。❹（出帆が）切ないほど待ち遠しいので、ただ、過ぎた日数を、今日で何日、二十日、三十日と（指を折って）数えると、指も痛んでしまいそうだ。❺とても心細い。❻夜は眠りもしない。

❼二十日の夜の月が出た。❽（都とちがい）山の稜線もなくて、（月が）海の中から出て来る。❾このような情景を見てか、昔、阿倍仲麻呂といった人は、唐土へ渡って、（日本に）帰って来るという時に、船に乗るはずの港で、あちらの国の人が、送別の宴をして、別れを惜しんで、あちらの漢詩を作りなどしたそうだ。❿名残がつきなかったのだろうか、二十日の夜の月が出るまで（出帆せずにそこに）とどまっていたという。⓫その月は、（今夜の月のように）海から出たという。⓬これを見て、仲麻呂さんは、「わたしの国では、このような歌を、神代から神様もお詠みになり、今では身分が高い人、

なむ、神代より神も詠ん給び、今は上、中、下の人も、かうやうに、別れ惜しみ、喜びもあり、悲しびもある時には詠む。」とて、詠めりける歌、

⑬青海原ふりさけみれば春日なる三笠の山に出でし月かも

とぞ詠めりける。⑭かの国人、聞き知るまじく、思ほえたれども、言の心を、男文字にさまを書きいだして、ここのことば伝へたる人に言ひ知らせければ、心をや聞き得たりけむ、いと思ひのほかになむ賞でける。⑮唐土とこの国とは、言異なるものなれど、月のかげは同じことなるべければ、人の心も同じことにやあらむ。

⑯さて、今、そのかみを思ひやりて、ある人の詠める歌、

⑰みやこにて山の端に見し月なれど波より出でて波にこそ入れ

中くらいの人、低い人すべての人が、このように、別れを惜しんだり、うれしいことがあったり、悲しいことがある時には、(和歌を)詠むのです。」といって、詠んだという歌は、

⑬青海原……広く青々とした海をはるかに仰ぎ見ると、(あの月は)春日にある三笠山に出た月(と同じ月)なのだなあ

と詠んだそうだ。⑭あちらの国の人は聞いてもわかるまいと、思われたけれども、(仲麻呂が)言葉の意味を、漢字で書き出して、日本の言葉を習得している人に、説明して聞かせたところ、意味を理解することができたのだろうか、まったく意外なほどに感心したということだった。⑮唐土とこの国とは、言葉は違うものなのだが、月の光は同じことであるはずだから、(それをめでる)人の気持ちも同じなのではないだろうか。

⑯さて、今、その昔、仲麻呂が歌を詠んだ当時を追想して、ある人の詠んだ歌は、

⑰みやこにて……都では出るのも入るのも山の端に見た月だけれど、ここで(見る月)は波から出て波に入って行くことだ

語句の解説

教707 25ページ　教708 225ページ

❶昨日のやうなれば　前文に「十九日、日悪しければ船いださず。」とある。十二日以降、室津に停泊している。これから先はとくに危険な船旅となるので、よい日和を待っていた。

❸心もとなければ　「心もとなし」は、不安でたまらない、待ち遠しいの意。出帆が待ち遠しいが、それができないことの不安を表現している。

❸指もそこなはれぬべし　「そこなふ」は、傷つける、痛めるの意。「ぬべし」の「ぬ」は強意の助動詞なので「きっと…だろう」の意となる。出帆できずにいるいらだたしさを強調している。

学習のポイント 1参照。

❹わびし　心細い、つらいの意。ここでは、天候が悪くいつ出帆で

きるかわからない不安をいう。

❺**寝も寝ず**　慣用表現。「寝も」の「寝」は名詞。寝ること、睡眠の意。助詞をはさんで動詞「寝」とともに用いられる。

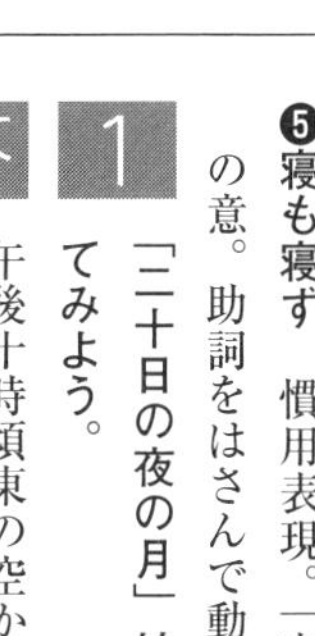

1 **「二十日の夜の月」は何時頃どのような形で現れるか、調べてみよう。**

答 午後十時頃東の空から昇り、満月から半ばほど欠けた形で現れる。亥の刻に現れるので亥中の月、また、夜の更ける頃まで待たなければならなかったので更待月とも呼ばれる。

❼**山の端もなくて、海の中よりぞ出で来る**　室津では東側は山であるので、海中から月が出たというのは事実に反する。❿にも同じ表現がある。貫之が、自分が見ている月を、阿倍仲麻呂が見た月と重ねて虚構したものか。

❽**船に乗るべき所**　港のこと。『古今和歌集』では明州とあるが、蘇州という説もある。

❽**かの国人**　唐の国の人。「国人」は、その土地の住人、土着の人。

2 **「馬のはなむけ」とはどのようなことか。**

答 旅の安全を祈願して送別の宴を開いたり、餞別を贈ったりすること。陸上での旅で、旅立つ人が乗る馬の鼻先を、出発する方向に向けて祈ったことから、海上での旅にも同様の表現がなされるようになった。

❾**飽かずやありけむ**　「飽かず」には、①飽きない、いやにならない、②物足りない、不満足だの意がある。ここでは①の意。「けむ」は過去推量。仲麻呂との別れを惜しみ、名残つきない送別であった様子を想像している。

⓫**これを見て**　「これ」は❽の「かしこの漢詩をぞしける」のこと。

教707 26ページ　教708 226ページ

⓫**かかる歌**　「かかる歌」は、和歌のこと。「かしこの漢詩」に対して、仲麻呂が日本の和歌を紹介したもの。

⓬**ふりさけみれば**　「ふりさく」は、振り返って遠くを仰ぐ。

⓭**思ほえたれども**　唐の人々は日本語を知らないので、今詠んだ和歌の意味を理解できないと思った。「思ほゆ」は、「思ふ」に奈良時代の自発の助動詞「ゆ」がついた「思はゆ」がもと。

3 **「男文字」とは何か。**

答 漢字のこと。「男手」ともいう。これに対し、ひらがなを「女文字、女手」という。

⓭**さまを書きいだして**　「さま」は「言の心（＝言葉の意味）」のこと。

⓭**言ひ知らせければ**　和歌のなかで、漢字では言い表しにくい微妙なところを日本語で説明したところ。

⓭**賞でける**　「めづ」は下二段活用動詞。①ほめる、②愛するの意で、ここでは①の意として「賞」の字を当てた。

⓮**唐土とこの国**　「唐土」は、もろこしと読む。中国のこと。「この国」は日本。

⓮**月のかげ**　「かげ」には、①姿（面影）、②月影・星影（光）、③物陰（光があたらない所）の意があるが、ここでは②の意。

⓮**人の心も同じことにやあらむ**　「…にやあらむ」は、「…ではない

だろうか」という断定をやわらげた表現。言葉が違っても美しいものを感じる心は唐の人でも日本の人でも変わりがないのだという、阿倍仲麻呂を通しての貫之の感慨。

⑮**ある人**　貫之のこと。『土佐日記』で、貫之は女性に仮託して書いている。

⑯**みやこにて山の端に見し月なれど**　京都は盆地であり、都は山に囲まれているので、月は山から昇る。上の句は望郷の念を詠む。

⑯**波より出でて波にこそ入れ**　都から遠く離れた土佐の海上で見ている月は、波から出て波に入っていくことだ。下の句はなかなか帰京できない憂いの気持ちを詠む。

学習のポイント

1　**「指もそこなはれぬべし。」（707 25・3 708 225・3）とはどのような意味か。また、どのような心情を表したものか、説明してみよう。**

解答例　「停泊した日数を何度も繰り返し指折りして数えるので、指もきっと痛めてしまうだろう。」の意。天候が悪く停泊を強いられている状況をいらだたしく思っている。

2　**「青海原」の歌（707 26・4 708 226・4）は、『古今和歌集』では初句が「天の原」となっている。作者はなぜ「青海原」に改変したのか、考えてみよう。**

考え方　「天の原」は、広く大きな空。「青海原」は、青々とした広い海。阿倍仲麻呂の送別の場面を語る背景に、作者の船旅が、悪天候のため停泊を強いられていることに着目しよう。

解答例　①「天の原」であれば、天空を仰ぎ見て故国を想う望郷の歌となるが、作者は今、土佐から都への帰路の途上にあり、仲麻呂が故国を想うように、自分もまた都を想うという心情を込めて、広々とした海を渡る旅にふさわしい「青海原」に改変したのではないか。

②「天の原」は、故国を想い、これからはじまる航海の希望を表しているが、作者は、現在の状況が悪天候に見舞われ出帆できずにいるので、海の広さを船旅の不安をかきたてるものとして「青海原」という表現に改変したのではないか。

3　**探究**　**阿倍仲麻呂のエピソードは、さまざまな古典作品に取り上げられている。取り上げている作品やその内容をグループで調べて発表してみよう。**

考え方　阿倍仲麻呂のエピソードを取り上げた作品として『土佐日記』のほかに次のものがある。

『古今和歌集』…「羈旅歌」に阿倍仲麻呂の歌と詞書きがある。

『江談抄』…大江匡房による談話集。「吉備入唐の間の事」に、唐人の嫉妬により塔に閉じ込められて餓死した阿倍仲麻呂が、鬼となって吉備真備を助けたという話がある。

『今昔物語集』『古本説話集』『世継物語』…散逸した『宇治大納言物語』の同系列の説話とされる。『今昔物語集』にだけ、阿倍仲麻呂が日本に帰国を果たし、また帰朝したとの記述がある。

『全唐詩』…「銜㆑命還㆑国作」（命を銜んで国に還るの作）を収録。

阿倍仲麻呂が帰国時に作ったといわれる五言排律。王維が朝衡（＝

阿倍仲麻呂）に贈った送別の詩「送秘書晁監還日本国」（秘書晁監の日本国へ還るを送る）への返しの作といわれている。

読み比べ 阿倍仲麻呂は「哭晁卿衡」「阿倍仲麻呂の歌」のそれぞれの作品でどのような人物として描かれているか。まとめてみよう。

考え方 「哭晁卿衡」では、仲麻呂は「明月」にたとえられ、清澄なくもりのない人柄の人物として描かれている。他方、「阿倍仲麻呂の歌」では、仲麻呂は詩才に優れ異国の人々からも慕われ、たとえ言葉は違っても共感し合えるものと人の心を信頼する人物として描かれている。

自適　遊山西村　陸游〔剣南詩稿〕

教707 28～29

※本教材は教708では学習しません。

【主　題】 教707 28ページ1行～29ページ2行

故郷の山麓から西にある村を来訪し、農村の素朴な風景や人々の生活に触れた喜びをうたう。　●七言律詩　韻　渾　豚　村　存　門

【書き下し文】

○山西の村に遊ぶ

❶笑ふ莫かれ　農家　臘酒の渾れるを

❷豊年　客を留むるに鶏豚足る

❸山重　水複　路無きかと疑ひ

❹柳暗　花明　又一村

❺簫鼓　追随して　春社近く

❻衣冠　簡朴にして　古風存す

❼今より　若し閑に月に乗ずるを許さば

❽杖を拄きて時無く　夜　門を叩かん

（剣南詩稿）

【現代語訳】

○山の西の村を訪ねる

❶農家の一二月に醸した酒が濁っているのを笑ってはいけない。

❷豊年だから客人をひきとめてもてなすのに鶏も豚も十分にある。

❸山は重なり、川は入りくんで、路が無くなったのかと思ったが、

❹柳が茂ってほの暗く、花が咲いて明るいところにまた村がある。

❺笛と太鼓の音が追いかけあうように鳴り響いて、豊作を祈る春祭りが近づき、

❻（村人たちの）衣服は質素で昔ながらの風俗を残している。

❼これから先、もしゆったりと月をたよりにしてやって来るのを許してくれるならば、

❽杖をついて時を定めずに夜半に訪問することにしよう。

語句の解説

教707 28ページ

○遊 目的もなく気ままに訪ねめぐる。

○山西村 作者は、官職を罷免されてから故郷の山麓に新たな居を構えた。この詩は、その山の西にある農村で遊んだときのもの。

❶莫レ笑 笑ってはいけない。笑ってくれるな。「笑ふこと莫かれ」と読んでもよい。ここでは、作者が読者に向かって言ったもの。（第一句と二句を、村人が作者に言ったとする説もある。）

❷客 村を訪れる客人。

1 **「足ニ鶏豚一」とは、どういうことか。**

答 客人をもてなすご馳走である鶏や豚の料理が十分にあるということ。

❸山重水複疑レ無レ路 山また山、川また川の風景のために、途中で道がなくなっているように見える。

❹柳暗花明 「柳暗」と「花明」を対照することで、柳と花のどちらも際立たせている。春の情景として唐詩にも詠じられる。

❹又一村 「又有ニ一村一」と解釈するとよい。この「村」を作者は訪れたのかもしれない。

❻衣冠 着衣とかぶりもの。服装。

❻古風存 「存」は、そのままの状態である。昔ながらのならわしを残しているということ。

教707 29ページ

❼従レ今 今から。ここでは、「従」は「より」と読み、「…から」と起点の意を表す。

❼若許 作者の再訪を、もし許してくれるならば。

＊若… 「もし…ならば」という仮定を表す。「若」に呼応する「許す」は未然形＋「ば」となる。「如」も同じ。

2 **「許」とは、誰が許すのか。**

答 村人(たち)。または、訪ねた家の主人。

❽拄 杖などをついて支える。

❽叩レ門 門をたたく。訪問する。月明かりの中、杖をつきながらでも再訪したいという、作者の村人への思いが表現されている。

学習のポイント

1 [自適]の詩について、**自適の世界とはどのようなものか、作品から考えてみよう。**

考え方 「遊ニ山西村一」には、農村の豊かな生活、質素でありながら純朴で客人を厚くもてなしてくれる村人が描かれている。作者は、このような人々との出会いを喜び、豊かで幸せに満ちた平和な小村の中に、自適の世界を見いだしている。陶潜「桃花源記」の桃源郷の世界に重なる。

2 **探究** **「漢詩の形式と表現」（↓707 32ページ）を参考にして、この単元で取り上げた詩を絶句と律詩に分け、その形式について比較してみよう。**

考え方 それぞれの詩の【主　題】の下に記している。

3 **探究** **特に感銘を受けた作品を暗唱したり、自由に訳したりしてみよう。**

考え方 暗唱は、切れ目に留意して繰り返し音読しよう。訳は、まず詩の構成・語句の意味・内容を理解すること。次に、情景や心情を想像して、ふさわしい言葉を書き出し、言葉を選びながら自分なりの訳を作ってみよう。

（参考）于武陵「勧レ酒ヲ」を、井伏鱒二は次のように訳している。

勧君金屈卮　コノサカヅキヲ受ケテクレ
満酌不須辞　ドウゾナミナミツガシテオクレ
花発多風雨　ハナニアラシノタトヘモアルゾ
人生足別離　「サヨナラ」ダケガ人生ダ

4 **探究** **李白と杜甫の詩は、今も多くの人々に愛好されている。「李白と杜甫の人生」「李白と杜甫の詩の魅力」などのテーマを設定し、二人の文学を紹介するレポートを作成してみよう。**

考え方 書籍やインターネットを活用して、李白と杜甫について調べ、それを糸口に、人生・人柄・時代・作風などに着目してテーマを絞っていこう。

5 **探究** **「自然」「旅情」「別離」「憂愁」「自適」から好きなテーマを選び、次の手順を参考に漢詩を作ってみよう。↓「漢詩の形式と表現」（707 32ページ）**

- **テーマから表現したい内容を、語順に注意して二字および三字の熟語で表す。**
- **漢和辞典などを参考に、三字の熟語で押韻する字を選び、句を組み立てる。**
- **押韻や起承転結を意識して配列を整える。**

考え方 選んだテーマについて、自分の体験、印象に残っている風景や人物、感動した出来事などを漢語でたくさん書き出し、情景を表すものと心情を表すものに分類してみよう。

句法

書き下し文に直し、太字に注意して、句法のはたらきを書こう。

1　**莫**レカレ笑フ農家臘酒ノ渾レルヲ
（　　　　　　　　）（　　　）

2　従レリ今**若**シ許ニサバ閑ニ乗レズルヲ月ニ
（　　　　　　　　）（　　　）

答
1　笑ふ莫かれ農家臘酒の渾れるを／禁止
2　今より若し閑に月に乗ずるを許さば／仮定

3 史伝─『史記』本紀

●『史記』とは

史書。正史の第一作とされる。著者は前漢の司馬遷。上古の黄帝・尭・舜から漢の武帝に至る歴史を、「本紀」「表」など五部に分類し、紀伝体で記したもの。帝王の盛衰を記した「本紀」十二巻、事件を年表や系譜にまとめた「表」十巻、礼楽・天文・制度などを記した「書」八巻、諸侯の事績や存亡を記した「世家」三十巻、功名を立てた個人の伝記である「列伝」七十巻、全百三十巻から成る大著。

『史記』の特色の一つに信憑性の高さがある。これは『書経』『春秋左氏伝』といった先行する歴史書を典拠としていること、実際に実地に赴き自ら史料を求めたことによる。もう一つの特色は、優れた文学性である。教科書に採られた「鴻門之会」「四面楚歌」などを読んでも、その臨場感は歴史書でありながら、まるで計算されたフィクションドラマのようである。史記を題材として書かれている創作物は現代でも多く作られ、小説、漫画、アニメ、ゲームなど多岐にわたっている。漫画「キングダム」なども史記の記述を元に作られている。

項羽と劉邦

司馬遷　教707 36〜39

※本教材は教708では学習しません。

(一) 彼取りて代はるべきなり〔史記、項羽本紀〕　教707 36〜37

【大　意】 教707 36ページ6行〜37ページ5行

項羽は秦の始皇帝に滅ぼされた大国楚の項燕将軍の血を引く。叔父に育てられた。文字にも剣術にも興味を示さず、兵法だけには興味を持ったが究めようとはしなかった。秦の始皇帝を見たときに、項羽は「とって代わってやる」と言った。

【書き下し文】

❶項籍少き時、書を学びて成らず。❷去りて剣を学ぶ。❸又成らず。❹項梁之を怒る。❺籍曰はく、「書は以て名姓を記すに足るのみ。❻剣は一人の敵、学ぶに足らず。❼万人の敵

【現代語訳】

❶項籍は、少年の頃文字を習ったがものにならなかった。❷やめて剣術を習った。❸やはりまたものにならなかった。❹項梁はこれを怒った。❺(すると)籍は、「文字は姓名が書けるだけで十分だ。❻剣術は一人の敵を相手にするだけのもので、わざわざ学ぶほどの

を学ばん。」と。❽是に於いて、項梁乃ち籍に兵法を教ふ。❾籍大いに喜ぶ。❿略其の意を知るや、又肯へて学ぶを竟へず。

⓫秦の始皇帝会稽に游び浙江を渡る。⓬梁籍と倶に観る。⓭籍曰はく、「彼取りて代はるべきなり。」と。⓮梁其の口を掩ひて曰はく、「妄言する毋かれ。⓯族せられん。」と。⓰梁此を以て籍を奇とす。

（史記、項羽本紀）

ものではない。❼万人を敵として戦うものを学びたいものです。」と言った。❽そこで、項梁は籍に兵法を教えてやった。❾籍はたいそう喜んだ。❿（しかし）だいたい意図するところを学ぶと、それ以上進んで学問を究めようとはしなかった。

⓫秦の始皇帝が会稽に出かけ、浙江を渡ったことがあった。⓬梁は籍と一緒に（その行列を）見物した。⓭（そのとき）籍は、「あいつをつかまえて（俺が）取って代わってやろう。」と言った。⓮（あわてて）梁は籍の口をおさえて、「でたらめなことを言うな。（誰かに密告されたら）⓯一族皆殺しにされる。」と言った。⓰梁はこのことで籍をただ者ではないと思った。

語句の解説

教707 36ページ

❶**少時** 若い頃。「少」は「少年」という言葉があるように、「若い・幼い」という意味がある。

❶**不レ成** できない。「成」は、ここでは「できる」の意。ただ、基礎的なことはできたと思われる。ものにならなかった、というニュアンスかと思われる。

❺**名姓** 名字と名前。当時は家名が「姓」、個人名が「名」で、それぞれ一字のことがほとんどであった。

❻**剣一人敵** 剣術は一人の敵を相手にするだけのもの。剣術は複数を相手にする場合もあるが、少人数でしかない。項籍の認識では、剣術では複数の人間を相手にできるものではないということ。

教707 37ページ

❼**学二万人敵一** 万人を敵としたものを学びたい。「万人」は、ここでは「多くの人」の意。

1 「学二万人敵一」とは、どのようなことか。

答 多くの敵を相手にするための方法を学びたい、ということ。

❽**於レ是** そこで。「於是」で順接を表す。

❿**又不二肯竟一レ学** 進んで学問を究めようとはしなかった。「又」は「そのうえ・さらに」の意。「肯」は「承知する・心からそう思う」の意。「不二肯……一」では「進んで…しようとしない」の意となる。「竟」はここでは「究める」の意。それ以上進んで（兵法の）学問を究めようとはしなかったということである。

⓬**梁与二籍倶一** 梁は籍と一緒に。「与」は常用漢字で、元は「與」。並列で上下の語句が同等であることを表す。「倶」は「みな・す

べて」、「一緒に・連れだって」などの意味を持つ。ここでは後者。交流目的の団体の意味である英語「club（クラブ）」を「倶楽部」と書くことがあるが、英語の音訳であり、意味に合う漢字を当てたもの。訓読すれば「倶に楽しむ部」となる。

＊[A]与㆑[B]倶㆓…　[A]は[B]と一緒に。

⑬彼(かれ)可(ベキ)㆓取(とリテ)而代(かハルなり)㆒也　あいつをつかまえて（俺が）取って代わってやろう。「可」は可能、適当、許可、意志、当然などを表すが、ここでは意志。「代わってやるぞ」と自分の気持ちを表明する表現。代わることができる（可能）でも、代わるべきだ（当然）でも、代わるのがいい（適当）でも、代わってよい（許可）でも、代わらなければならない（当然）でもないので、注意が必要。「而」は順接を表す。ここでは「取」と「代」を「そして」の意でつないでいる。（俺がその命を）取り、そして（その地位を）代わってやる、となる。文末の「也」は断定を表す。

⑭毋(なカレ)㆓妄言(もうげんスル)㆒　でたらめなことを言うな。「毋」は禁止を表す。「妄言」は、嘘(うそ)、でたらめ、虚言。

⑮族(ぞくセラレン)矣　一族皆殺しにされる。「族」は「一族皆殺しにする」の意。動詞があるほど「族」は一般的な行為だった。

⑯梁以(りょうもっテ)㆑此(ここヲ)奇(きトス)㆑籍(せきヲ)　項梁はここによって項羽をただ者ではないと認識した。「此」が指す内容は、始皇帝を見て取って代わると言ったことである。「奇」は「普通でない・優れる・ぬきんでる」の意があり、ここでは「優れる」の意。

学習のポイント

若い時の項羽を、司馬遷はどのように描いているか。

解答例　自負心が強く、大胆だが、細かいことは気にしない。野心に燃える大器であるが、思慮が浅く深い思考をしない。書は名前を書ければよい。剣は一人を倒すだけだからつまらないといい、兵法に関心を示すが、それも突き詰めようとしないことから、何かを究めようとはせず、自分の目的に必要なものだけほしいという考えをする人間。

句法

◆**書き下し文に直し、太字に注意して、句法のはたらきを書こう。**

1　書(ハ)足(ル)㆔以(テ)記(スニ)㆓名姓(ヲ)㆒**而已**。
（　　　　　　）（　　　）

2　**毋(カレ)**㆓妄言(スル)㆒。
（　　　　　　）（　　　）

答
1　書は以て名姓を記すに足るのみ。／限定
2　妄言する毋かれ。／禁止

（二）大丈夫当に此くのごとくなるべきなり 〔史記、高祖本紀〕

教707 38〜39

【大　意】 教707 38ページ4行〜39ページ3行

高祖は酒を好み、いつも武ばあさんや王ばあさんの店で飲んでいたが、店で酒を飲むと売り上げが数倍になった。高祖は咸陽で始皇帝の姿を見て、一人前の男はこうあるべきだとため息をついた。

【書き下し文】

❶高祖人と為り、隆準にして竜顔、須髯美し。❷左の股に七十二の黒子有り。❸仁にして人を愛し施しを喜み、意豁如たり。❹常に大度有り、家人の生産作業を事とせず。❺壮に及び、試みられて吏と為り泗水の亭長と為る。❻廷中の吏、狎侮せざる所無し。❼酒及び色を好み、常に王媼・武負に従ひて酒を貰る。❽酔ひて臥すに、武負・王媼、其の上に常に竜有るを見て、之を怪しむ。❾高祖の酤ひて留まり飲む毎に、酒讎るること数倍す。❿怪を見るに及び、歳の竟はりに、此の両家常に券を折り責を棄つ。

⓫高祖常て咸陽に繇し、縦観して秦の皇帝を観る。⓬喟然として太息して曰はく、「嗟乎、大丈夫当に此くのごとくなるべきなり。」と。

（史記、高祖本紀）

【現代語訳】

❶高祖の人となりは、鼻筋が高く竜のような顔立ちで、あごひげと頰ひげが美しい。❷左の股に七十二のほくろがあった。❸思いやりがあって人を愛し、施し（をすること）を好み、心は広く大きかった。❹常に大きな度量をもっていて、家族のなりわいには従事しなかった。❺三十歳になると、用いられて役人となり、泗水の宿駅の長となった。❻役所の役人たちを、（高祖が）軽んじてあなどらない者はなかった。❼（高祖は）酒と女性が好きで、いつも（居酒屋の）王ばあさんや武ばあさんの店で、酒を現金を払わずに、つけにして買って（飲んで）いた。❽（高祖が）酔っぱらって寝てしまうと、武ばあさんと王ばあさんは、その（＝高祖の）上に竜の姿があるのを見て、このことを不思議に思っていた。❾高祖が（酒を）買って（店に）とどまって飲むたびに、酒の売り上げは数倍になった。❿（こうした）不思議なできごとを見てから、年の終わりに（なると）、この（＝王ばあさんと武ばあさんの）両方の店ではいつも借用証を破棄して帳消しにし、借金の取り立てをやめた。

⓫高祖は以前に（秦の都）咸陽で労役に従事し、（都を）自由に見物していて、秦の（始）皇帝を見た。⓬（そして大きく）ため息をついて「ああ、一人前の男子たる者はこのようであるべきだ。」と言った。

語句の解説

教707 38ページ

❷**左股有㆓七十二黒子㆒**　高祖の風貌が常人とは異なっていたことをいう。「隆準而竜顔」「美㆓須髯㆒」と共に、

❹**家人　生産作業**　家族のなりわい。「家人」は、一家の人、家族。「生産作業」は、生活をするための仕事・なりわいをいう。

❺**及㆑壮**　三〇歳になって。「及」は、到達する。

❺**亭長**　宿駅の長。警察の任務に当たった。

❻**無㆑所㆑不㆓狎侮㆒**　軽んじてあなどらない者はない。

＊無㆑所㆑不㆑Ａ（セ）　二重否定を表す。

❼**色**　女性。女性への情欲。

❽**其上常有㆑竜**　その上に竜の姿があるのを。竜は帝王の象徴であり、若い高祖がやがて帝位につくことを暗示している。

❽**怪**　不思議に思う。

❿**及㆑見㆑怪**　不思議なできごとを見てから。「怪」は、ここでは、高祖にまつわる不思議なできごとのこと。

教707 39ページ

1　**「折㆑券棄㆑責」という行動をとったのはなぜか。**

答　高祖の上に竜の姿が見えたり、高祖が店で酒を飲んでくれると売り上げが数倍になったりしたから。

⓫**常**　「以前に」の意の副詞。

⓫**秦皇帝**　秦の初代皇帝、嬴政のこと。

⓬**太息**　ため息をついて。

⓬**大丈夫**　立派な男子。一人前の男子。

⓬**当㆑如㆑此也**　このようであるべきだ。

＊当㆑Ａ（ス）　再読文字。（当然）Ａすべきだ。

学習のポイント

◆**若い時の劉邦を、司馬遷はどのように描いているか。**

解答例　思いやりがあり、人を愛する性格で、人への施しを好み、心は広く大きく、度量があった。家業には従事せず、亭長になると役人たちを軽んじ侮り、酒と女性を好んだ。

句法

◆**書き下し文に直し、太字に注意して、句法のはたらきを書こう。**

1　廷中吏、**無**㆑**所**㆑**不**㆓狎侮㆒。（　　）（　　）

2　**嗟乎**、大丈夫**当**㆑如㆑此也。（　　）（　　）

答
1　廷中の吏、狎侮せざる所無し。／二重否定
2　嗟乎、大丈夫当に此くのごとくなるべきなり。／詠嘆

鴻門の会

司馬遷

教707 40～45 教708 234～239

㈠ 沛公 項王に見ゆ 〔史記、項羽本紀〕

教707 40～42 教708 234～236

【大 意】 1 教707 40ページ9行～41ページ4行 教708 234ページ9行～235ページ4行

項王(＝項羽)の叔父項伯と面会した翌朝、沛公は鴻門にいる項王を訪ね陳謝した。

【書き下し文】

❶沛公旦日百余騎を従へ、来たりて項王に見えんとし、鴻門に至り、謝して曰はく、「臣、将軍と力を勠せて秦を攻む。❷将軍は河北に戦ひ、臣は河南に戦ふ。❸然れども自ら意はざりき、能く先づ関に入りて秦を破り、復た将軍に此に見ゆることを得んとは。❹今者小人の言有り、将軍をして臣と郤有らしむ。」と。❺項王曰はく、「此れ沛公の左司馬曹無傷之を言ふ。❻然らずんば、籍何を以て此に至らん。」と。

【現代語訳】

❶沛公は翌朝、百騎余りを従え、やって来て項王にお目にかかろうとして、鴻門に着き、(沛公が項王に)謝罪して言うには、「わたくしは将軍と力を合わせて秦を攻めました。❷将軍は黄河の北で戦い、わたくしは黄河の南で戦いました。❸しかしながら自分では思いもよりませんでした、(私が)先に関中に入って秦を破ることができて、再び将軍にここでお目にかかれようとは。❹(ところが)今、つまらない者の言葉があって、将軍にわたくしと仲たがいをさせようとしているのです。」と。❺項王が言うには、「それは沛公の左司馬の曹無傷がこれ(＝告げ口)を言ったのだ。❻そうでなければ、(わたくし)籍がどうしてこんな(＝沛公を攻撃するような)事態に至るだろうか(、いや、決してこんな事態には至らない)。」と。

語句の解説 1

教707 40ページ 教708 234ページ

❶見二項王一 項王にお目にかかろうとして。

「見」は、身分の高い人と会う場合は「まみユ」と読む。

❶謝 謝罪して。函谷関を封鎖して項王の怒りを招いたことを謝罪したのである。

❶与 …と。並列を表す。

1 「将軍」とは、誰か。

答 項羽(須王)。

教707 41ページ　教708 235ページ

❸**然** 逆接の接続詞。順接の場合は「しかシテ」などと読む。

❸**不自意** 自分では思いもよらなかった。以下の文と倒置になっている。

❸**能先入関破秦** 先に関中に入って秦を破ることができて。
「関」は、関中の地のことで、秦の本拠地。
＊能A 可能を表す。A(すること)ができる。

❸**得復見将軍於此** 再び将軍にここでお目にかかれようとは。
＊得A 可能を表す。

❹**令将軍与臣有郤** 将軍にわたくしと仲たがいをさせようとする。
＊令AB 使役を表す。

❻**不然** そうでなければ。曹無傷が言ったのでなければ、ということ。

❻**籍** 項王(項羽)の名。羽は字。

❻**何以至此** どうしてこんな事態に至るだろうか(、いや、決してこんな事態には至らない)。
＊何以A 反語を表す。どうしてA(しよう)か(、いや、決してA(し)ない)。

【大意】 2 教707 41ページ5行～42ページ7行　教708 235ページ5行～236ページ7行

和解の酒宴が開かれる中、項王の参謀范増は沛公を殺すよう項王に合図するが、項王は応じない。范増は項荘を呼び、剣舞に事寄せて沛公を殺すよう命じるが、それと察した項伯が身をもって沛公をかばったため失敗する。

【書き下し文】

❶項王即日、因りて沛公を留めて与に飲す。❷項王・項伯、東嚮して坐し、亜父南嚮して坐す。❸亜父とは、范増なり。❹沛公北嚮して坐し、張良西嚮して侍す。❺范増数項王に目し、佩ぶる所の玉玦を挙げて、以て之に示す者三たびす。❻項王黙然として応ぜず。❼范増起ち、出でて項荘を召し、謂ひて曰はく、「君王人と

【現代語訳】

❶項王はその日、(和解したことに)よって沛公を引き留めて一緒に酒宴を開いた。❷項王・項伯は東に向いて座り、亜父は南に向いて座った。❸亜父とは、范増のことである。❹沛公は北に向いて座り、張良は西に向いて(沛公のそばに)控えた。❺范増はたびたび項王に目配せをし、腰につけている玉玦を持ち上げて、(沛公を殺す決断をせよと)彼(＝項王)に示すこと三度に及んだ。❻(しかし)項王は黙ったまま応じない。❼范増は立ち上がって(幕の外に)出て、項荘を呼び寄せ向かって

為り忍びず。❽若入り前みて寿を為せ。❾寿畢はらば、剣を以て舞はんことを請ひ、因りて沛公を坐に撃ちて之を殺せ。❿不者ずんば、若が属皆且に虜とする所と為らんとす。」と。⓫荘則ち入りて寿を為す。⓬寿畢はりて曰はく、「君王沛公と飲す。⓭軍中以て楽しみを為すこと無し。⓮請ふ剣を以て舞はん。」と。⓯項王曰はく、「諾。」と。⓰項荘剣を抜き起ちて舞ふ。⓱項伯も亦た剣を抜き起ちて舞ひ、常に身を以て沛公を翼蔽す。⓲荘撃つことを得ず。

（史記、項羽本紀）

言うには、「（わが）君は人柄として残忍なことができない。❽おまえは（宴席に）入って前へ進み出て杯をすすめて相手の健康を祝福せよ。❾献杯が終わったら、剣舞を舞うことを願って、それに事寄せて沛公をその席上で斬って彼を殺せ。❿そうでなければ、おまえたちは、皆（沛公によって）捕虜にされてしまうだろう。」と。⓫項荘はすぐに（宴席に）入って杯をすすめて健康を祝福した。⓬献杯が終わって言うには、「（わが）君が沛公とともに酒宴を開いておられます。⓭（ところが）軍中で、余興をするすべもございません。⓮どうか（余興に）剣舞をさせてください。」と。⓯項王が言うには、「よろしい。」と。⓰（そこで）項荘は剣を抜き、立ち上がって舞った。⓱項伯もまた剣を抜いて立って舞い、常に身をもって親鳥が翼で雛をおおいかくすように、沛公をかばい守った。⓲（そのため）項荘は（沛公を）討つことができなかった。

語句の解説 2

教707 41ページ　教708 235ページ

❶**即日**　その日。何か事があったその日。

❶**因**　よって。ここは、和解したことによって、ということ。

❷**東嚮**　酒宴では、東向きの座が最上席となり、南向きの座がこれに次ぐ。謝罪に来た沛公は、最下席の北向きの座についている。

❸**亜父者、范増也**　亜父とは、范増のことである。

＊A者B也　強調構文。「者」は、主語を強く提示したり、区別したりする意を表す。

❹**侍**　貴人のそばに控える。

❺**数**　たびたび。何度も。

❺**所佩玉玦**　腰につけている玉玦を。高貴な人は腰に飾り玉をつけた。「所＋動詞」は、連体修飾語となる。…しているもの。

2　**会見場での、各登場人物の座席の位置を図示してみよう。**

答

東　張良
北　范増　　南　沛公
西　項王・項伯

❺**以**　順接の接続詞。そうして。

❺**示レ之者三**　彼に示すこと三度に及んだ。「之」は項王を指す。「者」は、下に数字がくる場合「こと」と読み、動作の回数を示す。

❻**項王黙然不レ応**　范増の合図を無視したということ。項王は前夜、「沛公を討つべきでない」という項伯の言葉を聞き入れている。

教707 42ページ　教708 236ページ

❼**君王**　項王のこと。

❽**若**　おまえ。二人称代名詞。

❾**請ニ以レ剣舞一**　剣舞を舞うことを願って。

＊請レA　願望を表す。

❿**不者**　そうでなければ。沛公を殺さなければ、ということ。

＊不者　仮定を表す。「不レ然」と同じ。

❿**皆且レ為レ所レ虜**　皆捕虜にされてしまうだろう。

＊且レA　再読文字。「まさニA(セ)ントす」と読む。「将」と同じ。

＊為レ所レA　受身を表す。

学習のポイント

◆ **范増が玉玦を挙げて決断を迫ったのに対し、項王はなぜ応じなかったのか。**

解答例　残忍なことができるわりに情の厚い人柄で、謝罪した沛公を討つのは忍びないと思ったから。

3　誰の「虜」になるというのか。

答　沛公。

⓫**則**　ここでは「すぐに」の意。

⓭**無ニ以為一レ楽**　余興をするすべもない。「為レ楽」は、余興をする。

＊無ニ以A一　Aするすべがない。

⓮**請以レ剣舞**　どうか剣舞をさせてほしい。

＊請レA　願望を表す。どうかAさせてほしい。

⓯**諾**　よろしい。承知した。

⓱**亦**　…もまた。別の主語が同じことを繰り返す場合に用いる。

4　「項伯亦抜レ剣起舞、…」とあるが、項伯の意図は何か。

答　舞いながら沛公を守ること。

⓲**不レ得レ撃**　討つことができなかった。

＊不レ得レA　(機会がなくて)A(すること)ができない。

句法

◆ **書き下し文に直し、太字に注意して、句法のはたらきを書こう。**

1　令ニ将軍与レ臣有レ郤。

2 籍何ヲ以テ至ランレ此ニ。（　　　）（　　　）

3 若ガ属皆且ニレ為ラントレ所トレ虜トスル。（　　　）（　　　）

（二）樊噲目を瞋らして項王を視る

〔史記、項羽本紀〕

教707 43～45　教708 237～239

【大　意】 教707 43ページ3行～45ページ8行　教708 237ページ3行～239ページ8行

張良から事態の急を聞いた樊噲は、衛士を倒して宴席に入り、大杯の酒を飲み干し、生の豚肉をむさぼり食い、豪勇ぶりを見せつける。そして沛公の軍事行動に逆心のないことを理路整然と弁明し、つまらぬ者の言葉を聞いて功績ある者を誅殺するのは滅んだ秦の二の舞になると論じた。その言葉に項王は一言もない。しばらくして沛公は樊噲と中座した。

【書き下し文】

❶是に於いて、張良軍門に至り、樊噲を見る。❷樊噲曰はく、「今日の事何如。」と。❸良曰はく、「甚だ急なり。❹今者、項荘剣を抜きて舞ふ。❺其の意常に沛公に在るなり。」と。❻噲曰はく、「此れ迫れり。❼臣請ふ、入りて之と命を同じくせん。」と。❽噲即ち剣を帯び盾を擁して軍門に入る。❾交戟の衛士、止めて内れざらんと欲す。❿樊噲其の盾を側てて以て衛士を撞く。⓫衛士地に仆る。⓬噲遂に入り、帷を披きて西嚮して立ち、目を瞋らして項王を視る。⓭頭髪上指し、目眥尽く裂く。⓮項王剣を按じて

【現代語訳】

❶そこで張良は軍営の門まで行き、樊噲と会った。❷樊噲が言うには、「今日のこと（＝会見の様子）はいかがであろうか。」と。❸張良が言うには、「非常に切迫している。❹今項荘が剣を抜いて舞っている。❺その（＝項荘の）意図は常に沛公（を殺すこと）にあるのだ。」と。❻樊噲が言うには、「これは緊急事態である。❼わたくしは（宴席の）中に入って彼（＝わが主君）と運命をともにしたい。」と。❽樊噲はただちに剣を腰に着け、盾を抱え持って軍営の門に入った。❾（すると）軍営の門の両側に立って、戟を十文字に交差して守る番兵が、（樊噲を）とどめて入れまいとした。❿樊噲はその盾を傾けてそれで（番兵を）突いた。⓫番兵は地面に倒れた。⓬樊噲はそのまま（宴席に）入り、垂れ幕を押し開いて西に向いて立ち、目をかっと見開いて項王をにらみつけた。⓭頭髪は逆立ち、

答

1 将軍をして臣と郤有らしむ。／使役

2 籍何を以て此に至らん。／反語

3 若が属皆且に虜とする所と為らんとす。／受身

跽きて曰はく、「客何為る者ぞ。」と。⑮張良曰はく、「沛公の参乗樊噲といふ者なり。」と。⑯項王曰はく、「壮士なり。⑰之に卮酒を賜へ。」と。⑱則ち斗卮酒を与ふ。⑲噲拝謝して起ち、立ちながらにして之を飲む。⑳項王曰はく、「之に彘肩を賜へ。」と。㉑則ち一の生彘肩を与ふ。㉒樊噲其の盾を地に覆せ、彘肩を上に加へ、剣を抜き、切りて之を啗らふ。

㉓項王曰はく、「壮士なり。㉔能く復た飲むか。」と。㉕樊噲曰はく、「臣死すら且つ避けず。㉖卮酒安くんぞ辞するに足らん。㉗夫れ秦王虎狼の心有り。㉘人を殺すこと挙ぐる能はざるがごとく、人を刑すること勝へざるを恐るるがごとし。㉙天下皆之に叛く。㉚懐王諸将と約して曰はく、『先づ秦を破りて咸陽に入る者は、之に王とせん。』と。㉛今、沛公先づ秦を破りて咸陽に入る。㉜豪毛も敢へて近づくる所有らずして、宮室を封閉し、還りて覇上に軍して、以て大王の来たるを待てり。㉝故らに将を遣はし関を守らしめし者は、他盗の出入と非常とに備へしなり。㉞労苦だしくして功高きこと此くのごとし。㉟未だ封侯の賞有らず。㊱而るに細説を聴きて、有功の人を誅せんと欲す。㊲此れ亡秦の続のみ。㊳窃かに大王の為に取らざるなり。」と。

まなじりはすっかり裂けていた。⑭項王は剣のつかに手をかけ、立てひざになって身構えて言った、「おまえはどういう者か。」と。⑮張良が言うには、「沛公の陪乗者の樊噲という者です。」と。⑯項王が言うには、「勇士である。⑰この者に大杯に入れた酒を与えよ。」と。⑱そこで一斗入りの酒杯を与えた。⑲樊噲は(ひざまずいて)謹んでお礼を述べて立ち上がり、立ったままでこれを飲んだ。⑳項王が言うには、「この者に豚の肩の肉を与えよ。」と。㉑そこで一かたまりの生の豚の肩の肉を与えた。㉒樊噲はその(手にしていた)盾を地に伏せ、豚の肩の肉をその上に置いて、剣を抜いて切ってこれをむさぼり食った。

㉓項王が言うには、「勇士だ。㉔もっと飲めるか。」と。㉕樊噲が言うには、「私は死ぬことでさえも避けません。㉖まして大杯の酒などどうして辞退しましょうか(、辞退などしません)。㉗そもそも秦王は虎や狼の(ような残忍で貪欲な)心をもっていました。㉘人を殺すことはあまり多くて、数えきれないほどであり、人を処罰することはあまり多くて、(処罰)しきれないことを恐れるほどです。㉙(だから)天下の人々は皆これ(=秦)にそむきました。㉚懐王が将軍たちと約束して言うには、『先に秦を破り、咸陽に入った者はこれ(=関中)の王としよう。』と。㉛今、沛公は先に秦を破って咸陽に入りました。㉜ほんのわずかのものも決して近づける(=自分のものにする)ことはなく、宮殿を封鎖し、引き返して覇上に陣を置き、そうして大王の来られるのを待っていました。㉝わざわざ将兵を派遣して函谷関を守らせたのは、他の(土地からの)盗賊の出入りと、非常事態とに備えたのです。㉞大変苦労して功績の高いことはこの

(39)項王未だ以て応ふること有らず。(40)曰はく、「坐せよ。」と。(41)樊噲良に従ひて坐す。(42)坐すること須臾にして、沛公起ちて廁に如き、因りて樊噲を招きて出づ。（史記、項羽本紀）

ようでございます。(35)（それなのに）まだ領地を与えて諸侯にとりたてる恩賞もございません。(36)ところが（大王は）つまらない者の告げ口を聞いて、功ある人（＝沛公）を誅殺しようとしています。(37)これは、亡んだ秦の二の舞にほかなりません。(38)私が考えますに、大王のために賛成しかねるのです。」と。

(39)項王はまだ何とも返答をしない。(40)（項王は）「（まあ）座れ。」と言った。(41)樊噲は張良に従って座った。(42)わずかな時間座っていると、沛公は立ち上がって便所へ行った折に樊噲を手招きして（一緒に外へ）出た。

語句の解説

教707 43ページ　教708 237ページ

❶**於是**　接続詞。こうして。そこで。

❷**今日之事何如**　今日のことはいかがであろうか。

＊何如　疑問を表す。「何若」と同じく状態・程度・是非を問う。なお、「何」が下にくる「如何」「若何」「奈何」は手段・方法を問う疑問詞。反語を表す場合もある。

❺**其意**　その意図。そのねらい。項荘の意図のこと。

1　「其意常在沛公也」とは、どういうことか。

答　項荘の意図は常に沛公を殺すことであること。

❻**此迫矣**　これは緊急事態だ。「此」は宴席の事態。項荘が剣舞を舞って沛公を殺そうとねらっていること。「矣」は、断定を表す助字。「也」よりも強い語勢がある。

❼**臣請**　願望を表す。わたくしに…させてほしい。わたくしは…したい。「臣」は樊噲のこと。

❼**入与之同命**　「之」は、沛公のこと。（宴席に）入って沛公と運命をともにしたい。樊噲の沛公に対する忠誠心の表れ。

「同命」は、生死をともにする。

❽**即帯剣擁盾**　ただちに剣を腰に着け、盾を抱えて。戦う意志の表示である。「即」は、接続詞。ここでは「すぐさま・ただちに」の意。「帯」は「腰に着ける・身につける」。「擁」は「抱きかかえる」の意。

❾**欲止不内**　とどめて入れまいとした。

＊欲Ａ　願望を表す。Ａしようとする。

⓬**噲遂入**　樊噲はそのまま入り。「遂」は、そのまま。衛士を突き倒し宴席に突入するまでの行為が連続していることを表す。

⓬**西嚮立**　西に向いて立ち。東嚮して座る項王の真っ正面に立っ

たということ。

⑫瞋レ目視二項王一　目をかっと見開いて項王をにらみつけた。「瞋」は、怒って目をむく、「視」は「凝視する」の意。

2　**「頭髪上指、目眥尽裂」に見られる表現上の特色は何か。**

答　樊噲の激しい怒りや決死の覚悟の誇張表現。

⑭**客何為者**　おまえはどういう者か。「客」は、ここでは「見知らぬ者」の意。

＊何為[A]　疑問を表す。[A]は体言。「何為」は「なんすレゾ」と読み、「どうして」の意で用いることもある。

教707 44ページ　教708 238ページ

⑰**賜二之卮酒一**　この者に大杯についだ酒を与えよ。「之」は樊噲のこと。「賜」は、身分の低い者に与えること。

⑲**拝謝**　謹んでお礼を言って。感謝の拝礼をして。

㉒**啗レ之**　これをむさぼり食った。「啗」は、勢い盛んに食べる。むさぼり食う。

㉔**能復飲乎**　もっと飲めるか。「復」は、もっと。重ねて。動作や状態を繰り返す意を表す。「乎」は、疑問の終尾詞。他に「邪・哉・耶・也・与」なども同じ意。

＊能[A]　可能を表す。

㉕㉖**死且不レ避。卮酒安足レ辞**　死でさえも避けない。まして大杯の酒などどうして辞退しようか。「足」は、十分である。価値がある。

＊[A]且[B]。[C]安[D]　抑揚を表す。「安[D]」は反語になっている。

㉗**夫**　そもそも。話題の初めや話題の転換に発する語。

㉘**殺レ人如レ不レ能レ挙**　人を殺すことはあまり多くて、数えきれないほどであり。人を数えきれないほど殺したということ。「如」は、比況の助動詞。…のようだ。

㉙**天下皆叛レ之**　「之」は秦のこと。

＊不レ能[A]　不可能の意。[A](すること)ができない。

㉚**王レ之**　「之」は関中のこと。関中の王としよう。

教707 45ページ　教708 239ページ

㉜**不二敢有一レ所レ近**　決して近づけることはなく項王をはばかり尊重して、財宝などに手を付けなかったことを言っている。「近」は「自分に近づける」の意で、自分のものにするということ。

＊不二敢[A]一　否定を表す。無理に(決して)[A](し)ようとはしない。

㉜**還軍二覇上一**　引き返して覇上に陣を置き。「還」は、行った所からまた元へ戻る、「軍」は、「駐屯する・陣取る」の意。

3　**「大王」とは、誰か。**

答　項羽(項王)。

㉝**故**　わざわざ。故意に。

㉝**遣レ将守レ関者**　将兵を派遣して函谷関を守らせたのは。

「者」は、ここでは「ものハ」と読んで、「…のは」の意。

＊遣レ[A][B] 使役を表す。

㉝他盗出入与二非常一 他の（土地からの）盗賊の出入りと非常事態と。

＊[A]与レ[B] [A]と[B]と。

㉟未レ有二封侯之賞一 まだ領地を与えて諸侯にとりたてる恩賞もございません。

＊未レ[A] 再読文字。まだ[A]（し）ない。

㊱而 逆接の接続詞。文頭にある時は訓読する。

4

「細説」とは、誰のどのような言葉か。また、「有功之人」とは、誰か。

つまらない者（曹無傷）の、沛公が関中の王になりたいと思って、子嬰を丞相にならせ、秦の宝物を自分のものにしている という言葉。「有功之人」は沛公。

㊱欲レ誅 誅殺しようとする。「誅」は、罪を責めて殺す。

㊲此亡秦之続耳 これは亡びた秦の二の舞にほかならない。

＊[A]耳 強調を表す。

㊳窃為二大王一不レ取也 「大王」は項王のこと。「不レ取」は、（よしとして）取らない。つまり、賛成しない、ということ。

㊴未レ有二以応一 まだ何とも返答をしない。項王は、樊噲の堂々とした弁明に圧倒され、反論できなかったのである。

㊷如レ廁 便所に行き。「如」は、ここでは動詞で、「行き至る・赴く」の意。

㊷因 ついでに。その折に。沛公が便所に行く折に、ということ。

学習のポイント

1 樊噲は、なぜ「此亡レ秦之続耳。」（707 45・4、708 239・4）と言っているのか。

解答例 沛公が苦労して功績をあげたのに恩賞もなく、つまらぬ者の告げ口を聞いて沛公を殺そうとするのは、亡んだ秦の二の舞だから。

2 樊噲は、どのような人物として描かれているか。

解答例 豪勇で理路整然と意見を述べることができる人物。

句法

◆書き下し文に直し、太字に注意して、句法のはたらきを書こう。

1 今日之事**何如**。（　　　）（　　　）

2 客**何為**者。（　　　）（　　　）

3 能復飲**乎**。（　　　）（　　　）

4　臣死スラ且ツ不レ避ケ。卮酒安クンゾ足レ辞スルニ。
（　　　）（　　　）

5　此レ亡秦之続耳。
（　　　）（　　　）

答
1　今日の事何如。／疑問
2　客何為る者ぞ。／疑問
3　能く復た飲むか。／疑問
4　臣死すら且つ避けず。卮酒安くんぞ辞するに足らん。／抑揚
5　此れ亡秦の続のみ。／限定

項王の最期

司馬遷　教707 46～50　教708 240～244

(一) 四面皆楚歌す

〔史記、項羽本紀〕　教707 46～47　教708 240～241

【大意】　教707 46ページ7行～47ページ7行　教708 240ページ7行～241ページ7行

城に籠もった項王らを包囲した漢軍から、楚の民謡が聞こえてきた。覚悟した項王は部下たちと別れの盃を交わす。

【書き下し文】

❶項王の軍垓下に壁す。❷兵少なく食尽く。❸漢軍及び諸侯の兵、之を囲むこと数重なり。❹夜漢軍の四面皆楚歌するを聞き、項王乃ち大いに驚きて曰はく、「漢皆已に楚を得たるか。❺是れ何ぞ楚人の多きや。」と。❻項王則ち夜起ちて帳中に飲す。❼美人有り、名は虞。❽常に幸せられて従ふ。❾駿馬あり、名は騅。❿常に之に騎る。⓫是に於いて、項王乃ち悲歌忼慨し、自ら詩を為りて曰はく、

【現代語訳】

❶項王の軍は垓下の城壁の中にたてこもった。❷兵は(残り)少なく、食糧も尽き果てた。❸(沛公の)漢軍と(沛公に味方する)諸侯の兵は、これ(＝垓下)を幾重にも取り囲んだ。❹夜、漢軍が四方で皆(項王の故郷である)楚の地方の民謡を歌うのを聞き、項王はそこで大変驚いて言うには、「漢(の軍)はすっかりもう楚(の国)を手に入れてしまったのか。❺これはなんとまあ(漢軍の中に)楚の人の多いことよ。」と。❻項王はやがて夜起き上がって、とばりをめぐらした陣営の中で(別れの)酒盛りをした。❼美人がいて、名は虞といった。❽いつも(項王に)寵愛されて付き従っていた。❾駿馬がいて、名は騅といった。❿(項王は)いつもこの馬に乗っていた。⓫そこで、

⑫力は山を抜き気は世を蓋ふ
⑬時利あらず騅逝かず
⑭騅の逝かざる奈何すべき
⑮虞や虞や若を奈何せん　と。
⑯歌ふこと数闋、美人之に和す。⑰項王泣数行下る。⑱左右皆泣き、能く仰ぎ視るもの莫し。
（史記、項羽本紀）

項王は悲しげにうたい、憤り嘆いて、自ら詩を作って歌うには、
⑫（わが）力は山を引き抜き、（わが）盛んな気力は世間の人々を圧倒するほどであった。
⑬（だが）時運は（我に）利がなく、騅も進まない。
⑭騅の進まないのをどうすることができようか（、いや、できはしない）。
⑮虞よ、虞よ、おまえをどうすればよいのか（、いや、どうしようもないのだ）、と。
⑯歌うこと数回、（虞）美人はこの（＝項王の）詩に調子を合わせてうたった。⑰項王は涙を幾筋も流した。⑱側近の家来も皆泣き、（誰も）顔を上げて（項王を）見ることができる者はいなかった。

語句の解説

教707 46ページ　教708 240ページ

❸**諸侯**　ここでは、戦勝後の領土の分与を漢王から約束されて垓下に集まってきた有力な武将を指す。
❹**四面皆楚歌**　四方を取り囲んだ漢の軍勢が、皆（項王の故郷の）楚の地方の民謡を歌う。項王の戦意をくじくための漢軍の計略。
❺**何楚人之多也**　なんとまあ楚の人の多いことよ。
＊何[A]也　詠嘆を表す。
❻**飲二帳中一**　とばりの中で（別れの）酒盛りをした。「飲」は、酒盛りをする、宴会をする。「帳」は、幕。ここでは、陣営の周囲に張られた幕のこと。
❽**幸**　寵愛されて。文脈から、「こうセラレ」と受身に読む。
⓫**於レ是**　接続詞。そこで。
⓬**力抜レ山兮気蓋レ世**　「抜山蓋世」はこれを出典とし、力や気力が強大なことのたとえとして用いられている。「兮」は、語調を整えたり詠嘆を表す置き字。

1　「大驚」とあるが、項王はなぜ驚いたのか。

答　漢の軍勢から項王の郷里である楚の国の歌声が聞こえたから。

教707 47ページ　教708 241ページ

❹**漢皆已得レ楚乎**　漢はすっかり楚を手に入れてしまったのか。
＊[A]乎　疑問を表す。[A]か。[A]だろうか。

2　「時不レ利」とは、どういう状況をいうのか。

答 時運が味方しない状況。

⓮**可二奈何一**(べキいかんス)　反語を表す。どうすることができようか(、いや、できはしない)。「奈何」は、「如何」に同じで、手段・方法などを問う疑問詞。

⓯**奈レ若何**(いなんじヲかんセン)　おまえをどうすればよいのか(、いや、どうしようもないのだ)。

＊奈レA何　反語を表す「奈何」の間にA(目的語)が入った形。

⓲**左右**(さゆう)　側近の家来。君主の左右に仕えることからいう。

⓲**莫二能仰視一**(なシよクあおギみルモノ)　顔を上げて見ることのできる者はいなかった。「能(ク)」は、可能を表す。…できる。

学習のポイント

項王の詩の前半二句にはどのような気持ちが込められているか。

解答例 自分の力は山を引き抜くほど強く、気力は世間の人々を圧倒するほどなのに、時運が味方せず、騅も進まない身の上を嘆く気持ち。

句法

書き下し文に直し、太字に注意して、句法のはたらきを書こう。

1 漢皆已ニ得レ楚ヲ**乎**。　(　　)(　　)

2 **何**ゾ楚人之多キ**也**。　(　　)(　　)

3 騅ノ不レ逝カ兮**可**二キ**奈**何一ス　(　　)(　　)

4 虞ヤ兮虞ヤ兮**奈**レ若ヲ**何**セン　(　　)(　　)

答
1 漢皆已に楚を得たるか。／疑問
2 何ぞ楚人の多きや。／詠嘆
3 騅の逝かざる奈何すべき／反語
4 虞や虞や若を奈何せん／反語

(二) 我何の面目ありて之に見(まみ)えん　〔史記、項羽本紀〕　教707 48～50　教708 242～244

【大　意】 教707 48ページ7行～49ページ10行　教708 242ページ7行～243ページ10行

項王は烏江(うこう)から長江を渡ろうとしたが、天が私を滅ぼそうとしていると思い直し、部下たちを馬から下りさせ、漢軍に接近戦を挑んだ。

【書き下し文】 …**【現代語訳】**

❶是に於いて、項王乃ち東して烏江を渡らんと欲す。❷烏江の亭長、船を檥して待つ。❸項王に謂ひて曰はく、「江東小なりと雖も、地は方千里、衆は数十万人あり。❹亦た王たるに足るなり。❺願はくは大王急ぎ渡らんことを。❻今独り臣のみ船有り。❼漢軍至るも、以て渡ること無からん。」と。❽項王笑ひて曰はく、「天の我を亡ぼすに、我何ぞ渡らんや。❾且つ籍江東の子弟八千人と、江を渡りて西せしも、今一人の還るもの無し。❿縦ひ江東の父兄憐れみて我を王とすとも、我何の面目ありて之に見えん。⓫縦ひ彼言はずとも、籍独り心に愧ぢざらんや。」と。⓬乃ち亭長に謂ひて曰はく、「吾公の長者なるを知る。⓭吾此の馬に騎ること五歳、当たる所敵無し。⓮嘗て一日に行くこと千里なり。⓯之を殺すに忍びず、以て公に賜はん。」と。

⓰乃ち騎をして皆馬を下りて歩行せしめ、短兵を持して接戦す。⓱独り項王の殺す所の漢軍、数百人なり。⓲項王身づからも亦た十余創を被る。⓳顧みて漢の騎司馬呂馬童を見て曰はく、「若は吾が故人に非ずや。」と。⓴馬童之に面し、王翳に指さして曰はく、「此れ項王なり。」と。㉑項王乃ち曰はく、「吾聞く、『漢我が頭を千金邑万戸に購ふ。』と。㉒吾若が

---

❶そこで、項王は東へ向かって烏江(の渡しから長江)を渡ろうとした。❷烏江の宿駅の長が舟を出す用意をして待っていた。❸項王に向かって言うには、「たとえ江東の地が狭いとしても、土地は千里四方(あり)、人民は数十万人おります。❹(ここも)また王となるに十分(な所)でございます。❺どうか大王様、急いで(長江を)お渡りください。❻今はただ私だけが舟を持っております。❼漢軍がやって来ましても、渡る方法はないでしょう。」と。❽項王が笑って言うには、「天が私を滅ぼすというのに、私はどうして(天命に逆らい)渡るであろうか(、いや、渡ったりしない)。❾その上私は(かつて)江東の若者たち八千人とともに、長江を渡り(秦を討伐するために)西に向かったが、今、一人の帰る者もいない。❿たとえ江東の父兄たちが同情して私を王にし(てくれ)たとしても、私は何の面目があって彼らにお会いすることができようか(、いや、できはしない)。⓫たとえ彼らが(恨みや不満を)言わないとしても、私はどうして心に恥じないでいられようか(、いや、決して恥じずにはいられない)。」と。⓬そこで亭長に向かって言うには、「私はあなたが徳の高い人であることがわかった。⓭私はこの馬に乗ること五年、戦ってもかなう者はいなかった。⓮かつて一日に千里を走ったこともある(名馬である)。⓯この馬を殺すに忍びず、だからあなたに差しあげよう。」と。

⓰そこで馬に乗った部下に(命じて)全員馬を下りて歩かせ、刀剣などの短い武器を持って(漢の追跡軍と)接近戦を行った。⓱項王一人で殺した漢軍(の兵)は、数百人であった。⓲項王の身もまた十か所余りの傷を負った。⓳(ふと)振り返り(後を追う)漢軍の騎兵の指

為に徳せしめん。」と。㉓乃ち自刎して死せり。

（史記、項羽本紀）

語句の解説

教707 48ページ 教708 242ページ

❶**欲三東 渡二烏江一** 東へ向かって烏江を渡ろうとした。

＊欲レ[A] 願望を表す。[A]しようと思う。

❸**雖レ小** たとえ狭いとしても。

❹**足レ王 也** 王となるに十分だ。

❺**願 大王急 渡** どうか大王様、急いで渡ってください。

再起を図ってほしいという亭長の気持ちがこめられている。

＊願 [A] 願望を表す。

❻**独 臣 有レ船** ただ私だけが船を持っている。

＊独[A] 限定を表す。ただ[A]だけだ。

❼**無二 以 渡一** 渡る方法はないだろう。渡れないだろう。

❽**何 渡 為** どうして渡るであろうか（、いや、渡らない）。

＊何 [A] 為 反語を表す。

1 **項王はどのような心情から「何 渡 為」と言ったのか。**

答 天が自分を滅ぼそうとしていることに逆らうつもりはないという気持ち。

揮官の呂馬童を目にとめて言うには、「おまえは私の旧友ではないか。」と。⑳馬童は彼（＝項王）に顔を向けて、（味方の）王翳に指さして言うには、「これが項王だ。」と。㉑項王がそこで言うには、「私は、『漢は私の首に、千金と戸数が一万戸もある領地の賞を懸けて求めている。』と聞いている。㉒私はおまえのために恩恵を施してやろう。」と。㉓そこで自分で自分の首をかき切って死んだ。

❾**且** それに。その上。

❾**渡レ江 而西** 長江を渡って西に向かったが。

教707 49ページ 教708 243ページ

❿**縦 江東 父兄憐 而王レ我** たとえ江東の父兄たちが同情して私を王にし（てくれ）たとしても。

＊縦 [A] 仮定を表す。

❿**何 面目 見レ之** 何の面目があって彼らにお会いすることができようか（、いや、できはしない）。「之」は、江東の父兄を指す。

⓫**独 不レ愧二於心一乎** どうして心に恥じないでいられようか、いや、決して恥じずにはいられない。

＊独 [A] 乎 反語を表す。「独」は「一人」の意ではない。

⓭**此馬** 項王の愛馬の騅のこと。

⓮**嘗** 以前。昔。

⓯**不レ忍レ殺レ之** これを殺すに忍びない。「之」は愛馬騅のこと。

項王が死を覚悟したことがわかる。

2 **「以 賜レ公」とあるが、項王は、どのような考えから亭長に馬を与えようとしたのか。**

答

五年間乗ってきた愛馬を殺すのは忍びないという考え。

⑯**令騎皆下馬歩行**（騎ヲシテ皆馬ヲ下リテ歩行セしメ）　馬に乗った部下に（命じて）全員馬を下りて歩かせ。機動力において勝る騎兵を歩兵にしたということ。
「騎」は、ここでは騎馬兵のこと。

＊令[A]ヲシテ[B]（セ）　使役を表す。[A]に[B]させる。

⑰**独項王所殺漢軍**（ひとリこうおうノころスところノかんぐん）　項王一人で殺した漢軍（の兵）は。「独」は、…だけで。一人で。

⑱**亦**（また）　…もまた。漢軍の兵を殺した項王もまた、ということ。

⑱**十余創**（じゅうよそう）　十か所余りの傷。「創」は、刀傷。

⑲**顧**（かえりミテ）　振り返って。後方の敵を警戒するために振り向いた。

⑲**呂馬童**（りょばどう）　もと項王の部下で、今は沛公に従っている。項王が「故人（＝旧友。昔なじみ）」と呼んだのはそのため。

⑲**若**（なんじ）　おまえ。二人称代名詞。

⑲**非吾故人乎**（わガこじんニあらズや）　旧友ではないか。相手に念を押している。

＊非[A]ニ乎　疑問を表す。

㉓**自刎而死**（じふんシテしセリ）　自分で自分の首をかき切って死んだ。「刎」は、首を切る。

学習のポイント

1　**項羽が烏江で死を選んだのはなぜか。**

考え方　項羽は長江を渡ろうと思い烏江の渡しにやって来た。だが、そこで、亭長の温かい言葉を聞き考えを改める。項羽は亭長の言葉を聞き、どんなことに気づいたのか。笑って答えた項羽の言葉から読み取る。

解答例　天が自分を滅ぼそうとしているのであり、天命には逆らえないから。また、かつて一緒に長江を渡った江東の若者八千人を全て失いながら、自分だけが故郷には帰れないから。

2　**探究**　**この「史伝」の単元で取り上げた項羽と劉邦の争いに由来する故事成語にどのようなものがあるか調べ、整理してみよう。**

考え方　『史記』に描かれる物語に由来する故事成語は、この項羽と劉邦の争いについてに限っても、残っているものは多く現在も使われていることを確認する。

解答例　四面楚歌。抜山蓋世。先んずれば即ち人を制す。国士無双。背水の陣。

句法

書き下し文に直し、太字に注意して、句法のはたらきを書こう。

1　今**独**リ臣ノミ有レリ船。（　　　　）（　　　　）

2　我**何**ゾ渡ルコトヲ**為**ラン。（　　　　）（　　　　）

3　縦ヒ江東ノ父兄憐レミテ而王トストモ我ヲ、（　　　　）（　　　　）

4　我何ノ面目アリテ見エンレ之ニ。（　　）（　　）

5　籍独リ不ランレ愧ヂ二於心ニ一乎。（　　）（　　）

6　令メ二騎ヲシテ皆下リテレ馬ヲ歩行セ一、（　　）（　　）

7　非ズ二吾ガ故人ニ一乎。（　　）（　　）

答

1　今独り臣のみ船有り。／限定
2　我何ぞ渡らんや。／反語
3　縦ひ江東の父兄憐れみて我を王とすとも、／仮定
4　我何の面目ありて之に見えん。／反語
5　籍独り心に愧ぢざらんや。／反語
6　騎をして皆馬を下りて歩行せしめ、／使役
7　吾が故人に非ずや。／疑問

読み比べ　英雄の器(うつわ)

芥川龍之介(あくたがわりゅうのすけ)

教707 51～54　教708 245～248

【大意】 教707 51ページ1行～54ページ2行　教708 245ページ1行～248ページ2行

呂馬通(りょばつう)は、項羽が自分を亡(ほろ)ぼすのは天としたことから、英雄の器ではないとしたが、劉邦は、だからこそ英雄の器だったのだと断じた。

語句の解説

教707 51ページ　教708 245ページ

1 **器**(うつわ)　器量。度量。

8 **狼狽**(ろうばい)　うろたえること。おどおどすること。

9 **鼎**(かなえ)　祭祀用の器。その大きさが権力を表すと考えられた。

教707 52ページ　教708 246ページ

7 **雲霞**(うんか)**のような**　膨大な多さの。無数の。数が多いことを表す表現。

9 **垢**(あか)**を含**(ふく)**む**　恥を忍んで。屈辱に耐えて。

10 **捲土重来**(けんどちょうらい)　一度破れてももう一度復活すること。捲土は土を巻き上げること、重来は重ねて（もう一度）やってくること。

10 **面目**(めんぼく)　体面。体裁。「面目(めんぼく)ない」という言葉がある。

11 **勘定**(かんじょう)　計算。

19 **糾合**(きゅうごう)　一つに集めること。糾は縄を縒(よ)る（ねじって一つに巻く）こと。ここから、糾合とは糸を縒るように一つにまとめること。

教707 53ページ　教708 247ページ

3 **天命**(てんめい)　運命。天から与えられた運命。万物の上にある天が全てを定めるという思想で、天命とは、天が与えた運命、ということ。

教707 54ページ　教708 248ページ

1 **徐**(おもむろ)**に**　ゆっくり。落ち着いた様子で。

読み比べ

1 **「だから、英雄の器だったのさ。」（707 54・2　708 248・2）と答えた劉邦の評価の意味を話し合ってみよう。**

考え方　キーワードは天命。項羽は、自分を「亡ぼすものは天だ。人力の不足ではない」として自害した。呂馬通は、「英雄というものは、天と戦うもの」「天命を知ってもなお、戦うもの」であり、天と戦わず自害した項羽は英雄の器ではない。だが、劉邦は「だから、項羽は英雄の器だった」と断じた。劉邦によれば、項羽は天と戦い、天命と知ってもなお戦ったことになる。「天と戦う」とはどういうことなのかを考えたい。

2 **『史記』に描かれている項羽と劉邦の人物像を比較して、どちらが「英雄の器」だと思うか議論してみよう。**

考え方　項羽は、熱しやすく冷めやすく、自信家で他者を信用せず、残忍で味方にも厳しかったので、人々から恐れられていた。これに対して、劉邦は、他人への思いやりがあり、家臣を信頼し、忠臣の意見にも耳を傾けたので、人々から愛された。初めて秦の始皇帝を見たとき、項羽は、皇帝をさげすみ、劉邦は、皇帝の姿に感嘆した。

4 文章

古代中国の散文は、古文と駢儷文に大別される。古文とは、主張や思想を簡潔明快に述べた文章である。秦・漢以前の経書（＝儒教の経典）や諸子百家、および、それらを手本とした唐宋八大家の文章がその典型である。駢儷文は、対句や韻律などを重んじた美文調の文章である。六朝時代に盛んとなるが、韓愈・柳宗元らの古文（＝前漢以前の文章）復興運動によって衰退した。

この単元では、六朝・唐代の文章を取り上げている。六朝の陶潜「桃花源ノ記」は、詩と併記された一連の作。「記」とは、本来、事実を客観的に記述する文体だが、ここでの「記」は詩の説明ではなく、一つの物語として現実と隔絶した平和な理想郷を描いている。

一方、中唐の柳宗元「捕レ蛇者説」は、毒蛇の危険を冒してまで租税に苦しまなければならない村人の現実を述べ、苛烈な政治の弊害を厳しく告発、批判している。「説」とは、自分の意見を述べた文章をいう。

二人はともにすぐれた官吏であったが、失望や挫折を体験して以降、人生や社会について深く省察し、自分の理念を作品に表した。それぞれの時代の文章から、表現の特徴とともに、当時の社会背景や人の生き方を学び、現代的意義について考えたい。

作者　陶潜（三六五〜四二七）東晋の詩人。字は淵明。生活のために役人となったが肌に合わず、四一歳のときに彭沢の長官を辞任して郷里に帰った。そのときの心情を表したのが散文「帰去来辞」である。田園生活のなか、飾らず思索的な詩をうたい続け、「田園詩人」と呼ばれた。王維、孟浩然など多くの詩人に影響を与えた。

柳宗元（七七三〜八一九）中唐の詩人、文章家。字は子厚。韓愈と並び称された古文復興の先駆者で、唐宋八大家の一人。進士に及第し将来を嘱望されていたが、朝政反乱の余波で左遷された。以後、美文調の文体は一変、官僚や体制を批判するものとなり、世俗と自然とに価値を見いだすようになった。

出典　『陶淵明集』陶潜の詩文集。八巻。現存最古の完本は宋本で、四言詩一巻、五言詩三巻、記辞一巻、伝述一巻、賦一巻、疏・祭文一巻から成っている。そのうち詩は一三〇首あまり、四言詩が九首、他はすべて五言詩である。

『唐宋八家文読本』清の沈徳潜の編。三〇巻。唐代の韓愈、柳宗元、宋代の欧陽脩、蘇洵、蘇軾、蘇轍、曽鞏、王安石の八大家の名文を集めた書物。やや教訓的で道学臭が強い点に特徴がある。日本にも伝来し、江戸時代には官本として普及した。

桃花源記

陶潜〔陶淵明集〕

教707 56~58　教708 250~252

【大意】 1　教707 56ページ1~5行　教708 250ページ1~5行

武陵に住む漁師が、舟で谷川に沿って行くうちに、桃花の咲く林に迷い込んだ。さらに先へ進むと山中に洞穴があり、漁師は舟を捨ててその洞穴に入っていった。

【書き下し文】

❶晋の太元中、武陵の人魚を捕らふるを業と為す。❷渓に縁りて行き、路の遠近を忘る。❸忽ち桃花の林に逢ふ。❹岸を夾むこと数百歩、中に雑樹無し。❺芳草鮮美、落英繽紛たり。❻漁人甚だ之を異しむ。❼復た前行して、其の林を窮めんと欲す。❽林尽きて水源あり、便ち一山を得たり。❾山に小口有り、髣髴として光有るがごとし。❿便ち船を捨てて、口より入る。

【現代語訳】

❶晋の太元年間に、武陵の人が魚捕りを仕事にして(暮らして)いた。❷(あるとき)谷川に沿って行くうちに、どれほどの距離を来たのかわからなくなって(道に迷って)しまった。❸(すると)突然桃の花の咲く林に出会った。❹岸をはさんで数百歩の間、その中にほかの木はない。❺かぐわしい草が色あざやかに生い茂り、花びらが乱れ散っている。❻漁師はこのような場所があるのをとても不思議に思った。❼さらに先に進んで、その林を見きわめようとした。❽林が尽きたあたりに川の源があり、すぐそこに一つの山が現れた。❾山には小さな洞穴があり、ぼんやりとして光が差しているようだ。❿(漁師は)そのまま舟を捨てて、洞穴の口から入って行った。

語句の解説 1

教707 56ページ　教708 250ページ

❶武陵人　武陵に住んでいた人。この作品から、俗世間から離れた別天地を「武陵桃源」と呼ぶようになった。

❷縁レ渓行　「縁」は、沿う、従う。「渓」は、谷川。武陵のあたりには多くの谷川が流れていたという。

❷忘二路之遠近一　「遠近」は、道のりがどれくらいなのか、ということ。道に迷ったことを表す。

❸忽　突然。にわかに。すみやかに。

❹夾レ岸　川の岸を両側からはさむ。川の両岸に桃花の林が続いているということ。

❹雑樹　別種の木。ここでは、桃以外の木のことをいう。

❺繽紛　花の散り乱れる様子を表す。

❻**異** いぶかる。不思議に思う。
❼**復** ふたたび。その上さらに。
❼**欲レ窮** 「窮」は、見きわめる。ここでの「欲」は、「…しようとする」の意。桃の林の先に何があるのか見きわめようとした。
❽**便** そのまま。すぐに。
❽**得二一山一** ここでの「得」は「知覚できる・目に入る」の意。一つの山が目に入った、現れたということ。
❾**小口** ここでの「口」は「入り口・穴」の意。
❾**髣髴若レ有レ光** 「髣髴」は「彷彿」と同じ。①ありありと姿が浮かぶ、②ほのかである・かすかである、の意があるが、ここでは②の意。洞穴の内部がわずかに光が差し込んでぼんやりした様子であることを表現している。
＊若… …のようだ。比況を表す。「如」と同じ。
❿**従** ここでは、「…から」と起点を表す。「自」と同じ。

【大意】 2 教707 56ページ6行～57ページ1行 教708 250ページ6行～251ページ1行

洞穴をくぐり抜けると、そこには美しい村里があり、村人たちは平和で豊かな田園生活を営んでいた。

【書き下し文】

❶初めは極めて狭く、纔かに人を通ずるのみ。❷復た行くこと数十歩、豁然として開朗なり。❸土地平曠、屋舎儼然たり。❹良田美池、桑竹の属有り。❺阡陌交通し、鶏犬相聞こゆ。❻其の中に往来種作する男女の衣著、悉く外人のごとし。❼黄髪垂髫、並びに怡然として自ら楽しむ。

【現代語訳】

❶(洞穴は)初めはとても狭く、やっと人ひとりが通れるだけだった。❷さらに数十歩ほど行くと、(そこは)からりとして広々と明るく開けていた。❸土地は平らかで広く、家なみはきちんと整っている。❹よく肥えた田畑や美しい池、桑や竹などの類いの植物がある。❺田畑のあぜ道が交わり通じ、鶏や犬の鳴き声があちらこちらから聞こえてくる。❻その中で行き来して種をまいたり耕作したりしている男女の服装は、みな外部の人のようだ。❼黄ばんだ髪の老人や、束ねてさげた髪の幼児たちも、みんなのんびりとして楽しそうだ。

語句の解説 2

教707 56ページ　教708 250ページ

❶**纔** やっと。すこし。ようやく。かろうじて。
❶**通レ人** 人ひとりが通れるだけだ。送り仮名「のみ」は、「…だけ」という限定を表す。
❹**桑竹** 桑は蚕を育て、竹は道具などの細工に用いる。ともに農民の生活に必要な草木。
❺**鶏犬相聞** 老子の小国寡民に通じる。鶏や犬の鳴き声が聞こえるほどの小さい国、少ない民が理想郷であるとする考え。

教707 57ページ　教708 251ページ

❻**悉如二外人一** 「悉」は、すべて、全部。「如」は「…のようだ」

と比況を表す。「外人」は、外部の人。村の外の人と格別に変わるところがなく同じであった、ということ。

❼垂髫　幼児。「髫」は、うなじまで垂れている子どもの髪形。

❼並怡然自楽　「並」は、みんな。「怡」は「やわらぐ・よろこぶ」の意。老いも若きもすべての村人たちが、自適な生活を楽しんでいるということ。

【大意】　3　教707 57ページ2～8行　教708 251ページ2～8行

村人は、かつて秦の時代に戦乱を避けてやって来た人たちの子孫であった。村の外の様子を知りたがったので、漁師はことこまかに話して聞かせた。温かいもてなしを受けて、漁師は数日をそこで過ごした。

【書き下し文】

❶漁人を見て、乃ち大いに驚き、従りて来たる所を問ふ。❷具さに之に答ふ。❸便ち要して家に還り、酒を設け鶏を殺して食を作る。❹村中此の人有るを聞き、咸来たりて問訊す。❺自ら云ふ、「先世秦時の乱を避け、妻子邑人を率ゐて、此の絶境に来たり、復た出でず。❻遂に外人と間隔せり。」と。❼問ふ、「今は是れ何の世ぞ。」と。❽乃ち漢有るを知らず、魏晋に論無し。❾此の人一一為に具さに聞く所を言ふ。❿皆歎惋す。⓫余人各復た延きて其の家に至らしめ、皆酒食を出だす。⓬停まること数日にして辞去す。⓭此の中の人語げて云ふ、「外人の為に道ふに足らざるなり。」と。

【現代語訳】

❶(村人は)漁師を見ると、たいへん驚き、どこから来たのかとたずねた。❷漁師はこまごまとこれに答えた。❸するとそのまま(漁師を)迎えて家に連れて帰り、酒を用意し鶏を殺して食事を作っ(てもてなしてくれ)た。❹村中の人たちはこんな人間が(村に来て)いることを聞いて、みんなやって来てたずねる。❺(その家の主人が)自分から言うには、「(私の)先祖は、秦の時代の戦乱を避け、妻子や村人をひきつれて、この世間から隔絶した所に来たのですが、(それから)二度と外に出ませんでした。❻そのまま、外部の人と隔たってしまったのです。」と。❼そして「今は何という時代ですか。」と質問する。❽なんと、(彼らは)漢の時代があったことさえ知らず、魏や晋の時代を知らないのはもちろんであった。❾この男(＝漁師)は(村人のために)いちいちとこまかに自分の聞き知っていることを話してあげた。❿みんなびっくりしてため息をついている。⓫ほかの人たちもそれぞれにまた自分の家に招いて、みんな酒食を出し(てもてなし)た。⓬(漁師は)数日の間、村に滞在してから、やがて別れを告げた。⓭(別れにあたって)ここの人は、「村外の人には話さないでほしい。」と言った。

語句の解説 3

教707 57ページ　教708 251ページ

❶**乃**　そこで。

❶**所従来**　起点を表す「従」を入れることで、「どこから来たのか」という意味となる。

❷**具**　ことこまかに。すべて。

❸**要**　ここでは、迎える、待ち伏せる〔要撃〕。

❸**設酒**　酒を用意する。「設」は、ならべる、ととのえる。

❸**殺鶏作食**　客人をもてなすために、鶏を殺して食事を作る。

❹**此人**　こんな人。漁師をさす。

❹**咸**　みな。「皆」と同じ。

❹**問訊**　村の外部の様子をたずねる。

❺**自云**　「自」は、自分で。「云」は、聞いたことを伝える。

1　**「自云」とあるが、誰が言ったのか。**

答　漁師を最初に招いた家の主人。

❺**邑人**　村人。「邑」は、古代の集落の総称。

❺**絶境**　人里から遠く離れた場所。

❺**焉**　文末で断定・強調の意味を表す。ここでは、置き字。

❻**遂**　そのまま。結局の意ではない。

❻**与外人**　外部の人と。「与A」の形で「Aと」。「A与B」の形では、「AとBと」となる。

❼**今是何世**　「是」は「…である」の意。「世」は、時代。

＊**何**　なんという。疑問を表す。ほかに「なんゾ」「なにヲ」「いづク」「いづレ」などの読み方もある。

❽**乃**　ここでは、なんと。意外な気持ちを表す。

❽**無論魏晋**　「無論」は、いうまでもない。秦の滅亡後、漢王朝が興るが、その漢も知らないので、その後の魏・晋の時代を知らないのはいうまでもないということ。秦の滅亡は、紀元前二〇六年。

❾**所聞**　漁師が聞き知っている世間の様子。

2　**なぜびっくりしたのか。**

答　村人たちが昔のままの暮らしで過ごしている間、外の世界では、さまざまに王朝が変わり、世間の状況も大きく変化していたから。

⓫**延**　ここでは「招く、引き入れる〔延見〕」の意。

⓭**此中人**　この村の人をいう。

⓭**不足為外人道也**　この村のことを、外部の人に言わないでほしい。「道」は、ここでは「言う」の意〔報道〕。

＊不足…　…しないでほしい。遠回しな禁止を表す。

＊為A　Aに対して。対象を表す。

【大意】 4 教707 57ページ9行〜58ページ5行 教708 251ページ9行〜252ページ5行

やがて武陵に帰った漁師は、村里で見聞したことを郡の太守に報告した。太守は、漁師に道案内させ、その村里を調べさせたが、二度と捜し出すことはできなかった。

【書き下し文】

❶既に出でて、其の船を得、便ち向の路に扶り、処処に之を誌す。❷郡下に及び、太守に詣り、説くこと此くのごとし。❸太守即ち人をして其の往くに随ひ、向の誌しし所を尋ねしめしも、遂に迷ひて復た路を得ず。❹南陽の劉子驥は、高尚の士なり。❺之を聞き、欣然として往かんことを規る。❻未だ果たさず。❼尋いで病みて終はる。❽後遂に津を問ふ者無し。

（陶淵明集）

【現代語訳】

❶やがて（漁師はこの村を）出て、自分の船を見つけ、そのままもと来た道に沿って（帰り）、あちこちに目じるしをつけておいた。❷郡の役所のある町に着くと、郡の長官に会いに行き、このようなことがございましたと、申し出た。❸長官はすぐに部下を遣わしてそれ（＝漁師）が行くのにしたがわせ、以前の目じるしを捜させたが、そのまま迷って、二度とその道を捜し出すことはできなかった。❹南陽の人である劉子驥は、俗世間を超越した、高潔な人物であった。❺この話を聞いて、とても喜び、自分も行ってみたいと考えた。❻（しかし、）まだ実現しなかった。❼まもなく病死した。❽その後、そのまま漁師が見つけた村への行き方を尋ねる人はいなくなった。

語句の解説 4

教707 57ページ 教708 251ページ

❶既 やがて。あることが終わってまもなくして。

❶其船 漁師がこの村に来る時に乗ってきた船。

❶扶向路 「扶」は「沿」と同じ、…にそって。「向路」は、以前に来た道。

❶処処 あちらこちら。「処」は、ところ。

3 「誌之」とあるが、漁師はなぜそうしたのか。

答 再びこの村をたずねるときに、道に迷わないようにするため。

❷如此 このようである。「此」は、桃源の村での体験を指す。

＊如 …のようだ。比況を表す。「若」と同じ。

❸即 すぐに〔即時〕。

❸遣人随其往 人を遣わしてその行くのについて行かせる。「人」は、太守の部下、「其」は、漁師を指す。

＊遣A B（セ） AにBさせる。使役を表す。「遣」は、「使」「令」「教」と同じ。

❸**不㆓復得㆑路**　二度と道は捜し出せなかった。「復」は、再び。「得」は「…できる」の意。

＊不㆓復…㆒　二度と…しない。部分否定を表す。

❹**南陽劉子驥**　教707 58ページ　教708 252ページ　南陽は劉子驥の本籍地だが、ここに住んでいたわけではない。

❺**規**　計画する。

❻**未㆑果**　まだ実現しない。「未」は再読文字で、「いまダ…ず」と読み、「まだ…でない」という否定を表す。

❽**無㆓問㆑津者㆒**　「津(＝渡し場)」は、漁師が見つけた村への行き方のこと。俗界と桃源郷を橋渡しする場を意味する。「無問津者」は、桃源郷を捜そうとする者がいなくなったということ。「問津」という言葉は、『論語』の「孔子…使㆓子路問㆑津焉(＝孔子は…子路に渡し場を尋ねさせた)。」がもと。孔子のように、正しい道を追求することを「問津」といった。これをふまえて、「無問津者」を、正しい道(戦乱のない平和な国という理想郷)を求める者がいなくなった、と解することもできる。

学習のポイント

1　右の文章の中で、村の平和な様子を表している部分を指摘してみよう。

考え方　第二段落に村里の様子が描かれている。この段落の中から特に「平和な様子」に着目するとよい。

解答例

1「土地平曠、屋舎儼然。」(707 56・6〜7 708 250・6〜7)
2「有㆓良田美池、桑竹之属㆒。」(707 56・7 708 250・7)
3「阡陌交通、鶏犬相聞。」(707 56・7〜8 708 250・7〜8)
4「黄髪垂髫、並怡然自楽。」(707 57・1 708 251・1)

2　なぜ村への行き方を尋ねる人がいなくなったのか、考えてみよう。

考え方　文章最後の二つの段落を見よう。太守(＝長官)は、漁師が目印をつけて戻った道をくまなく捜させたが、目指す村は見つからなかった。太守のみならず高潔な劉子驥でさえ、その村にたどりつくことなく死んでしまった。

これらをもとに、村(＝桃源郷)への行き方を尋ねる人がいなくなった理由をいろいろと想像してみよう。

解答例

・長官も劉子驥もたどり着けなかったことから、桃源郷が本当は実在しない村であると考えたから。
・あまりにも現実離れした村の様子であったため、その実在を信じるものがいなくなっていったから。
・漁師の言うことは夢物語であると考えられるようになったから。
・理想郷を求めようとする高潔な心の持ち主がいなくなってしまったから。
・素朴で質素な桃源郷のありように興味を持つものがいなくなって

いったから。

3 探究 この教科書内で桃が登場する作品を調べ、桃がどのように扱われているか比較してみよう。

考え方 ①教科書707 59ページ708 253ページ「日本の桜・中国の桃」を読み、中国の「桃」は、どのように扱われているかを知ろう。生命の象徴、魔除け、仙境の象徴などとして扱われていることがわかるはず。②次に、目次から、桃が題名となっている作品を探してみよう。さらに、桃が使われている文はないか、探してみよう。③調べた作品について、①を参考に、桃がどのように扱われているか考えよう。

解答例 **「春夜宴桃李園序」**(707 142 708 316)短い春の訪れを楽しむ。刹那の愉楽。

・桃や李の花が香る庭園に集まって、兄弟たちと楽しむ。(707 142・5 708 316・5)

「天台二女」(707 90)力の源、生命力の象徴、若さの源。

・山上に桃の木があり、その実を食べると飢えが収まり、力がみなぎってきた。(707 90・3〜5)

・食事が終わると酒宴が始まり、女たちが数個の桃の実を持ってきた。(707 91・7)

「桃夭」(707 106 708 294)若さ、生命力の象徴。

・桃は若く美しい、その輝くような花よ(707 106・1 708 294・1)

4 探究 「小国寡民」(707 75ページ708 267ページ)を読んで、「桃花源記」に引用されている部分を探してみよう。

考え方 「小国寡民」とは、小さな国・少ない人口で、外部と一切関わらず自給自足の生活を営むことを政治の理想とする、という老子の考えである。「桃花源記」では、漁師のたどり着いた村がそれにあたる。村について説明しているのは第二段落。第二段落をもう一度読み直して、「小国寡民」の文章に引用されている部分を探してみよう。

解答例 ・隣国相望ミ、鶏犬之声相聞コユ(707 75・4 708 267・4)(隣り合う国がお互いに見え、鶏や犬の鳴き声が互いに聞こえる〔ほど小さな国である〕。)

句法

◆ 書き下し文に直し、太字に注意して、句法のはたらきを書こう。

1 今ハ是レ**何**ノ世ゾ。
(　　　　)(　　　　)

2 **不**レ**足**ラ下**為**ニ二外人ノ一道フ上ニ也。
(　　　　)(　　　　)

3 **遣**下メシモ人ヲシテ随ヒ二其ノ往クニ一尋ネ中向ノ所上レ誌シシ、
(　　　　)(　　　　)

答
1 今は是れ何の世ぞ。／疑問
2 外人の為に道ふに足らざるなり。／対象
3 人をして其の往くに随ひ、向の誌しし所を尋ねしめしも、／使役

捕蛇者説

柳宗元〔唐宋八家文読本〕

教707 60〜63　教708 254〜257

【大　意】　1　教707 60ページ1〜5行　教708 254ページ1〜5行

永州には猛毒を持った珍しい蛇がいたが、その蛇はくすりになるため、租税の代わりにすることができた。そのため、永州の人々は争って毒蛇を捕らえようと走り回った。

【書き下し文】

❶永州の野に、異蛇を産す。❷黒質にして白章なり。❸草木に触れなば尽く死し、以て人を齧まば、之を禦ぐ者無し。❹然れども得て之を腊にし、以て餌と為さば、以て大風・攣踠・瘻癘を已し、死肌を去り、三虫を殺すべし。❺其の始め、太医王命を以て之を聚め、歳に其の二を賦す。❻能く之を捕らふる有る者を募りて、其の租入に当つ。❼永の人、争ひて奔走す。

【現代語訳】

❶永州の原野では、珍しい蛇を産出する。❷(その蛇は)黒色の体で、白い模様がついている。❸(その蛇が)草木に触れると全て枯れ、そして人をかむと、これ(＝蛇の毒)を防ぎ止める方法はない。❹しかし捕らえてこれ(＝異蛇)を干し肉にして、これをくすりとしたならば、ハンセン病・手足の曲がる病気・首に腫れ物ができる病気を治し、感覚のなくなったはだを取り除き、(人の体内にいる)三尸虫を殺すことができる。❺最初は宮中の侍医が天子の命令によってこれ(＝異蛇)を集め(ることになり)、一年にその二匹を租税として割り当てた。❻(そして)これ(＝異蛇)を捕らえることができる者を募集して、その(＝蛇を捕らえた者の)納入すべき租税に当てた。❼(そのため)永州の人々は、(先を)争って(蛇捕りに)走り回った。

語句の解説 1

教707 60ページ　教708 254ページ

❶**異蛇**　普通とは違った珍しい蛇。「異」は、普通とは違うことをいう。

❷**而**　用言と用言をつなぐ接続詞。ここは順接。

❸**以**(もつテ)　接続詞。そして。

❸**無二禦レ之者一**　これを防ぎ止める方法がない。つまり、その蛇にかまれれば死ぬということ。「之」は異蛇のもつ毒を指している。「禦」は、抵抗する。防ぎ止める。「者」は、ここでは「手段・方法」の意で用いている。

❹**然**(しかレドモ)　逆接の接続詞。そうではあるが。しかし。

❹**以為餌** これをくすりとしたならば。「以」は、ここでは目的語を省略した前置詞で、これ(＝干し肉にした蛇)を、の意。「餌」は、ここでは「くすり」の意。

❹**可** 可能・許可の意を表す助動詞。ここは可能。…できる。

❹**已** ここでは「癒」と同義の動詞の用法。癒す。治す。

❺**以王命** 天子の命令によって。「以」は、手段・方法を示す前置詞。

❺**歳** ここでは、「一年間」の意。

❻**募有能捕之者** これを捕らえることができる者を募集し。「之」は異蛇を指す。「能」は、「能力があって…できる」の意を表す副詞。

❻**租入** 租税の納入。または、納入すべき租税。

1 「当其租入」とは、どのようなことか。

答 蛇を納入するべき租税の代わりにしたこと。

【大意】 2 教707 60ページ6行~61ページ2行 教708 254ページ6行~255ページ2行

永州に住む蔣氏は、三代にわたり蛇を捕って租税に代えてきたが、祖父も父も蛇を捕らえる仕事で死に、自分も死にそうになったことがたびたびあると言う。私は哀れに思い、蔣氏に元どおりの納税方法に戻してやろうと言った。

【書き下し文】

❶蔣氏といふ者有り。❷其の利を専らにすること三世なり。❸之に問へば則ち曰はく、「吾が祖是に死し、吾が父是に死す。❹今、吾嗣ぎて之を為すこと十二年、幾ど死せんとせし者数なり。」と。❺之を言ふに、貌甚だ慼ふる者のごとし。❻余之を悲しむ。❼且つ曰はく、「若之を毒とするか。❽余将に事に莅む者に告げ、若の役を更め、若の賦を復せんとす。❾則ち何如。」と。

【現代語訳】

❶(永州に)蔣氏という者がいる。❷(その家は)その利益(＝毒蛇を捕らえて租税に代えるという特典)を独占することが三代続いていた。❸(私が)これ(＝蛇を捕らえる仕事)について尋ねると(蔣氏が)答えて言うには、「私の祖父はこれ(＝蛇を捕らえる仕事)で死に、私の父もこれ(＝蛇を捕らえる仕事)で死にました。❹今、私が跡を継いでこれ(＝蛇を捕らえる仕事)をすることが十二年になりますが、もう少しで死にそうになったことがたびたびありました。」と。❺こう話すのに、(蔣氏の)表情は大変悲しんでいる者のようであった。❻私はこのことを悲痛に思った。❼さらに言うには、「あなたは蛇を捕らえる仕事を苦痛に思うのか。❽(そうであれば)私が政治を執る者に言って、あなたの(蛇を捕らえる)仕事を変え、あなたの租税(を納める方法)を元どおりにしてやろうと思う。❾それならどうで

…あろうか。」と。

語句の解説 2

教707 60ページ　教708 254ページ

❷**専二其利一**　その利益を独占すること。「専」は、一人占めにする。「其利」は、ここでは、毒蛇を捕らえて租税に代えること。

❷**矣**　断定の助字。

❸**則**　いわゆる「レバ則」。「…の場合には」の意。

❸**死二於是一**　蛇を捕らえる仕事で死に。「於」は、動作の対象を示す前置詞。「是」は、近接するものを表す指示代名詞で、ここでは筆者から問われた蛇を捕らえる仕事を指す。

❹**幾**　「もう少しで…」の意を表す副詞。

❹**者**　…すること。上にくる内容を名詞化している。

❹**数**　たびたびある。頻繁である。

❺**若二甚感一者**　大変悲しんでいる者のようであった。

＊若レA　比況を表す。Aのようだ。

❻**余**　一人称代名詞。私。ここでは作者のこと。

❻**悲レ之**　蔣氏が話す蛇捕りの仕事の内容と、蔣氏の悲しそうな表情を、作者が悲痛に思った、ということをいう。

❼**且**　内容を重ね加えることを表す接続詞。さらに。その上。

❼**若**　二人称代名詞。あなた。おまえ。ここでは蔣氏のこと。

教707 61ページ　教708 255ページ

❼**毒レ之乎**　蛇を捕らえる仕事を苦痛に思うか。

＊A乎　疑問を表す。A(なの)か。ここは軽い疑問を表し、相手に念を押す表現となっている。

❽**将下…復中若賦上**　租税の納入方法を元どおりにしようか、と提案しているのである。

＊将レA　再読文字。今にもA(しようと)する。

❾**何如**　状態や様子を問う疑問詞。どうであろうか。

【大　意】 3　教707 61ページ3行～62ページ1行　教708 255ページ3行～256ページ1行

蔣氏は、蛇を捕らえる仕事は、租税の取り立てのひどさに比べればましであり、自分が生き残っているのは蛇を捕らえる仕事のおかげだと言った。

【書き下し文】

❶蔣氏大いに戚み、汪然として涕を出だして曰はく、「君将に哀れみて之を生かさんとするか。❷則ち吾が斯の役の不幸は、未だ吾が賦を復する不幸の甚だしきに若かざるなり。❸

【現代語訳】

❶蔣氏はひどく悲しみ、涙をとめどもなく流して言うには、「あなたは哀れんでこれ(＝私)を生かしてやろうとなさるのでしょうか。❷それならば、私のこの(蛇を捕らえる)仕事の不幸(の程度)は、私の租税(を納める方法)を元どおりにすることの不幸のひどさに及ば

嚮に吾斯の役を為さずんば、則ち久しく已に病めるならん。❹吾が氏三世是の郷に居りしより、今に積みて六十歳なり。❺而して郷隣の生日に蹙まり、其の地の出を殫くし、其の廬の入を竭くし、号呼して転徙し、饑渇して頓踣す。❻風雨に触れ、寒暑を犯し、毒癘を呼噓し、往往にして死する者相藉けり。❼曩に吾が祖と居りし者、今其の室、十に一も無し。❽吾が父と居りし者、今其の室、十に二三も無し。❾吾と居ること十二年なる者、今其の室、十に四五も無し。❿死せるに非ずんば則ち徙りしのみ。⓫而るに吾蛇を捕ふるを以て独り存す。

ないのです。❸以前から私がこの(蛇を捕らえる)仕事をしていなかったならば、もうとっくに(生活に)苦しんで(疲れ果てて)いたでしょう。❹私の一家三代がこの村に住みついてから、今日まで(年月が)積もり積もって六十年になります。❺そして隣近所の村人たちの生活は日に日に圧迫され、その土地の産物を(租税として)出し尽くし、その家の収入を納め尽くして、大声をあげて泣きさけびながら(他の土地へ)移り住み、(そのあげく)空腹と、のどの渇きでつまずき倒れてしまうのです。❻風雨に打たれ、寒さや暑さにさらされ、人体を害する毒気を呼吸して、しばしば死んでいく者が次々と重なり続いています。❼以前に私の祖父と(この村に)住んでいた者は、今ではその家は、十軒に一軒もありません。❽私の父と(この村に)住んでいた者は、今ではその家は、十軒に二、三軒もありません。❾私と(この村に)住んで十二年になる者は、今ではその家は、十軒に四、五軒もありません。❿(一家全員が)死んだのでなければ、ただ(他の土地へ)移ってしまっただけなのです。⓫けれども、私は蛇を捕らえることで、ただ一人(この村に)生き残っているのです。

語句の解説 3

教707 61ページ　教708 255ページ

❶**君**　二人称代名詞。敬意を含む表現。ここでは作者のこと。

❶**将二哀　而生レ之乎**　哀れんで私を生かしてやろうとするのか。「之」は、蒋氏自身を指す。

＊将レ[A]　再読文字。今にも[A](しようと)する。

＊[A]乎　疑問を表す。[A](なの)か。

❷**則**　ここでは「それならば」の意。

❷**吾斯役之不幸、未レ若下復二吾賦一不幸之甚上也**　私の仕事の不幸など、納税方法を元どおりにすることに比べたら何ほどでもない、ということ。「復吾賦」は、私の租税を元に戻すこと。租税を蛇で納める特権を放棄し、他の村人たちと同じ租税の納め方に戻すことをいう。

＊[A]未レ若レ[B]　比較と、未到達の意を表す再読文字を組み合わせた構文。[A]は[B]に及ばない。

2 「斯役之不幸」とは、どのようなことか。

答 祖父も父も蛇を捕らえる仕事で死に、自分ももう少しで死にそうになったこと。

❸**嚮** 過ぎ去った時を表す副詞。以前から。

❸**吾不為斯役** 私がこの仕事をしていなかったならば。仮定の条件に当たる内容。

❸**則** 上の条件節を受けて、以下の結果を導く接続詞。

❸**久已病矣** もうとっくに苦しんでいただろう。「久已」は、「以前からずっと・とっくに」の意で、強調表現。「病」は、苦しむ。うれえる。ここでは、税による困窮で、生活に疲れ果てることをいう。「矣」は、ここでは推量を表す置き字。

❹**自** 起点を表す前置詞。…から。

❹**積於今六十歳矣** 今日まで積もり積もって六十年になる。「積」は、ここでは、「(年月が)積もり積もって」ということ。「於」は、時間を示す前置詞。「矣」は、ここでは、断定を表す終尾詞。

❺**而** 順接・逆接両方の用法をもつ接続詞。ここは順接。

❺**殫** 出し尽くし。「獣類を殺し尽くす」が原義。そこから、「尽くす」の意になった。

❺**竭** 納め尽くし。「渇」(＝水が涸れる)の借用で、やはり、「尽くす」の意。対句になっているため、同義の異字を用いたもの。

3 「殫其地之出、竭其廬之入」とは、何をいっているのか。

答 土地の産物や家の収入を租税で出し尽くすこと。

❻**往往** しばしば。つねづね。

❼**曩** 「以前に・もともと」の意の副詞。

❼**室** ここでは、「家・家族」の意。

❼**焉** 断定の語気を表す終尾詞。

4 「曩…十無一焉。」とは、どのようなことか。

答 祖父の代からこの地に住んでいる者の家は、今は十軒に一軒もないということ。

❿**徙爾** ただ移っただけだ。

＊A爾 限定を表す。ただA(する)だけだ。

⓫**而** 接続詞。ここは逆接。けれども。しかし。

⓫**吾以捕蛇** 私は蛇を捕らえることで。「以」は、原因・理由を表す。…によって。…ので。

【大　意】 4 教707 62ページ2～8行　教708 256ページ2～8行

さらに蒋氏は言った。村人たちは、毎日税の取り立てに苦しめられるが、自分は一年に二度、命の危険を冒すだけで、後は安らかに生きている。彼らと比べて私は長生きしているのであるから、この蛇を捕らえる仕事を苦痛とは感じない、と。

【書き下し文】

❶悍吏の吾が郷に来たるや、東西に叫囂し、南北に隳突す。❷譁然として駭く者、鶏狗と雖も寧きを得ず。❸吾恂恂として起き、其の缶を視て吾が蛇尚ほ存すれば、則ち弛然として臥す。❹謹みて之を食ひ、時にして献ず。❺退きて其の土の有を甘食し、以て吾が歯を尽くす。❻蓋し一歳の死を犯す者二たびなり。❼其の余は則ち熙熙として楽しむ。❽豈に吾が郷隣の旦旦に是れ有るがごとくならんや。❾今此に死すと雖も、吾が郷隣の死に比すれば、則ち已に後れたり。❿又安くんぞ敢へて毒とせんや。」と。

【現代語訳】

❶荒々しい役人が私の村に来ると、あちこちでわめきたて、あちこちで(物に)あたり散らし、あばれまわります。❷がやがやと騒がしく驚き恐れるのは、(人はもちろん)鶏や犬でさえも落ち着いていられない(ほどです)。❸(そんな時)私はびくびくしながら起き上がって、その(蛇を入れてある)素焼きのかめ(の中)をよく見て、私の蛇がそのまま生きていれば、(ほっとして)気がゆるみ(再び)横になります。❹慎重にこれ(=蛇)を飼い、(蛇を納める)その時(=献ずべき時)に献上します。❺(自分の家に)戻ってその土地でとれたものをおいしく食べ、それで私の天寿を全うするのです。❻思うに一年の間に死の危険を冒すことは(たった)二回です。❼それ以外の時には心はやわらぎ(人生を)楽しんでいます。❽どうして私の村の人々が毎日このよう(に命がけの生活)であるのと同じでありましょうか(、いや、同じではありません)。❾今、たとえこれ(=蛇を捕らえる仕事)で死んだとしても、私の村の人々の死に比べれば、すでに(私は村の人々以上の寿命を得て、死ぬことが)遅れている(=長生きしている)のです。❿その上どうして進んで(蛇を捕らえる仕事を)苦痛と感じるでしょうか(、いや、苦痛だとは感じません)。

語句の解説 4

教707 62ページ　教708 256ページ

❶叫囂乎東西、隳突乎南北 村中の至る所で、役人がどなり散らし威嚇しながら税を取り立てている様子を表している。「乎」は、「於」に同じで、動作の行われる場所を示す前置詞。「東西」「南北」は、ともに「あちこち」の意。つまり、村中で、ということ。

❷雖 ここでは「…でさえも」の意。

❷寧 落ち着いていること。心安らかな状態をいう。

❷焉 断定の意。ここでは置き字。

❸尚 もとの状態が継続していることを表す副詞。

❸**則**（すなわチ）　いわゆる「レバ則」。…の場合には。

❹**謹食レ之**（つつしミテやしなヒこれヲ）　慎重に蛇を飼い。租税の代わりに献上する蛇なので、大事に養い育てるのである。「之」は、「異蛇」を指す。「食」は、「養」に同じ。

❺**以**（もっテ）　接続詞。そして。それで。

❻**蓋**（けだシ）　文頭において、思うに、そもそも、の意を表す副詞。

❻**犯レ死者**（しヲおかスこと）　ここでは、命がけで蛇を捕らえることをいう。

❽**豈若二吾郷隣之旦旦有一レ是哉**（あニわガきょうりんのたんたんニこレあルガごとクナランや）　命がけであることが年に二回だけの自分と、毎日である村人とが同じであるはずはない。

＊豈[A]（ナラン）哉　反語を表す。どうして[A]（であろう）か、いや、[A]（では）ない。

＊若レ[A]（シ）（ガ）　比況を表す。[A]のようだ。[A]が用言の場合は、「[A]（連体形）ガごとシ」と訓読する。

【大　意】5　教707 62ページ9行〜63ページ1行　教708 256ページ9行〜257ページ1行

私は話を聞いてますます悲しくなった。孔子の「苛政は虎よりも猛なり」という言葉は真実であったのだ。だからこの「捕蛇者の説」を書き、為政者が読んでくれるのを期待するのである。

【書き下し文】

❶余聞きて愈悲しむ。❷孔子曰はく、「苛政は虎よりも猛なり。」と。❸吾嘗て是を疑へり。❹今、蒋氏を以て之を観るに、猶ほ信なり。❺嗚呼、孰か賦斂の毒、是の蛇よりも甚だしき者有るを知らんや。❻故に之が説を為りて、以て夫の人風を観る者の得んことを俟つ。

（唐宋八家文読本）

答 5　「是レ」とは、何を指すか。

命がけの生活。

❾**雖**（いえどモ）　ここでは逆接仮定条件を表す。たとえ…としても。

❾**乎**　「於」に同じで、動作の行われる場所を示す前置詞。

❾**則已後矣**（すなわチすでニおくレタリ）　（死ぬことが）すでに遅れているのだ。つまり、他の村人たちよりもずっと長生きしているということ。「矣」は、断定の意の置き字。

❿**安敢毒耶**（いずクンゾあヘテどくトセンや）　どうして苦痛と感じようか、いや、感じない。「敢」は、「進んで…する・思いきって…する」の意の副詞。

＊安（クンゾ）[A]（セン）耶　反語を表す。どうして[A]（しよう）か、いや、[A]（し）ない。

【現代語訳】

❶私は（蒋氏の話を）聞いてますます悲しくなった。❷孔子が言われるには、「厳しくむごい政治は、人を殺す虎よりも凶暴なものだ。」と。❸私は以前これ（＝この言葉）を疑っていた。❹（しかし）今、蒋氏（の話の内容）によってこれ（＝この言葉）を考えると、やはり真実である。❺ああ、誰が重税を割り当て、きびしく取り立てることの害毒が、この蛇（の猛毒）よりもひどいものであることを知っていようか（、いや、誰も知らない）。❻だから（私は）この（「捕蛇者の説」

という）意見文を書き、そしてあの為政者が（これを）手に入れて（読み、この状況を悟って）くれるのを期待するのである。

語句の解説 5

教707 62ページ　教708 256ページ

❶而　順接・逆接両方に用いる接続詞。ここは順接。

❶愈　副詞。ますます。一段と。

❷苛政猛於虎也　厳しくむごい政治は、虎よりも凶暴である。「於」は、ここでは比較を表す前置詞。

＊B於A　比較を表す。AよりもBだ。

❸嘗　副詞。以前に。今までに。

❸疑乎是　これを疑った。「是」は、孔子の「苛政猛於虎也」という言葉を指す。「乎」は、「於」に同じで、ここでは目的語を導く前置詞。

❹猶信　やはり真実である。「猶」は、「それでもまだ・やはり」の意を表す副詞。「信」は、まこと。真実。

❺孰知賦斂之毒、有甚是蛇者乎　誰が重税を割り当て、きびしく取り立てることの害毒が、この蛇よりもひどいものであることを知っていようか（、いや、誰も知らない）。「甚是蛇」は、「甚於是蛇」の形から、比較を表す前置詞「於」を省略したもの。

＊孰A乎　反語を表す。誰がA（しよう）か、いや、誰もA（し）ない。

❻故　「だから、それゆえ」の意を表す接続詞。

❻為　（「捕蛇者の説」を）書き。ここは「つくリテ」と読む。

学習のポイント

1 **「蔣氏大戚、汪然出涕曰、…。」（707 61・3　708 255・3）とあるが、蔣氏はなぜ悲しみ、涙を流したのか。**

解答例　蛇を捕らえる仕事は、租税のひどさに比べればましであると思っているから。

2 **「苛政猛於虎也。」（707 62・9　708 256・9）とあるが、この文章で「苛政」と「虎」に当たることをそれぞれ具体的にまとめてみよう。**

解答例　「苛政」とは、ここでは、住人に課せられた重い租税のことで、「虎」とは、ここでは毒蛇のこと。過酷な政治（重い租税）は、毒蛇を捕まえることよりも苛烈だ、ということ。

3 探究 **「桃花源記」「捕蛇者説」の作者は、それぞれどのような社会を理想としていたのか、考えてみよう。**

解答例　「桃花源記」…少人数で外の世界とは隔絶して、穏やかに暮らすことを理想としている。

「捕蛇者説」…毒蛇を捕まえることなどしなくても、豊かに暮らせる税の低い社会を理想としている。

4　探究

③の理想の社会を描くのにあたって、それぞれの作者が用いた表現上の工夫について、話し合ってみよう。

解答例　「桃花源記」…理想郷へ迷い込む男の話として描かれ、理想郷の描写で、理想とする社会を描いている。

「捕蛇者説」…旅の途中で聞いた話として、重い租税を逃れるために毒蛇を捕まえる家族の話を出す形で、悲惨な税のあり方を描いている。

句法

書き下し文に直し、太字に注意して、句法のはたらきを書こう。

1　若毒之**乎**。（　　）（　　）

2　則**何如**。（　　）（　　）

3　**未若**復吾賦不幸之甚也。（　　）（　　）

4　非死則徙**爾**。（　　）（　　）

5　**雖**鶏狗不得寧焉。（　　）（　　）

6　**豈**若吾郷隣之旦旦有是**哉**。（　　）（　　）

7　**安**敢毒**耶**。（　　）（　　）

8　苛政猛**於**虎也。（　　）（　　）

9　**嗚呼**、**孰**知賦斂之毒、有甚是蛇者**乎**。（　　）（　　）

答

1　若之を毒とするか。／疑問
2　則ち何如。／疑問
3　未だ吾が賦を復する不幸の甚だしきに若かざるなり。／比較
4　死せるに非ずんば則ち徙りしのみ。／限定
5　鶏狗と雖も寧きを得ず。／仮定
6　豈に吾が郷隣の旦旦に是れ有るがごとくならんや。／反語
7　安くんぞ敢へて毒とせんや。／反語
8　苛政は虎よりも猛なり。／比較
9　嗚呼、孰か賦斂の毒、是の蛇よりも甚だしき者有るを知らんや。／詠嘆・反語

5 思想

●思想

中国の春秋・戦国時代(前七七〇—前二二一)には、乱世を背景に、儒家、墨家、道家など、多くの思想家が生まれた。それらを諸子百家という。孔子を始祖とする学派を儒家といい、孟子、荀子がそれに続いた。儒家の経典「大学」「論語」「孟子」「中庸」を四書と呼ぶ。

儒家に対立する代表的な思想として、道家、法家がある。道家は、世間の常識にとらわれず、無為自然(=天地自然の道理)に従って生きることを説き、儒家の思想を人為的であるとして批判した。老子を始祖とし、他に荘子、列子などがいる。法家は、君主の権力は絶対とし、法律と刑罰で統治する法治主義を説く。韓非子が体制した。

作者

孔子(孔丘)…春秋時代、魯の人。周の封建制が崩れ始めると、各地を遊説し「仁」(=思いやりをもって人を愛すること)を唱えたが、富国強兵を目指す諸侯たちに受け入れられることはなかった。

孟子(孟軻)…戦国時代、鄒の人。孔子の「仁」を発展させて性善説を唱えた。遊説し道徳による王道政治を主張したが用いられず教授と著述に専念した。

荀子(荀況)…戦国時代、趙の人。儒家であるが、孟子の性善説に対して性悪説を唱え、「礼」を重んじることで人は徳化できるとした。また、天命思想を退け、天人分離を主張した。

老子(李耳)…春秋時代、楚の人。道家の祖といわれる。儒教の人為的な道徳・学問を否定し、「無為自然」の道を説いた。

荘子(荘周)…戦国時代、宋の人。老子の無為自然を発展させ、忘我無心の境地に生き、天地自然と一体になることを理想とした。

韓非子(韓非)…戦国時代、韓の人。法家思想の大成者。荀子の性悪説を徹底させ、法律・刑罰を絶対とし、信賞必罰を説いた。

出典

『論語』…孔子の死後、弟子たちによって編纂された。孔子と門人たちの言行録で、孔子の学問、政治、社会の考えを記す。

『孟子』…孟子と門人たちによって編纂された。孟子が遊説した諸侯や門人たちと問答・議論した言説をまとめたもの。

『荀子』…荀況とその学派の著作。三十二編中六編は門弟の著述だとされているが、おおむね荀況の思想を忠実に伝えているとされる。

『老子』…老子の著作とされる。「道」に則った「無為自然」「柔弱」の処世術を説いたもので、『老子道徳経』とも呼ばれる。

『荘子』…荘周とその学派の著作。巧みな比喩と寓話に富んだ文学性の高い文章で、人為を捨てて無為自然に回帰すべきことを説く。

『韓非子』…韓非とその一派の著作。法による厳格な政治(=法治主義)を特色とする。秦の始皇帝が感銘を受けたとされる。

師弟 賢哉回也 〔論語、雍也〕

教707 64～65 教708 258～259

【大意】 教707 64ページ4～7行 教708 258ページ4～7行

孔子は、極貧生活にありながらも変わらぬ顔回の向学心に感銘を受けた。

【書き下し文】

❶子曰はく、「賢なるかな回や。❷一簞の食、一瓢の飲、陋巷に在り。❸人其の憂へに堪へず。❹回や其の楽しみを改めず。❺賢なるかな回や。」と。（論語、雍也）

【現代語訳】

❶孔子が言うことには、「賢明だなあ、顔回は。❷一盛りの食物に、一杯の飲み物で、みすぼらしい路地裏に住んでいる。❸普通の人は、そのつらさに堪えられない。❹（しかし）顔回は、（学問する）楽しみを改めようとはしない。❺賢明だなあ、顔回は。」と。

語句の解説

教707 64ページ 教708 258ページ

❶**賢哉回也** 「回/賢哉。」の倒置形。「也」で語調を整える。

「賢」は、徳行のある立派な人物。「回」は、孔子の弟子の顔回。

＊…哉 …だなあ。詠嘆を表す。

1 「一簞食、一瓢飲、在陋巷」とは、どのような生活ぶりか。

答 普通の人には耐えられない、きわめて貧しい生活。

❸**其憂** 「其」は「一簞食、一瓢飲、在陋巷」のこと。「憂」は、苦しみ、つらさ。食と住の貧困のつらさをいう。

❹**其楽** ①「其」を顔回と解釈すると、顔回の学問をする楽しみ。②「其憂」の「其」と同じと解釈すると、貧しい生活そのものを楽しむこと。ここでは、①の解釈をとった。

学習のポイント

1 孔子は、顔回のどういう点を「賢哉」と評したのか。（707 64・4 708 258・4）

考え方 「回や其の楽しみを改めず」に着目。孔子は、極貧にあっても変えない顔回のその姿勢を「賢哉」と高く評価している。

解答例

・極貧生活でも学問を楽しもうとしている点。

・質素な生活そのものを楽しもうとしている点。

2 探究 『論語』を調べ、顔回の人物像をまとめてみよう。

考え方

◇手順1 『論語』から、顔回を評した文を探そう。

①子貢曰はく、「回や一を聞いて以て十を知る」（公冶長篇）
②子曰はく、「之に語げて惰らざるは、其れ回なるか」（子罕篇）
③子曰はく、「吾、其の進むを見るも、其の止まるを見ざるなり」（子罕篇）
④孔子対へて曰はく、「顔回なる者有り、学を好む。怒りを遷さず、過ちを貳たびせず。不幸にして短命にて死せり。今や則ち亡し。未だ学を好む者を聞かず」（雍也篇）
⑤子曰はく、「回や我を助くる者に非ざるなり。吾が言に於いて説ばざる所無し」（先進篇）
⑥顔淵、仁を問ふ。（孔子の答えの後）顔淵曰はく、「回、不敏なりと雖ども、請ふ斯の語を事とせん」（顔淵篇）

◇手順2 どんなことを表現しているのかを読み取ろう。

①才智にすぐれている、②努力家である、③向上心に長けている、④学問好きで内省的である、⑤師の教えを理解している、⑥謙虚である。

◇手順3 これらをもとに、顔回の人物像をまとめよう。

解答例 才智にすぐれ、努力家である。師を深く敬愛し、その教えを理解することに喜びを感じている。学問好きで、道を究めようとする向学心にあふれる人物。

3 探究 2で調べた内容をもとに、なぜ孔子は顔回を信頼し、期待したのか考えてみよう。

考え方 孔子の理想は「仁」の世の中を築くことであり、それを実現する資質が顔回にはあると考えた。

解答例 顔回は、才智にすぐれ、孔子の言葉をよく聞き、その思想を深く理解しているうえ、熱意と向学心にあふれていたので、自分の後継者としてふさわしい人物と目していたから。

句法 書き下し文に直し、太字に注意して、句法のはたらきを書こう。

◇賢ナル哉回也。
（　　　　）（　　　）

答 賢なるかな回や。／詠嘆

師弟 聞斯行諸 〔論語、先進〕

教707 66 教708 260

【大意】 教707 66ページ1～8行 教708 260ページ1～8行

子路と冉有が、孔子に同じ質問をしたところ、答えは正反対だった。公西華が理由を尋ねると、孔子は相手の性格に応じたのだと教えた。

【書き下し文】
❶子路問ふ、「聞くがままに斯ち諸を行はんか。」と。❷子曰はく、「父兄の在す有り、之を如何ぞ其れ聞くがままに斯ち之を行はん。」と。❸冉有問ふ、「聞くがままに斯ち諸を行はんか。」と。❹子曰はく、「聞くがままに斯ち之を行へ。」と。❺公西華曰はく、「由や問ふ、『聞くがままに斯ち諸を行はんか。』と。❻子曰はく、『父兄の在す有り。』と。❼求や問ふ、『聞くがままに斯ち諸を行はんか。』と。❽子曰はく、『聞くがままに斯ち之を行へ。』と。❾赤や惑ふ。❿敢へて問ふ。」と。⓫子曰はく、「求や退く、故に之を進めたり。⓬由や人を兼ぬ、故に之を退けたり。」と。

（論語、先進）

【現代語訳】
❶子路が尋ねた、「(よいことを)聞いたら、これをそのまますぐに実行してよいでしょうか。」と。❷孔子は言った、「(お前には)父や兄がおられるではないか、どうして聞いたままをすぐに実行してよいだろうか」と。❸冉有が尋ねた、「(よいことを)聞いたら、これをそのまますぐに実行してよいでしょうか。」と。❹孔子は言った、「聞いたままをすぐに実行しなさい。」と。

❺公西華が(孔子に尋ねて)言った、「子路が『聞いたら、これをそのまますぐに実行してよいでしょうか。』と質問したら、❻先生は『父や兄がおられるではないか。』と言われました。❼(次に)冉有が『聞いたら、そのまますぐに実行してよいでしょうか。』と質問したら、❽先生は『聞いたままをすぐに実行しなさい。』と言われました。❾私は、迷ってしまいました。❿(どうして答えが違うのか、その理由を)しいてお尋ねします。」と。

⓫孔子は言った、「冉有は、消極的で遠慮がちであるから、これを押し進めてやったのだ。⓬子路は、積極的で人を押しのけるから、これを抑えたのだ。」と。

語句の解説

教707 66ページ　教708 260ページ

❶**斯**　「則」と同じく、「…すれば、そのまますぐに」の意。

❶**行レ諸**　「諸」は同音の「之乎」がもと。本来は「行レ之乎(之を行はんか)」となる。「乎」は文末で疑問を表す。

＊…諸　これを…か。疑問を表す。

❷**有二父兄在一**　「います」は「在り」「居り」の尊敬語。父兄もおられることだから「父兄の意見を聞きなさい」の意を込める。

❷**如レ之何**　「如何」は、反語形。目的語は、二字の間に置かれる。

＊如レ…何　どうして…か。反語を表す。

❸**冉有**　本文のように消極的と評される一方、多岐で政治向きであるといわれ、魯の大夫の家老になっている。

❺**公西華**　孔子に「束帯して朝廷に立ち、来賓と対応させることが

できる」と評された。

❺由（ゆう）　子路の名。

❼求（きゅう）　冉有の名。

❾赤（せき）　公西華の名。

❿敢（あヘテ）　思い切って…する。自分で考えるべきだが、わからないので思い切って質問します、という気持ち。

⓬兼レ人（かヌひとヲ）　人を押しのける。積極的。⓫文と⓬文は対になっており、この二文から、孔子は、相手の性格をよく理解しており、それに応じて指導の方法や内容を変えたことがわかる。

答 2　**この文章には、何人の門人が登場するか。**

子路（＝由）、冉有（＝求）、公西華（＝赤）の三人。

学習のポイント

◆孔子はなぜ二人の性格によって答え方を変えたのか。

解答例　子路はもともと積極的であり、冉有はもともと消極的であるので、それぞれの性格に合わせて違う答え方をした。

句法

◆書き下し文に直し、太字に注意して、句法のはたらきを書こう。

1　**聞**（クガママニ）斯（チ）行（ハンカ）レ**諸**（ヲ）。
（　　　　　　　　）（　　　）

2　**如**レ之（ヲ）**何**（ゾ）其（レ）聞（クガママニ）斯（チ）行（ハン）レ之（ヲ）。
（　　　　　　　　）（　　　）

答
1　聞くがままに斯ち諸を行はんか。／疑問
2　之を如何ぞ其れ聞くがままに斯ち之を行はん。／反語

師弟　行（クニ）不レ由（よラ）レ径（こみちニ）　〔論語、雍也（ようや）〕

教707 67　教708 261

【大　意】　教707 67ページ1〜3行　教708 261ページ1〜3行

武城の長官となった子游（しゆう）は、孔子の質問に答えて、澹台滅明（たんだいめつめい）というすぐれた人物を部下とすることができたと、その人となりを説明した。

【書き下し文】

❶子游（しゆう）武城（ぶじょう）の宰（さい）たり。❷子曰（いわ）はく、「女人（なんじひと）を得（え）たるか。」と。

【現代語訳】

❶子游が、武城の長官であった。❷孔子が言った、「あなたには、すぐれた人物が部下にいるか。」と。❸（子游は答えて）言った、「澹

❸曰はく、「澹台滅明なる者有り。❹行くに径に由らず。❺公事に非ざれば、未だ嘗て偃の室に至らざるなり。」と。
（論語、雍也）

台滅明という人物がいます。❹（この人物は）道を行くときに小道を通りません。❺（また）公務でなければ、まだ一度も私の部屋に来たことはありません。」と。

語句の解説

教707 67ページ　教708 261ページ

❶**子游**　孔子の門人の一人。まじめな人柄であったという。

❶**武城**　魯の小さな町。孔子が、この町を訪れたとき、弟子である長官の子游に、小さな町に国家を治める礼楽を用いるのは牛刀割鶏ではないかと評したところ、子游は、小人が道を学べば穏やかな人柄となり町を治めやすくなると言って、孔子を喜ばせたという（『論語』陽貨篇）。礼楽とは、礼儀による秩序と音楽による心の安寧を尊重する教えをいう。

❶**宰**　領地の長官。代官。町長。

❷**女**　おまえ。あなた。「汝」と同じ。

❷**得レ人乎**　「得」は、手に入れる。見つける。「人」は、ここでは、すぐれた人材のこと。

＊…乎　…か。疑問を表す。文脈によって「や」または「か」と読み分け、疑問や反語の意味となる。

❸**澹台滅明**　字は子羽。はじめ容貌の醜さから、孔子に才能も乏しいと思われたが、修養の後は諸侯に名が聞こえるほどになった。

❹**行**　①行動する、②道路を行く。ここでは、下に「径」とあるので②の意。

❺**非二公事一、未三嘗至二於偃之室一也**　「公事」は公務。「偃」は、子游の名。名は自分自身および目下の人を呼ぶときに用いる。「室」は、部屋。「公務でなくては、今まで一度も自分の部屋に来たことがない」とは、「私用では決して来ない」ということであり、澹台滅明が潔癖な人物であることを含意している。

＊未嘗…　今まで一度も…ない。再読文字を用いた否定の形。

3　**澹台滅明は、どのような点ですぐれているのか。**

答　公明正大に行動する点。

学習のポイント

「行不レ由レ径。」（707 67・2　708 261・2）とは、どういうことをたとえた言葉か。

考え方　小道を通らないとは、人に隠れてこっそり行動しないということ。ここでは、人に見られても恥じない行動をし、公私を混同しないということをいう。

解答例　行いの公明正大なことのたとえ。

句法　書き下し文に直し、太字に注意して、句法のはたらきを書こう。

◇女得ㇾ人乎。

（　　　　）（　　　　）

答　女人を得たるか。／疑問

本性　不忍人之心

〔孟子、公孫丑上〕

教707 68〜69　教708 262〜263

【大意】 教707 68ページ5行〜69ページ5行　教708 262ページ5行〜263ページ5行

人は皆、他人にむごいことができない心をもっている。君主がその心を用いて政治を行えば、天下を治めることは簡単である。また、惻隠・羞悪・辞譲・是非の心ももっている。

【書き下し文】

❶孟子曰はく、「人皆人に忍びざるの心有り。❷先王人に忍びざるの心有れば、斯ち人に忍びざるの政有り。❸人に忍びざるの心を以て、人に忍びざるの政を行はば、天下を治むること、之を掌上に運らすべし。

❹人皆人に忍びざるの心有りと謂ふ所以の者は、今、人乍ち孺子の将に井に入らんとするを見れば、皆怵惕惻隠の心有り。❺交はりを孺子の父母に内るる所以に非ざるなり。❻誉れを郷党朋友に要むる所以に非ざるなり。❼其の声を悪みて然するに非ざるなり。

❽是に由りて之を観れば、惻隠の心無きは、人に非ざるな

【現代語訳】

❶孟子が言われるには、「人は皆、他人にむごいことができない心をもっている。❷古代の聖王は、（この）他人にむごいことができない心をもっており、そこで他人にむごいことができないという（憐れみのある）政治が行われたのである。❸（このように）他人にむごいことができない心を用いて、他人にむごいことができないという政治を行えば、天下を治めることは、手のひらの上でころがすように（簡単に）できるのである。

❹人は皆、他人にむごいことができない心があるとする理由は、今もしある人が不意に幼児が井戸の中に落ちようとしているのを見たとすれば、人は皆驚いて、はっとし、かわいそうに思う心が生じ（て、これを助けようとす）る（に違いないからである）。❺（それは）幼児の父母と交際を結ぼうという理由からではない。❻自分の住む村里の人々や友人から賞賛されたいという理由からでもない。❼そ

り。❾羞悪の心無きは、人に非ざるなり。❿辞譲の心無きは、人に非ざるなり。⓫是非の心無きは、人に非ざるなり。」と。

（孟子、公孫丑上）

語句の解説

教707 68ページ　教708 262ページ

❶不レ忍レ人之心　後出の「惻隠之心」とほぼ同意である。孟子によれば、人であればこの心が先天的にそなわっているとし、「性善説」の根幹をなしている。

1 「不レ忍レ人」の「忍」を含んだ熟語を考えてみよう。

答 忍耐・堪忍・残忍。

❷斯　そこで。当面の事物を指す語。「則」と同じ。

❹所四以謂三人皆有二不レ忍レ人之心一者　人は皆、他人にむごいことができない心があるとする理由は。「所以」は「原因・理由」の意。

＊所二以A一者　「者」の上に結果、下に理由を述べる。

❹将レ入二於井一　今にも井戸の中に落ちようとする。

の（子どもを助けなかったという）悪いうわさをおそれてそのようにするのでもない。

❽こうしたことから考えてみると、憐れみいたましく思う心がない者は、人ではない。❾自分の不善を恥じ、他人の不善を憎む心のない者は、人ではない。❿遠慮し、譲り合う心のない者は、人ではない。⓫善悪をわきまえる心のない者は、人ではない。」と。

＊将レA　再読文字。今にもA（しようと）する。

❺非四所三以内二交於孺子之父母一也　幼児の父母と交際を結ぼうという理由からではない。以下❼まで、「不レ忍レ人之心」が利害得失や評判を気にしてのことではなく、自然に生まれる心であることを述べている。

＊非三所二以A一也　Aという理由からではない。

教707 69ページ　教708 263ページ

❻要レ誉　名誉を求める。ここでは子どもを助けたことで皆から賞賛されること。「誉」は、名誉。よい評判。

❼然　そのようにする。ここでは、井戸に落ちかかった子どもを助けることを指す。

❽由レ是観レ之　これによって考えると。以上のことから考えると。上の文を受けて、下の文で結論を述べる場合の慣用句。

❽非レ人也　人ではない。「也」は、断定を表す助字。

＊非レA　否定を表す。Aではない。

学習のポイント

孟子が「孺子」のたとえ話によって言おうとしていることをまとめてみよう。

解答例 人は皆、他人にむごいことができない心をもっていることを言おうとしている。

本性

人之性悪ナリ

〔荀子、性悪〕

教707 70〜71　教708 264〜265

【大　意】 教707 70ページ1行〜71ページ1行　教708 264ページ1行〜265ページ1行

人の本性は悪であり、指導者から受ける教化や礼義によるみちびきによってはじめて善になるのであって、善であることは後天的な人間の作為でしかない。

【書き下し文】

❶人の性は悪なり、其の善なる者は偽なり。❷今、人の性、生まれながらにして利を好むこと有り。❸是に順ふ、故に争奪生じて辞譲亡ぶ。❹生まれながらにして疾悪すること有り。❺是に順ふ、故に残賊生じて忠信亡ぶ。❻生まれながらにして耳目の欲有り、声色を好むこと有り。❼是に順ふ、故に淫乱生じて礼義文理亡ぶ。

❽然らば則ち人の性に従ひ、人の情に順へば、必ず争奪に出で、犯文乱理に合して、暴に帰す。❾故に必ず将に師法の化・礼義の道有りて、然る後に辞譲に出で、文理に合して、治に帰せんとす。❿此を用て之を観れば、然らば則ち人の性は悪なること明らかなり。⓫其の善なる者は偽なり。

（荀子、性悪）

【現代語訳】

❶人間の本性は悪であり、その善であることは人為的な努力によるものである。❷今、人間の本性には、生まれながらに利益を好むということがある。❸これ（＝この本性）に従うために、争い奪うことが生じ、譲り合うことがなくなってしまう。❹（また、）生まれながらに憎むということがある。❺これ（＝この本性）に従うために、人をそこない、傷つけることが生じ、まことのこころがなくなってしまう。❻（また、）生まれながらにして聞きたい見たいという欲望があり、美しい音楽や美しい容色を好むということがある。❼これ（＝この本性）に従うために、節度を失った行いが生じ社会の規範と正しい生き方や整った形式とすじみちがなくなってしまう。

❽そうだとすると、人間の本性に従い、人間の感情に従うならば、必ずや争い奪うことが生じて、「文理」をみだすこととなり、（結局）混乱した状態に陥ってしまう。❾それ故、必ず指導者から受ける教化や礼・義によるみちびきがあって、はじめて譲り合いが生じ、整った形式とすじみちになり、（世の中は）治まるのだ。❿以上のこ

とから考えてみると、人間の本性が悪であることは明白である。⑪その善であることは人為的な努力によるものなのである。

語句の解説

教707 70ページ　教708 264ページ

❶**性**（せい）　本性。生まれながらにもっている性質。

❷**生而有レ好レ利焉**　生まれながらに利益を好むということがある。「而」は、順接を表す置き字。直前に読む字に助詞「シテ」を送っている。「焉」は、置き字。断定を表す。

❸**順レ是**　この本性に従う。「順」は、流れのままに従っていく。「是」は、「生而有好利」（利益を好むという本性）を指す。

❻**耳目之欲**（じもくのよく）　聞きたい見たいという感覚的な欲望。

2　「耳目之欲」とほぼ同じ内容の表現を抜き出してみよう。

答　「好声色」（707 70・4　708 264・4）

❽**然則**（しからばすなはチ）　接続詞。そうだとしたら。そうであるならば。前文を受け結果を表す。

❽**犯文乱理**（はんぶんらんり）　人が行うべき正しいことを犯し乱すこと。「犯乱文理」（文理を犯乱す）の語順を入れ替えたもの。

❽**帰二於暴一**　混乱した状態に陥る。「帰」は、行き着く。ここでは、陥る、と訳した。「於」は、動作の及ぶ対象を示す置き字。送り仮名「ニ」を導く。「暴」は、無秩序状態をいい、後に出てくる「治」と対照をなす。

❾**必将下有二師法之化一…而帰中於治上**　必ず指導者から受ける教化や礼・義によるみちびきがあって、はじめて譲り合いが生じ、整った形式とすじみちになり、世の中が治まるのだ。「将」は、再読文字。「道」は、みちびく。「導」に同じ。「治」は、平和で落ち着いた状態。

＊必将二[A]一、然後[B]　「必ず[A]する」という条件があって、「はじめて[B]する」という結果を導く構文。

❾**然後**（しかルのちニ）　接続詞。そうしてはじめて、その後で、の意を表す。

❿**用レ此観レ之**　こうしてみると。以上のことから考えてみると。「用」は、「以」と同じ。

学習のポイント

◆荀子が人の本性は悪であると考える理由を整理してみよう。

考え方　人間の本性にはどういうところがあり、それに従うとどうなってしまうのか、まとめればよい。

解答例　人間の本性には、利益を好み、憎み、美しい音楽や美しい容色を好むということがあり、この本性に従えば、必ず争い奪うことが生じ、文理をみだすことになり、混乱した状態になってしまうから。

本性

性猶二湍水一也

〔孟子、告子上〕

教707 71　教708 265

【大意】 教707 71ページ2～5行　教708 265ページ2～5行

告子は言った。「人の本性は水の流れのようだ。水が東にも西にも流れるように、人の本性には善も不善もない。」

【書き下し文】

❶告子曰はく、「性は猶ほ湍水のごときなり。❷諸を東方に決すれば則ち東流し、諸を西方に決すれば則ち西流す。❸人性の善不善を分かつこと無きや、猶ほ水の東西を分かつこと無きがごときなり。」と。

（孟子、告子上）

【現代語訳】

❶告子は言った、「人の本性というものは、言ってみればうずまいて流れる水のようなものである。❷これ（＝水の流れ）を東の方に堤防を切って流せば（水は）東に流れ、これ（＝水の流れ）を西の方に堤防を切って流せば（水は）西に流れる。❸人の本性が（もともと）善と不善とに分けられないのは、いわば（はじめは）水の流れが東と西とに分けられないようなものである。」と。

語句の解説

教707 71ページ　教708 265ページ

❶性　人の本性。「人性」も同じ。

❶性猶二湍水一也　人の本性はいわばうずまいて流れる水のようなものである。「猶」は、ここでは比況を表す再読文字。「[A]猶[B]」（[A]ハなホ[B]ノごとシ）の形で、「いわば…のようなものだ・ちょうど…と同じである」の意を表す。

❷決二諸東方一　これ（＝水の流れ）を東の方に堤防を切って流せば。この「諸」は「決」という動詞の目的語と、「東方」という名詞の前置詞になっていて、一字で「之於」二字のはたらきをしている。

学習のポイント

◆告子は「湍水」のたとえ話によって、何を言おうとしているのか。

解答例　「湍水（＝うずまいて流れる水）」は、東に流せば東に向かい、西に流せば西に向かうことから、水の本性を定めのないものと捉え、その水と同じように、人間の本性も定めのないもの、すなわち善と不善の区別がないものだと言おうとしている。

本性
何必曰レ利 〔孟子、梁恵王上〕

教707 72〜73

※本教材は教708では学習しません。

【大意】 1 教707 72ページ1〜5行

梁の恵王に拝謁した孟子は、次のように言われた。「王が考えるべきは仁義の道だけだ。王が利益を求めれば大夫も役人も民もみな利益を求めて国が危うくなる。」

【書き下し文】

❶孟子梁の恵王に見ゆ。❷王曰はく、「叟千里を遠しとせずして来たる。❸亦た将に以て吾が国を利すること有らんとするか。」と。

❹孟子対へて曰はく、「王、何ぞ必ずしも利と曰はん。❺亦た仁義有るのみ。❻王は何を以て吾が国を利せんと曰ひ、大夫は何を以て吾が家を利せんと曰ひ、士庶人は何を以て吾が身を利せんと曰はば、上下交利を征りて、国危ふからん。

【現代語訳】

❶孟子が梁の恵王に拝謁した。❷王は言った、「長老先生は、千里を遠いとせずに来てくれた。❸（あなたも）また、わが国に利益をもたらそうとしてくださるのですか。」と。

❹孟子は答えて言われた、「王はどうして利益などとおっしゃる必要があるでしょうか（、いや、必要はありません）。❺（王の前には他の王たちと）同じように、仁義（深い人間愛と正しい筋道）の道があるだけです。❻諸侯はどのようにしてわが国に利益をもたらそうかと言い、大夫は何によってわが領地に利益をもたらそうかと言い、役人や庶人たち（身分の低い者たち）は何によってわが身に利益をもたらそうかと言うならば、為政者も民もみなが利益を求めて国は危うくなります。

語句の解説 1

教707 72ページ

❶**見** 拝謁する。お目にかかる。

❸**将レ有三以利二吾国一乎** 「将」は再読文字で「まさニ…（セ）ントす」と読み、①（今にも）…しそうだ（未来）、②（今にも）…しようとする（意志）、の意を表す。ここでは②の意。「利」は、「利益になる・利益をもたらす」の意。「…乎」は、「…か」の意で、疑問を表す。

❹**対** （地位が上の者からの質問に）答えて。

❹**何必曰レ利** どうして利益などとおっしゃる必要があるだろうか（、いや、必要はない）。この「利」は名詞で、「利益」の

意。

*何必…。　どうして…する必要があろうか(、いや、必要はない)。反語の意を表す。

⑤…而已矣。　…だけだ。限定の意を表す。「…耳」「…已」なども同じ意味。

⑥何以利吾国　どのようにしてわが国に利益をもたらそうか。

*何以…。　どのようにして…か。疑問の意を表す。

⑥上下交　為政者も民もみなが。「上下」は、身分が上の者(＝為政者)と下の者(＝民)のこと。「交」は「みな・ともに」の意。

3 「国危矣。」とあるが、そのような状態になるのはなぜか。

答 為政者も民もみなが利益を求めると、利益を取り合って社会の秩序が乱れるから。

【大　意】 2　教707 72ページ6行～73ページ2行

〈孟子の言葉の続き〉「利益を求める者は上の者の財産を奪い取らないと満足せず、主君を殺す。王は仁義の道を言うだけでよい。」

【書き下し文】

①万乗の国、其の君を弑する者は、必ず千乗の家なり。②千乗の国、其の君を弑する者は、必ず百乗の家なり。③万に千を取り、千に百を取るは、多からずと為さず。④苟くも義を後にして利を先にするを為さば、奪はずんば饜かず。⑤未だ仁にして其の親を遺つる者有らざるなり。⑥未だ義にして其の君を後にする者有らざるなり。⑦王も亦た仁義と曰はんのみ。⑧何ぞ必ずしも利と曰はん。」と。

(孟子、梁恵王上)

【現代語訳】

①兵車一万台を有する大国では、その主君を殺す者は、必ず(その国の)千乗の禄を受けている大夫です。②兵車一千台を有する国では、その主君を殺す者は、必ず(その国の)百乗の禄を受けている大夫です。③万乗の国に仕えて千乗の禄を受け、千乗の国に仕えて百乗の禄を受けるのは、(禄としては)多くないことはありません。④仮に義をないがしろにして利益を優先するならば、(国の財産を)奪い尽くさなければ満足しません。⑤仁の心を持ちながらその親を捨てる者は、まだいません。⑥義を行ってその主君をないがしろにする者は、まだいません。⑦王もまた(他の多くの優れた君主たちのように)仁義の道を言うだけ(でよいの)です。⑧どうして利益のことなどをおっしゃる必要があるでしょうか、いや、必要はありません。」と。

語句の解説 2

教707 72ページ

①弑其君者　その主君を殺す者。「弑」は、「身分の下の者が

上の者を殺す」の意。

❶千乗之家（せんじょうのいえ）　千乗の禄を受けている大夫。

❹苟為二後レ義而先一レ利（いやしクモぎヲのちニシテりヲさきニスルなサバ）　仮に義をないがしろにして利益を優先するならば。

*苟（クモ）…、（バ）「かりにも…ならば」の意。仮定を表す。

❹不レ奪不レ饜（うばハずンバあカず）　奪い尽くさなければ満足しません。「饜（あく）」は、「満足する」の意。

*不二…一不（ンバ）二～一（セ）　…でないことは～ない。二重否定の意を表す。

❺未レ有下仁而遺二其親一者上也（いまダあラじんニシテすツルそノおやヲものなり）　仁の心を持ちながらその親を捨てる者は、まだいません。「未」は、ここでは再読文字で「いまダ…（セ）ず」と読み、「まだ…ない・いまだ…したことがない」の意を表す。「遺」は、「捨てる」の意。

教707 73ページ

❼王亦曰二仁義一而已矣（おうまたいハンじんぎトのみ）　王もまた仁義の道を言うだけでよい。

学習のポイント

◆孟子が「何必曰レ利。（ゾズシモいハンりト）」（707 72・3）と言った理由を整理してみよう。

解答例　(1)王も民もみなが利益を求めると、国が危うくなる。

(2)利益を求める者は、上の者の財産を奪い尽くさなければ満足しなくなる。

このように、利益ばかりにこだわっていると、国が成り立たなくなる。

句法

◆書き下し文に直し、太字に注意して、句法のはたらきを書こう。

1　**亦**将レ有下以利二吾国一**乎**。（　　　）（　　　）

2　**何必**曰レ利。（　　　）（　　　）

3　亦有二仁義一**而已**矣。（　　　）（　　　）

4　**何以**利二吾国一、（　　　）（　　　）

5　**不**レ為レ**不**レ多矣。（　　　）（　　　）

6　**苟**為二後レ義而先一レ利、（　　　）（　　　）

答

1　亦た将に以て吾が国を利すること有らんとするか。／疑問
2　何ぞ必ずしも利と日はん。／反語
3　亦た仁義有るのみ。／限定
4　何を以て吾が国を利せん／疑問
5　多からずと為さず。／二重否定
6　苟くも義を後にして利を先にするを為さば、／仮定

自然

大道廃、有二仁義一

〔老子、第一八章〕

教707 74 教708 266

【大意】 教707 74ページ4～7行 教708 266ページ4～7行

（老子の説く）無為自然の道が廃れてくると、（儒家の重んじる）仁義が説かれるようになり、大偽・孝慈・忠臣といった人為的なものが現れてくるようになった。

【書き下し文】

❶大道廃れて、仁義有り。❷智慧出でて、大偽有り。❸六親和せずして、孝慈有り。❹国家昏乱して、忠臣有り。

（老子、第一八章）

【現代語訳】

❶無為自然の道が廃れると、儒家の重んずる「仁」「義」の道徳が説かれるようになる。❷知恵（を働かせる者）が出てくると、人為的な秩序・制度が生まれる。❸父子・兄弟・夫婦の家族が不和になると、親や祖先によく仕える子や孫をいつくしむ者が目立つようになる。❹国家がみだれてくると、忠臣が出てくるようになる。

語句の解説 教707 74ページ 教708 266ページ

❶**大道廃、有二仁義一** 「大道」が廃れたために「仁義」といった人為的な道徳が説かれるようになったのであり、「大道」こそ尊ぶべきであると、「仁義」を否定している。「有」は、ここでは「生じる、説かれるようになる」の意。

❷**大偽** 儒家の唱える「仁」「義」「礼」「智」といった人為的な秩序・制度を念頭に置いたもの。

❸**六親不レ和、有二孝慈一** 家族間が不和になると「孝慈」が現れてもてはやされるが、むしろ「孝慈」の現れていない時こそが、本当の「孝慈」が行われているのだ、という逆説的な表現。「孝慈」は、よく親に仕え、子をいつくしむ。親に対する孝（行）と、子に対する慈（愛）のこと。

❹**国家昏乱、有二忠臣一** 国家が乱れてくると「忠臣」が現れ、ほめそやされるが、「臣」が君主に忠実であるのは当然のことであり、それがほめそやされるのは、国が乱れ（「大道」が廃れ）たためだ、と言っているのである。

学習のポイント

◆右の文章は、結局何を主張しようとしたものか。

考え方 逆説的な言い回しによって、老子が何を言いたかったのかをよく考えてみよう。

解答例 「仁義」「知慧」「孝慈」「忠臣」とも、儒家が最も重んじている徳目だが、老子は逆説を用いてこれを批判し、最も大切なことは、無為自然の「大道」に立ち返ることであると主張した。

自然

小国寡民

〔老子、第八〇章〕

教707 75　教708 267

【大　意】 教707 75ページ1～6行　教708 267ページ1～6行

小さな国で人口が少なく、文明の利器を用いずに自分の土地での生活に満足し、完全に独立しているのが理想の社会である。

【書き下し文】

❶小国寡民、什伯の器有りて、而も用ゐざらしめ、民をして死を重んじて遠く徙らず、舟輿有りと雖も、之に乗る所無く、甲兵有りと雖も、之を陳ぬる所無からしむ。❷民をして復た縄を結びて之を用ゐ、其の食を甘しとし、其の服を美とし、其の居に安んじ、其の俗を楽しみ、隣国相望み、鶏犬の声相聞こゆるも、民老死に至るまで、相往来せざらしむ。

（老子、第八〇章）

【現代語訳】

❶小さな国で人口が少なく、さまざまな便利な道具があっても(人民に)使わせず、(また)人民に命を大切にさせ遠くに移住させないようにし、たとえ小舟と車があるとしても、それに乗ることはなく、たとえよろいや武器があるとしても、それを並べ(て用い)ることはない。❷もし人民が再び(太古のように文字の代わりに)縄に結び目を作ってこれを使い、その(＝自分たちの)食事をおいしいと思い、その(＝自分たちの)服を美しいと思い、その(＝自分たちの)住居に安住し、その(＝自分たちの)風俗習慣を楽しむならば、隣の国が互いに眺められ、鶏や犬の鳴き声が互いに聞こえる(ほど近くであった)としても、人民は老いて死ぬまで、互いに行き来することはないだろう。

語句の解説

教707 75ページ　教708 267ページ

❶**使下有二什伯之器一、而不上レ用**　さまざまな便利な道具があっても使わせず。

＊使二A一ヲシテB一(セ)　使役を表す。ここではAが省略されている。

❶**使下民重レ死而不中遠徙上**　人民に命を大切にさせ遠くに移住させなければ。

＊使二A一ヲシテB一(セ)　仮定を表す。使役の形を用いているので、もしAにBさせたとしたならば、と訳すこともできる。

❶**雖レ有二舟輿一**　たとえ小舟と車があるとしても。

＊雖レA一モ　仮定を表す。たとえAとしても。

❶**無レ所レ乗レ之**　それに乗ることはなく。「所」は、下にくる用言を名詞化する助字。

学習のポイント

右の文章で、老子の説く社会のあり方を、箇条書きにしてみよう。

考え方　老子はここで、独立した理想の社会を述べている。小さいがゆえのメリットは何か、その点を中心に考えてみる。

解答例
・便利な道具は使わない。　・移住しない。
・舟や車を使わない。　・武器を使わない。
・文字を使わない。　・自分たちの衣食住に満足させる。
・自分たちの風俗習慣を楽しむ。

❶**陳**　並べる。ここでは武器を準備することをいう。

❷**復**　「今一度・再び」の意の副詞。

❷**甘二其食一**　自分たちの食事をおいしいと思い。「甘」は、ここでは、「おいしい」の意。「其食」は、自分たちの普段の食事。

❷**安二其居一**　自分たちの住居に安住し。「安」は、安住する。落ち着く。

❷**其俗**　自分たちの風俗習慣を。「俗」は、風俗習慣。

❷**相望**　互いに眺められ。「相」は、動作に対象があることを表す。

1　**「隣国相望、鶏犬之声相聞」とは、どのような様子か。**

答　隣の国が互いに眺められ、鶏や犬の声が聞こえるくらい、近い距離にある様子。

句法

書き下し文に直し、太字に注意して、句法のはたらきを書こう。

1　**使**下有二什伯之器一、而不上レ用、　（　　　）（　　　）

2　**雖**レ有二舟輿一、無レ所レ乗レ之、　（　　　）（　　　）

答　1　什伯の器有りて、而も用ゐざらしめ、／使役
2　舟輿有りと雖も、之に乗る所無く、／仮定

自然　曳尾於塗中〔荘子、秋水〕

教707 76　教708 268

【大意】 教707 76ページ1〜7行 教708 268ページ1〜7行

楚王が荘子に国政を委ねたいと伝えてきたが、荘子は尊ばれる神亀も生きていたほうがよかったように、自分も高い地位につくよりも自由に生きていきたい、と楚王の申し出を辞退した。

【書き下し文】

❶荘子濮水に釣る。❷楚王大夫二人をして往きて先んぜしむ。❸曰はく、「願はくは竟内を以て累はさん。」と。❹荘子竿を持し、顧みずして曰はく、「吾聞く、『楚に神亀有り、死して已に三千歳なり。❺王巾笥して之を廟堂の上に蔵む。』と。❻此の亀なる者、寧ろ其れ死して骨を留めて貴ばるるを為さんか、寧ろ其れ生きて尾を塗中に曳かんか。」と。❼二大夫曰はく、「寧ろ生きて尾を塗中に曳かん。」と。❽荘子曰はく、「往け。❾吾将に尾を塗中に曳かんとす。」と。

（荘子、秋水）

【現代語訳】

❶荘子が濮水で釣りをしていた。❷楚の王が二人の大夫に(王の意を告げるために濮水まで)行って、先に交渉させた。❸(大夫は、)「(ぜひ)国の政治をあなたにお任せしたいと思います。」と言った。❹荘子は竿を持ち、振り返らずに、「私は聞いています、『楚の国には占いに使う神聖な亀の甲があり、死後三千年にもなる。❺王は布で包んで箱に入れて、これ(=亀の甲)を、祖先の霊をまつってある廟堂の上にしまわれている。』とのこと。❻この亀は、死んで骨を留めて貴ばれたかったたか、それとも生きて尾をどろの中で引きずっていたかったたか。」と言った。❼二人の大夫は、「生きて尾をどろの中に引きずっていたかったでしょう。」と言った。❽荘子は、「(では、)帰られよ。❾私も尾をどろの中に引きずっていたい。」と言った。

語句の解説

教707 76ページ 教708 268ページ

❷使二大夫二人一往先焉　二人の大夫に(王の意を告げるために濮水まで)行って、先に交渉させた。「使二A一B一(AヲシテB〈セ〉しム)」は、「AにBさせる」の意。「焉」は、意味を強める。

❸願……したく思う。

❹死已三千歳矣　死後三千年にもなる。

❻寧其死……曳二尾於塗中一乎　死んで骨を留めて貴ばれたかったたか、それとも生きて尾をどろの中で引きずっていたかったた

か。「曳」は、ここでは、「引きずる」の意。
＊寧A乎、寧B乎　Aか、それともBか。比較の意を表す。あとのほうが選ばれるものであることが多い。

❾将曳尾於塗中　尾をどろの中に引きずっていたい。「将（まさ二…ントす）」は再読文字で、ここでは、意志を表し、「…したい・…しようとする」などと訳す。

学習のポイント

◆右の文章で、荘子はどういう生き方がよいと言っているのか。

解答例　自然の営み（大道）にさからわず、それぞれの場で、本性に従って、自由にのびのびと生きる生き方。

句法

◆書き下し文に直し、太字に注意して、句法のはたらきを書こう。

◇**寧**其死為留骨而貴**乎**、**寧**其生而曳尾於塗中**乎**
（　　　　）（　　　　）

答　寧ろ其れ死して骨を留めて貴ばるるを為さんか、寧ろ其れ生きて尾を塗中に曳かんか／比較・疑問

法律　侵官之害　〔韓非子、二柄〕

教707 77～78　教708 269～270

【大意】　教707 77ページ5行～78ページ3行　教708 269ページ5行～270ページ3行

韓の昭侯は酔って寝てしまった自分に衣をかけてくれた典冠と、自分の職務を果たさなかった典衣とを両方とも処罰した。他の役職の権限を侵す罪は君主が風邪をひかないようにした功よりも重く、官と職、言葉と行動は一致させなければならないからである。

【書き下し文】

❶昔者、韓の昭侯、酔ひて寝ねたり。❷典冠の者君の寒きを見るなり。❸故に衣を君の上に加ふ。❹寝より覚めて説び、左右に問ひて曰はく、「誰か衣を加ふる者ぞ。」と。❺左右対へて曰はく、「典冠なり。」と。❻君因りて典衣と典冠とを兼

【現代語訳】

❶昔、韓の昭侯が（酒に）酔って寝てしまった。❷典冠（＝主君の冠を管理する役人）が昭侯の寒そうな様子を見た。❸それゆえ衣を昭侯の上に重ねた。❹（昭侯は）眠りから覚めて喜び、側近に尋ねて、「誰が衣を重ねてくれたのか。」と言った。❺側近は答えて、「典冠でございます。」と言った。❻昭侯はそこで典衣（主君の衣服を管理

ね罪せり。❼其の典衣を罪せるは、以て其の事を失ふと為せばなり。❽其の典冠を罪せるは、以て其の職を越ゆと為せばなり。❾寒きを悪まざるに非ざるなり。❿以為へらく、官を侵すの害は、寒きよりも甚だしと。⓫故に明主の臣を畜ふや、臣は官を越えて功有ることを得ず、言を陳べて当たらざることを得ず。⓬官を越ゆれば則ち死され、当たらざれば則ち罪せらる。

（韓非子、二柄）

語句の解説

教707 77ページ　教708 269ページ

❷**見二君之寒一也**　君主（＝昭侯）の寒そうな様子を見て。

❹**左右**　側近。

❹**誰加レ衣者**　誰が衣を重ねてくれたのか。

＊誰…　誰が…か。人物を問う疑問を表す。「者」と呼応して用いることが多い。

❻**兼三罪典衣与二典冠一**　典衣と典冠とを二人とも処罰した。「兼」は、「同時に複数のことを行う」の意。「典衣」は、君主の衣服を管理する役人。「典」には「つかさどる・管理する」の意がある。

学習のポイント

※教707では2・3は学習しません。

1　「越二其職一」とは、どういうことか。

する役人）と典冠とを二人とも処罰した。❼その（＝昭侯が）典衣を処罰したのは、自分の職責を果たさなかったとしたからである。❽その（＝昭侯が）典冠を処罰したのは、自分の職務を越えたとしたからである。❾（昭侯は）寒さをいやがらないことはない。❿（他の役人の）職権を侵す害は、寒いこと（の害）よりも重大だと（昭侯は）考えたのである。

⓫それゆえ、優れた君主が臣下を召し抱えておくには、臣下は自分の役職の権限を越えて功を立てることは許されず、意見を述べて（その言葉に行動が）一致しないことは許されない。⓬自分の職権を越えれば殺され、言行が一致しなければ処罰される。

答　自分の職務を越えること。

❾**非レ不レ悪レ寒也**　寒さをいやがらないことはない。

＊非レ不二…一　…ないことはない。二重否定の意を表す。

❿**以為**　…と考える。…と思う。

教707 78ページ　教708 270ページ

⓫**明主**　優れた君主。名君。

⓫**畜レ臣**　臣下を養うには。

⓫**不レ得二越レ官而有一レ功**　自分の役職を越えて功を立てることは許されず。「不レ得」は「…できない・許されない・…してはならない」という不可能・禁止の意を表す。

1 「侵官」(707 77・9 708 269・9)の内容を明らかにし、それはなぜ「害」なのか、「典衣」と「典冠」の例を比較して考えてみよう。

解答例 「侵官」は、他の役人の職権を侵すこと。典衣は職責を果たさず、典冠は自分の職務を越えたことになったから。

2 探究 この単元で取り上げた思想家たちの人間観についてそれぞれまとめてみよう。

考え方 人間観とは、「人間の存在」や「人間の本性」についての考え。たとえば、孔子の場合、人間とは思いやりの心をもち、人を愛することでお互いにつながり合う存在。他の思想家についても「人間(の本性)とは」から、書き出してみよう。この章の冒頭で示した、作者の解説などを参考にするとよい。

3 探究 「漢文の窓③ 諸子百家の思想」(➡708 271ページ)などを参考にして、この単元で取り上げた思想家の主張の特徴を比較しながらまとめてみよう。

考え方 この単元では、儒家・道家・法家の三学派を取り上げている。それぞれの学派の特徴を押さえよう。人為が積極的にかかわることを肯定するか否かに着目するとよい。

同学派の思想家でもそれぞれに主張が異なっている。それぞれの思想家の考えが示されている言葉を取り上げて、主張の違いを比較しよう。

また、その思想家が、誰の考え方に影響を受け、どういう経緯でその主張に至ったのかを調べると、いっそう特徴が明確になるだろう。教科書の豆知識「諸子百家」や、この章の冒頭作者の解説などを参考にするとよい。

句法

書き下し文に直し、太字に注意して、句法のはたらきを書こう。

1 **誰**カ加フル衣ヲ者ゾ。(　　　　)(　　　　)

2 **非**ザルニ**不**レ悪マ寒キヲ也。(　　　　)(　　　　)

3 侵スノ官ヲ之害ハ、甚ダシ**於**寒キヨリモ。(　　　　)(　　　　)

答
1 誰か衣を加ふる者ぞ。／疑問
2 寒きを悪まざるに非ざるなり。／二重否定
3 官を侵すの害は、寒きよりも甚だし。／比較

法律　処レ知ルコト則チ難シ

※本教材は教708では学習しません。

〔韓非子、説難〕

教707 78～79

【大意】教707 78ページ4行～79ページ7行

鄭の武公は胡を攻めようと婚姻関係を結んだ。武公が攻めるべき国を臣下に尋ねたところ、関其思は胡と答えた。其思は処刑され、胡は

攻め取られた。宋の金持ちの家の土塀が雨で崩壊した。息子が修理しないと盗賊が入ると言ったところ、隣の主人も同意した。金持ちの家に盗賊が入り、息子は利口とされ主人は疑われた。関其思は殺され主人は疑われた。知ることよりも、知ったあとの対処が難しいのだ。

【書き下し文】

❶昔者、鄭の武公胡を伐たんと欲す。❷故に先づ其の女を以て胡君に妻あはせ、以て其の意を娯しましむ。❸因りて群臣に問ふ、「吾兵を用ゐんと欲す。❹誰か伐つべき者ぞ。」と。❺大夫関其思対へて曰はく、「胡伐つべし。」と。❻武公怒りて之を戮して曰はく、「胡は兄弟の国なり。❼子之を伐てと言ふは何ぞや。」と。❽胡君之を聞き、鄭を以て己に親しむと為し、遂に鄭に備へず。❾鄭人胡を襲ひて之を取る。

❿宋に富人有り。⓫天雨ふり牆壊る。⓬其の子曰はく、「築かずんば必ず将に盗有らんとす。」と。⓭其の隣人の父も亦た云ふ。⓮暮れにして果たして大いに其の財を亡ふ。⓯其の家甚だ其の子を智として、隣人の父を疑へり。

⓰此の二人は、説く者皆当たれり。⓱厚き者は戮せられ、薄き者は疑はる。⓲則ち知の難きに非ざるなり。⓳知に処することは則ち難きなり。

（韓非子、説難）

【現代語訳】

❶むかし鄭の武公が胡の国を攻めようとしていた。❷そこでまず自分の娘を胡の君主に嫁がせて、機嫌よくさせておいた。❸それから臣下たちに尋ねた、「わたしは軍事行動を起こしたい。❹どこを攻めればよいだろうか。」と。❺大夫の関其思が答えて言うには、「胡を攻めるべきです。」と。❻武公は怒りこれ（＝其思）を殺して言った、「胡は婚姻関係を結んだ国である。❼お前がこれ（＝胡）を攻めよとは何事か。」と。❽胡の君主はこれを耳にして、鄭はわが国を親類とみていると思い、そのまま鄭への防備をしなかった。❾（すると）鄭の人は胡を襲撃し、これを攻め取ってしまった。

❿（また）宋の国に金持ちがいた。⓫（ある時）雨が降って土塀が崩れた。⓬息子が言うことには、「修理しないときっと盗人が入るでしょう」と。⓭その隣の主人もまた同じことを言った。⓮夜になって果たして家の財産をごっそり盗まれた。⓯その（金持ちの）家では息子をとても利口だと考え、隣の主人を怪しいと疑った。

⓰この二人は、言ったことはどちらも当たっている。⓱（しかし）ひどい場合には殺され、軽い場合でも疑われた。⓲よって（人に意見する場合には）知ることが難しいのではない。⓳知ったことに対処することがそれこそ難しいのである。

語句の解説

教707 78ページ

❶**昔者**　「者」は、時を示す語に添えて語調を整える働きをする。「今者」も同じ。

❶**欲**　「…しようとする、するつもりである」の意。再読文字「将」

「且」と同意。

❶伐 軍を動かして攻撃する。〔討伐〕

❷娯二其意一 機嫌よくさせておいた。「娯」は、文脈上から「娯しましむ」と使役に読む。

❸因 それから。前文を受けて、その原因・根拠・手がかりを示す。

❸問二於群臣一 臣下たちに尋ねた。「於」は置き字で、ここでは、下接の語が問う対象であることを表す。

❹誰可レ伐者 ここでは、「誰の国を攻撃すればよいか」というほどの意。「可」は、可能・許可を表す。ここでは、許可。

＊誰 誰が…か。「誰」は疑問を表す人称代名詞。

❺大夫関其思 「大夫」は周代の封建制での等級。卿と士の間。関其思は、伝記未詳。

2 **「武公怒而戮レ之」とあるが、武公はなぜ関其思を殺したのか。**

答 武公が婚姻関係を結んで、国どうしが兄弟の間柄になった胡の国を攻撃しようと言ったから。

❼子言レ伐レ之何也 「子」は、二人称の代名詞。ここでは、関其思を指す。「之」は、胡のこと。胡は兄弟の国であるのに攻めるというのはどうしてか、ということ。

＊…何也 …はどうしてか。疑問を表す。

教707 79ページ

❿宋 周に滅ぼされた殷の遺民の国なので、宋人はしばしば愚か者の見本のように描かれる。「守レ株」の話もその一つ。

⓬必将 「きっと…するだろう」の意。

⓭父 父親の意でないときには、慣例的に「ほ」と読む。

⓭亦 同様に。

3 **「此二人」は、誰と誰を指しているか。**

答 関其思と隣の主人。

⓱厚者為レ戮、薄者見レ疑 「厚」は「甚」と同じく程度がひどい場合、「薄」は「厚」と対で、軽い場合をいう。「為」「見」は、ここでは「る・らル」と読み、ともに受身を表す。

＊為・見 …される。受身を表す。

⓲⓳則非二知之難一也。処レ知則難也。 ⓲の「則」は「故」(=よって、してみると)、⓳の「則」は「乃」(=そこで、それこそ)の意に近い。文意は、難しいのは、知ることではなく、知ったことにどう対処するかである。自分の置かれている状況に応じて判断することが大切だということ。

学習のポイント

1 **右の文章で、人はどのように「知」を用いればよいと考えているのか。**

考え方 「知」について論じているのは第三段落。関其思と隣の主人は、正しいことを言ったにもかかわらず、前者は殺され、後者は疑われた。作者は、「知」の対処の仕方に問題があったという。どのように「知」を用いれば、二人は不幸を免れることができたのかを考えてみよう。

解答例 自分の置かれている状況や立場を考慮して、「知」を用いればよい。

2 探究 **この単元で取り上げた思想家たちの人間観についてそれぞれまとめてみよう。**

考え方 人間観とは、「人間の存在」や「人間の本性」についての考え。たとえば、孔子の場合、人間とは思いやりの心をもち、人を愛することでお互いにつながり合う存在。他の思想家についても「人間（の本性）とは」から、書き出してみよう。この章の冒頭で示した、作者の解説などを参考にするとよい。

3 探究 **豆知識「諸子百家」（➡707 73ページ）などを参考にして、この単元で取り上げた思想家の主張の特徴を比較しながらまとめてみよう。**

考え方 この単元では、儒家・道家・法家の三学派を取り上げている。それぞれの学派の特徴を押さえよう。人為が積極的にかかわることを肯定するか否かに着目するとよい。

同学派の思想家でもそれぞれに主張が異なっている。それぞれの思想家の考えが示されている言葉を取り上げて、主張の違いを比較しよう。

また、その思想家が、誰の考え方に影響を受け、どういう経緯でその主張に至ったのかを調べると、いっそう特徴が明確になるだろう。教科書の豆知識「諸子百家」や、この章の冒頭作者の解説などを参考にするとよい。

句法 **書き下し文に直し、太字に注意して、句法のはたらきを書こう。**

1 **誰**カ**可**キレ伐ツ者ゾ。（　　　　）（　　）

2 子言フハレ伐テトレ之ヲ**何**ゾ**也**。（　　　　）（　　）

3 厚キ者ハ**為**レレ戮セ、薄キ者ハ**見**レ疑ハ。（　　　　）（　　）

答
1 誰か伐つべき者ぞ。／疑問
2 子之を伐てと言ふは何ぞや。／疑問
3 厚き者は戮せられ、薄き者は疑はる。／受身

6 日本の漢詩文

漢詩 不出門 菅原道真〔菅家後集〕

教707 80 教708 272

【大意】 教707 80ページ1〜6行 教708 272ページ1〜9行

左遷されて流されて以来、身の置き所もなく謹慎する作者の悲痛な思い。 ●七言律詩 韻 荆・情・声・迎・行

【書き下し文】

○門を出でず

❶一たび謫落せられて柴荆に在りしより

❷万死兢兢跼蹐の情

❸都府楼は纔かに瓦の色を看

❹観音寺は只だ鐘の声を聴く

❺中懐は好し孤雲の去るを逐ひ

❻外物は満月の迎ふるに相逢はん

❼此の地身撿繫無しと雖も

❽何為れぞ寸歩も門を出でて行かん

（菅家後集）

【現代語訳】

○門を出ない

❶（私は）一度官職を落として流されて粗末な住居に住んで以来、

❷万死に値する重い罪に恐れ慎み、身をかがめ抜き足差し足で歩むような気持ちだ。

❸都督府の大門の高楼はやっと瓦の色を見ることができるが、

❹観世音寺はただ鐘の音を聴くだけである。

❺胸中の思いは、さあ、離れ雲が流れ去るような静かな境地を追うとしよう、

❻外側の世界に対しては、満月のように円満な心で接しよう。

❼この土地では身を束縛されることはないけれども、

❽（謹慎の身であれば、）どうしてきわめて近い距離でも門を出て行くことができようか（、いや、行くことはできない）。

語句の解説 教707 80ページ 教708 272ページ

❶従 …から。名詞などの前に置かれ、続く語が起点であることを示すはたらきをする語。

❷万死 「何度も死ぬほどの重い罪」の意。

❸纔（わずかニ）　わずかに。やっと。

❹只聴鐘声（ただ鐘の声を聴くのみ）　ただ鐘の音を聴くだけである。「只（ただ）…」は、「ただ…だけだ」の意で、限定を表す。

1 **答**

第三句・第四句は『白氏文集』のどの詩にならったものか。

「香炉峰下、新卜山居、草堂初成、偶題東壁」という詩の「遺愛寺鐘欹枕聴　香炉峰雪撥簾看」にならったもの。

❺逐孤雲去（孤雲を逐ひて去る）　離れ雲が流れ去るのを追って行く。静かな境地を求める気持ちを表現している。「孤雲」は、離れ雲のこと。

❻相逢満月迎（相逢ふ満月迎ふ）　満月のように円満な心で接しよう。不満の気持ちを表さないようにしているということ。

❽何為寸歩出門行（何為れぞ寸歩も門を出でて行かん）　どうしてきわめて近い距離でも門を出て行くことができようか（、いや、行くことはできない）。

句法

書き下し文に直し、太字に注意して、句法のはたらきを書こう。

1　此ノ地**雖**三身無二撿繫一　（　　）（　　）

2　**何為**レ寸歩モ出レ門ヲ行カン　（　　）（　　）

答

1　此の地身撿繫無しと雖も／仮定

2　何為れぞ寸歩も門を出でて行かん／反語

漢詩

冬夜読書

菅茶山（くわんちやざん）〈黄葉夕陽村舎詩集〉

※本教材は教708では学習しません。

教707 81

【大意】教707 81ページ1～4行

心静かに読書をして、古人を友とする喜び。

●七言絶句　韻　深・沈・心

【書き下し文】

○冬夜書を読む

❶雪は山堂を擁して樹影深し

❷檐鈴　動かず　夜沈沈

❸閑かに乱帙を収めて疑義を思ふ

❹一穂の青灯　万古の心

（黄葉夕陽村舎詩集）

【現代語訳】

○冬の夜に書を読む

❶雪は山中の家を取り囲み、樹木の影は深い。

❷軒先につるした風鈴は動かず、夜はしんしんとふけていく。

❸心静かに帙から出して散らかした書物を静かに片付けながら、意味のわからないところを考えている。

❹ひとすじの青白い灯火が、遠い昔の人の心を照らし出す。

語句の解説 教707 81ページ

❶擁 抱きかかえて。うずめて。ここでは、雪が山の小さな草庵を取り囲むように積もっている様子を言っている。

2 「万古ノ心」とは、具体的に何のどのような心と考えられるか。

答 遠い昔の人の心。

漢詩

桂林荘雑詠 示二諸生一

広瀬淡窓〔遠思楼詩鈔〕

教707 81 教708 273

【大意】 教707 81ページ5～8行 教708 273ページ1～6行

異郷で苦学する塾生たちへの励まし。 ●七言絶句 韻 辛・親・薪

【書き下し文】

○桂林荘雑詠 諸生に示す

❶道ふことを休めよ 他郷苦辛多しと

❷同袍友有り 自ら相親しむ

❸柴扉暁に出づれば 霜雪のごとし

❹君は川流を汲め 我は薪を拾はん

（遠思楼詩鈔）

【現代語訳】

○桂林荘で心に浮かんだことを詠み、塾生たちに示す

❶言うのはやめなさい、他郷（での勉学）はつらいことが多いと。

❷（ここには）同じ綿入れを共用する（ともに勉学に励んできた）友がいて、おのずと互いに親しみ合っているのだから。

❸簡素なとびらを開けて早朝に外に出ると、霜がまるで雪のように（真っ白に）降りている。

❹（さあ、朝食を作るために）君は川の水を汲んできなさい、私は薪を拾ってこよう。

語句の解説 教707 81ページ 教708 273ページ

○雑詠 題を決めずに、心に浮かんだことを詠んだ詩。

○諸生 多くの学生。門下生たちをいう。

❶休レ道 言うのはやめなさい。「休」は、ここでは禁止を表す。「道」は、言う。

3 「休レ道」とあるが、なぜか。

答 同じ綿入れを共有するほどの友人がいるから。

❶他郷 よその土地。故郷を離れた土地。

❶苦辛 つらく苦しいこと。「辛苦」。押韻の関係から倒置していると考えられる。広瀬淡窓の私塾桂林荘（のちの咸宜園）は、豊後日田（現在の大分県日田市）の山中にあり、全国から四千人もの塾生が自炊しながら学んでいた。

❷自相親 おのずと互いに親しみ合う。「自」は、副詞。おのずと。自然に。「相」は、互いに。

❸暁出 早朝に外に出ると。

❸霜如雪 霜が雪のように降りている。

＊如A 比況を表す。Aのようだ。「如」は比況の助動詞。

❹汲川流 炊事に使う川の水を汲め、ということ。

❹我拾薪 かまどにくべる薪は私が拾ってこよう、ということ。皆が協力して朝食の支度をする様子がうかがえる。

漢詩 将東遊題壁 月性〔清狂吟稿〕

教707 82 教708 274

【大意】 教707 82ページ1～6行 教708 274ページ1～6行

学問に志して郷里を後にした男児の固い決意をうたった詩。

●七言絶句 韻 関・還・山

【書き下し文】

○将に東遊せんとして壁に題す
❶男児 志を立てて郷関を出づ
❷学若し成る無くんば死すとも還らず
❸骨を埋むる豈に惟だに墳墓の地のみならんや
❹人間到る処青山有り
（清狂吟稿）

【現代語訳】

○東方に遊学しようとして壁に書きつける
❶一人の男子として、（学問の）志をたて、故郷を出発する。
❷もし学問が成就しなかったならば、死んでも帰らないつもりだ。
❸骨を埋めるのは、どうしてただ故郷の墓地だけであろうか（、いや、そんなことはない）。
❹人の世には、どこに行っても墓地がある。

語句の解説

教707 82ページ 教708 274ページ

○将東遊 「将」は、「これから…しようとする」という意の再読文字。「遊」は、修学のため他国へいく。ここでは、作者が故郷の周防（現在の山口県）を出発して、東の大坂（現在の大阪）に遊学しようとしたことをいう。

❶**男児**（だんじ）　りっぱな男子。一人前の男。

❷**学**（がく）　ここでは漢学のこと。作者は仏道修行にあきたらず、漢学を学ぼうとした。

❷**若無成**（もシなクンバなル）　「若」は「如」と同じ仮定を表す助字。「無」は、「もシ」に呼応して「なクンバ」と読む。

＊若（シ）　もし…ならば。仮定を表す。

❷**死不還**（しストモずかえラ）　死んでも志を成し遂げるという固い決意を示す。

❸**埋骨**（うずムルほねヲ）　志道半ばにして死んだ場合の骨を埋める場所。

❸**豈惟墳墓地**（あニただニふんぼノちノミナランヤ）　「豈ニ…ンヤ」は反語、「惟ダ…ノミ」は限定を表す。「豈に惟だに…のみならんや」で、「ただ…だけだろうか」と抑え、「いや…でない」と揚げる、抑揚の形となる。「墳墓の地」は、ここでは、故郷の墓地を示す。

＊豈惟…（ニ ダニ）　どうしてただ…だけだろうか。抑揚を表す。

❹**人間**（じんかん）　「世の中、人の世」の意のときには「ジンカン」と読む。

❹**青山**（せいざん）　樹木が茂る墓地。宋の詩人、蘇軾（そしょく）(＝蘇東坡（そとうば）)の詩に「是（こ）の処（ところ）青山（せいざん）骨（ほね）を埋（うず）むべし」とある。故郷にとらわれることなく、自分の志を遂げられる土地であれば、そこで一生を終えてもよいという男子の気概が感じられる。作者は、吉田松陰などの志士たちと親交があったという。

4　**第四句は何を言おうとしているのか。**

答　学問ができるところであれば、どこで死んでもよいという決意。

句法　**書き下し文に直し、太字に注意して、句法のはたらきを書こう。**

1　学**若**（シ）**無**（クンバ）成（ル）死（ストモ）不還（ラ）　（　　）（　　）

2　**豈**（ニ）**惟**（ダニ）墳墓（ノ）地（ノミナランヤ）　（　　）（　　）

答　1　学若し成る無くんば死すとも還らず／仮定　2　豈に惟だに墳墓の地のみならんや／抑揚

漢詩

題自画（じがニだいス）

夏目漱石（なつめそうせき）〔漱石詩集〕　教707 83　教708 275

【大　意】　教707 83ページ1～6行　教708 275ページ1～6行

寒さの残る早春、唐詩を読みさした静寂の中、庭の竹と蘭にそよぐ風に感じた春の訪れ。　●七言絶句　韻　干・寒・蘭

【書き下し文】

○自画（じが）に題（だい）す

【現代語訳】

○自分の描いた絵に詩を書きつける

❶唐詩読み罷めて闌干に倚れば
❷午院沈沈として緑意寒し
❸借問す春風何れの処にか有ると
❹石前の幽竹石間の蘭

（漱石詩集）

❶唐詩を読みさして、手すりに寄りかかる。
❷昼の中庭はひっそりと静まりかえり、草木の緑のたたずまいも、寒々としている（中では、はっきりとはうかがえない）。
❸ちょっと尋ねてみる、春風はどこにあるのだろうか、と。
❹庭石の傍らのひっそりとした趣の竹と蘭（の葉を揺らせて、そこ）に来ていたのだ。

語句の解説 **教707 83ページ** **教708 275ページ**

❶**罷** 途中でやめて。

❶**倚二闌干一** 手すりに寄りかかる。物思いにふけっている様子を表している。「闌干」は、手すりのこと。「欄干」に同じ。「倚」は、もたれる。寄りかかる。

5 「**緑意寒**」とは、どのような情景か。

答 まだ春浅くて草木の緑のたたずまいが感じられず、寒々しい情景。

❸**何処有** どこにあるのか。
＊何レノ処ニカ Ａ(スル) 疑問を表す。

6 「**春風**」は、どこに吹いているのか。

答 庭石の傍らのひっそりとした趣の竹と蘭のあたり。

❹**石前幽竹石間蘭** ここの「石前」「石間」は、ともに「庭石の傍ら」の意。

句法

書き下し文に直し、太字に注意して、句法のはたらきを書こう。

◇ 借問ス春風**何レノ処ニカ**有ルト
（　　　）（　　）

答 借問す春風何れの処にか有ると／疑問

学習のポイント

1 特に感銘を受けた作品を暗唱したり、自由に訳したりしてみよう。

考え方 気になったもの、自分の感性に合うと思えたものについて、暗唱してみよう。言い回しは自分の表現として日常的に使ってみるのも漢語表現に慣れるためには有用。

2 **探究** **それぞれの漢詩について、詠まれた状況や、描かれている情景・心情を整理してみよう。**

解答例 「不出門」状況＝左遷されている。

描かれている情景・心情＝太宰府で暮らす日々。悲痛な心を落ち着けようとしている。

「冬夜読書」状況＝ひとりで読書をしている。

描かれている情景・心情＝読書をしていると、古の人々の心に触れられる喜び。

「桂林荘雑詠」状況＝自分が開いた塾に生徒が集まっている。

描かれている情景・心情＝故郷から遠く離れた異郷で学問をしようとする塾生達への励まし。

「将東遊題壁」状況＝学を志し、故郷を離れていく。

描かれている情景・心情＝学問を為すまでは、帰らない、という強い気持ちを表している。

「題自画」状況＝自宅で庭を眺めている。

描かれている情景・心情＝庭に春のおとずれを感じている。

逸話　所争在弓箭

※本教材は教708では学習しません。

頼山陽〈日本外史〉

教707 84〜85

【大意】 教707 84ページ1〜7行

武田信玄の甲斐の国は、塩を東海地方に頼っていたが、今川・北条両氏にその供給を止められて、領民は大変苦しんだ。それを聞いた上杉謙信は、その策を卑怯と断じ、信玄に塩の供給を申し出て商人に公正な価格で供給させた。

【書き下し文】

❶武田信玄、国海に浜せず。❷塩を東海に仰ぐ。❸今川氏真、北条氏康と謀り、陰かに其の塩を閉づ。❹甲斐大いに困しむ。❺上杉謙信之を聞き、書を信玄に寄せて曰はく、「聞く、『氏康・氏真、君を困しむるに塩を以てす。』と。❻不勇不義なり。❼我公と争へども、争ふ所は弓箭に在りて、米塩に在らず。❽請ふ今より以往、塩を我が国に取れ。❾多寡は唯だ命のま

【現代語訳】

❶武田信玄は、その領地（＝甲斐）が海に接していなかった。❷（そのため）塩は東海地方から供給していた。❸今川氏真は、北条氏康と共謀して、こっそりと塩の供給を止めた。❹（それで）甲斐の国はたいそう困った。❺上杉謙信はこのことを聞き、手紙を信玄に送って言うには、「聞くところによると『氏康と氏真が塩で貴公を困らせている。』という。❻実に卑怯で正しくないやり方である。❼私は貴公と争ってはいるが、その争いは弓矢の上でのことであって、米や塩にはない。

まなり。」と。⑩乃ち賈人に命じて、価を平らかにして之を給せしむ。

（日本外史）

❽以後は、塩を私の国から求められよ。❾（塩の）分量は申し越されるとおりにしよう。」と。⑩そして商人に命じて、価格を公正にして塩を供給させた。

語句の解説

教707 84ページ

❶**不レ浜レ海**　「浜」は、沿う。海に沿った陸地がなく、塩が生産できなかったということ。当時は、海水を利用する塩田法が主。

❷**仰二塩於東海一**　「仰」は、頼る。「於」は、下の語が「仰ぐ」の対象であることを表す。「東海」は東海道方面。

❸**謀**　共謀して。相談して、内々に計略をめぐらすこと。

❸**閉二其塩一**　今川氏真は、一五六七年八月以降、遠江・駿河・伊豆から甲斐に送っていた塩の輸送をとめ、商人の往来を禁止した。

1　**塩の供給を断ったのはなぜか。**

答　海のない甲斐の国では塩の自給ができないので、塩の供給を断つことで領民や兵は弱り、武田の勢力が衰退するから。

❻**不勇不義**　「不勇」は、卑怯な振る舞いであること。「不義」は、道理にはずれた正しくない行為。

❼**弓箭**　「箭」は、矢。当時の戦は弓と矢が主流だったので、転じて、①武器・武芸、②いくさ、の意となった。ここでは②の意。

❼**米塩**　米と塩、転じて、食糧。また、生活必需品のこと。

❾**多寡**　多いことと少ないこと。「寡」は、少ない。ここでは、塩の分量についていう。

❾**唯命**　「命」は、「命じる・ただ命のままにする」の意。

❿**給レ之**　「之」は、塩を指す。この文に、「命じて」とあるので「給セシム」と使役にして読む。主語は、上杉謙信。

句法

◆**書き下し文に直し、太字に注意して、句法のはたらきを書こう。**

◇多寡**唯**命。

（　　　　　　　）（　　　）

答　多寡は唯だ命のままなり。／限定

参考

題下不識庵撃二機山一図上

頼山陽〔山陽詩鈔〕

教707 85

※本教材は教708では学習しません。

【大意】　教707 85ページ1～5行

川中島の戦いでの、上杉謙信と武田信玄の一騎打ちをうたった詩。

【書き下し文】

○不識庵機山を撃つの図に題す
❶鞭声粛粛　夜河を過る
❷暁に見る　千兵の大牙を擁するを
❸遺恨十年　一剣を磨き
❹流星光底に　長蛇を逸す

（山陽詩鈔）

語句の解説

教707 85ページ

○**不識庵**　上杉謙信の法号（＝出家後の名前）。詩は、永禄四年（一五六一）九月、四度目の川中島の戦いの場面。

○**機山**　武田信玄の法号。謙信と五回にわたって川中島で戦った。

❷**擁**　いだく。守る。

学習のポイント

1　**上杉謙信は、なぜ敵に塩をおくったのか。**

考え方　「所㆑争在㆓弓箭㆒」の❻❼文に、その理由が述べられている。謙信は、律儀、正直な人で大義名分を重んじ、私利私欲のための戦いはしなかった。

●七言絶句　韻　河・牙・蛇

【現代語訳】

○不識庵が機山を襲撃する図に書きつける
❶軍馬にあてる鞭の音も静かに、夜のうちに（上杉の）軍勢が川を渡った。
❷（信玄は）夜明け方、（霧の晴れ間から）数千の大軍が大将旗を立てて布陣しているのを見た。
❸（謙信にとって）返す返すも残念なのは、長い間、苦心して武術を鍛錬して、
❹流れ星のごとく打ち下ろす刀の光のもと、宿敵信玄を取り逃がしてしまったことだ。

❸**遺恨**　忘れられない深い恨み。

❸**十年磨㆓一剣㆒**　十年の間、ひと振りの剣を磨くから、長い間、武術の修練を積むことをいう。「十年一剣」とも。この場面は、第一回合戦から九年目にあたり、謙信みずからが大刀をもって信玄に切りつけたというほどの激戦であった。

解答例　敵と争っているのは、弓矢の上（＝戦場）だけであり、米や塩（＝生活の場）には関係がないから。

2　探究　**上杉謙信と武田信玄の抗争について調べてみよう。**

考え方　この詩は、有名な川中島の合戦の場面を、謙信の立場から

詠んだものである。この合戦は、一五五二(天文二一)年以後、約一〇年間に五度繰り返されている。日本史の資料などを使って史実ではどのように記録されているのか調べてみよう。

3 **探究** **わが国の知識人にとって漢文はどのようなものであったのだろうか。この単元で取り上げた漢詩や逸話、「漢文の窓③ 漢文と日本人」(707 86ページ)を参考にし、具体例を挙げて話し合ってみよう。**

考え方 「漢文の窓③ 漢文と日本人」には、漢文が日本の文化や人々に与えた影響について時代を追って説明がなされている。時代背景、当時の知識人がおかれた立場をふまえて、彼らにとって漢文とはどのようなものであったのかを考えてみよう。

この単元・漢文の窓③で取り上げられた知識人について簡潔にまとめた。ある共通点が見えてくるのではないだろうか。

・月性(江戸時代)…漢学を究める決意を詠む。
・頼山陽(江戸時代)…上杉謙信の武士道を語る。
・大伴旅人(奈良時代)…困難な時代に理想の世界を詠む。
・平安時代の知識人…唐文化を日本に受容する。
・江戸時代の知識人…漢文は教養の基盤。漢籍による庶民の教化。
・明治時代の知識人…近代化、西洋文化の受容のため漢語を転用。
・夏目漱石(明治時代)…漢文の素養を活かした作品。

7 小説

定伯売鬼

干宝〔捜神記〕

教707 88〜89 教708 278〜279

【大 意】 1 教707 88ページ1〜4行 教708 278ページ1〜4行

宋定伯は、宛の市場へ向かう夜道で幽霊に出会い、自分も幽霊だといって連れだっていった。

【書き下し文】

❶南陽の宋定伯、年少き時、夜行きて鬼に逢ふ。❷之に問ふに、鬼言ふ、「我は是れ鬼なり。」と。❸鬼問ふ、「汝は復た誰ぞ。」と。❹定伯之を誑きて言ふ、「我も亦た鬼なり。」と。❺鬼問ふ、「何れの所にか至らんと欲する。」と。❻答へて曰はく、「宛の市に至らんと欲す。」と。❼鬼言ふ、「我も亦た宛の市に至らんと欲す。」と。❽遂に行くこと数里なり。

【現代語訳】

❶南陽の宋定伯は、若い頃、夜道を歩いていると、幽霊に出会った。❷たずねると、幽霊は言った、「おれは幽霊だ。」と。❸幽霊もたずねた、「お前こそ誰なのだ。」と。❹定伯がうそをついて言った、「おれもやはり幽霊だ。」と。❺(今度は)幽霊がたずねた、「どこへ行くつもりか。」と。❻定伯は答えた、「宛の町の市場に行くところだ。」と。❼(すると)幽霊は言った、「おれもやはり宛の町の市場に行くところだ。」と。❽そのまま(連れだって)数里ほど行った。

語句の解説 1

教707 88ページ 教708 278ページ

❶南陽 ここでは、宋定伯の出身地として示されている。出身地+名前は、物語の書き出しとしての定番。

❶年少 年齢が若い。「少」は、この場合、「わか(シ)」と読む。

❶鬼 人が死んで体から遊離した魂、俗に言う幽霊のこと。人間を祟り、とり殺すとされる。日本の「おに」とは異なる。

1 「問レ之ニ」とあるが、誰が誰に何をたずねたのか。

答 宋定伯が、鬼に、何者であるかをたずねた。

❷我是鬼 「是」は「コレ」と読むが、特定のものを指示するのではなく、「…である」という英語のｂｅ動詞に当たる用法。

❸**汝復誰**（なんじハまタたれゾ）　「汝」は、相手を軽んじて、あるいは目下の者にいう二人称代名詞。「復」は、ここでは「お前こそ誰か」と疑問を強調している。

＊誰（ゾ）　誰が…か。「誰」は、人物を問う疑問詞。

❹**誑**（あざむキテ）　いつわって。たぶらかして。(人を)だまして。

❹**亦**（まタ）　やはり、同様に。前出の事柄と同様の関係にあることを表す。

❺**欲**（ほっスル）　ここでは「…しようと思う・…するつもり」という意。

❺**何所**（いずレノところニカ）　どこに…か。疑問を表す。「何処（いずレノところ）」と同じ。時間をたずねる場合も「何」を「いづレノ」と読む。「何年（いずレノとし）」「何時（いずレノとき）」。

❻**宛市**（えんノいち）　「市」には、人や多く集まるところから、①市場、②刑場、③町、の意がある。ここでは、①の意。

❽**遂**（ついニ）　「そのまま引き続いて」という意。「結局」の意ではない。

【大意】 2 教707 88ページ5行～89ページ3行　教708 278ページ5行～279ページ3行

宋定伯と幽霊は宛の市場まで交代で背負って行くことにした。途中、幽霊に、体が重いこと、川を渡る際に水音を立てることを怪しまれるが、自分は死んだばかりの幽霊だからといってごまかす。その間、宋定伯は、幽霊が人間の唾を苦手としていることを聞き出した。

【書き下し文】

❶鬼言ふ、「歩行すること太だ遅し。❷共に逓ひに相担ふべし。❸何如。」と。❹定伯曰はく、「大いに善し。」と。❺鬼便ち先づ定伯を担ふこと数里なり。❻鬼言ふ、「卿太だ重し。❼将た鬼に非ずや。」と。❽定伯言ふ、「我は新鬼なり。❾故に身重きのみ。」と。❿定伯因りて復た鬼を担ふ。⓫鬼略重さ無し。⓬是くのごとくすること再三なり。⓭定伯復た言ふ、「我は新鬼なり。⓮何の畏忌する所有るかを知らず。」と。⓯鬼答へて言ふ、「惟だ人の唾を喜ばざるのみ。」と。⓰是に於いて共に行き、道に水に遇ふ。⓱定伯鬼をして先に渡らしめ、之を聴くに、了然として声音無し。⓲定伯自ら渡れば、漕漼として声を作す。⓳鬼復た言ふ、「何を以て声有るか。」と。⓴

【現代語訳】

❶幽霊が言った、「歩くのがとても遅い。❷たがいにかわるがわる背負って行こう。❸どうだ。」と。❹定伯が答えるには、「よかろう。」と。❺幽霊がすぐにまず定伯を背負って数里ばかり行った。❻幽霊が言った、「きみは重すぎる。❼もしかすると、幽霊ではないのか。」と。❽定伯が言った、「おれは新米の幽霊だ。❾だから重いのだ。」と。❿定伯がそれでまた幽霊を背負った。⓫幽霊はほとんど重さがない。⓬このようなことを二度三度と繰り返した。⓭定伯がまた言った、「おれは新米の幽霊だ。⓮(幽霊は)何かおそれきらうものがあるのかわからない。」と。⓯幽霊が答えた、「ただ人間の唾だけが苦手だ。」と。⓰そこでまた一緒に行くうちに、道中、川に出あった。⓱定伯は幽霊を先に渡らせ、聞き耳を立ててみたが、まったく音がしない。⓲定伯が自分で渡ると、じゃぶじゃぶと音が出る。⓳幽霊がまた言った、「どうして音が出るのか。」と。⓴定伯は言った、「死んだばかりなので、川を渡るのに慣れていないだけ

定伯曰はく、「新たに死すれば、水を渡ることに習はざるが故なるのみ。㉑吾を怪しむこと勿かれ。」と。

のことだ。㉑おれのことを怪しむなよ。」と。

語句の解説 2

教707 88ページ　教708 278ページ

❶**太遅**　「太」は、ここでは「はなはダ」と読む副詞。進み方が度を超えてとても遅いことを意味する。

❷**共逓**　おたがい交代で。「逓」は、①交互に、②伝える、③宿駅。ここでは、①の意。

❷**相担**　相手を背負う。ここでの「相」は、動詞「担う」の対象を示す。「たがいに」の意ではない。

❸**何如**　状況がどうであるか、どう思うかを問う。「何若」と同じ。

❺**便**　すぐに。ことがスムーズに進むことを表す副詞。

❼**将非レ鬼也**　「将」は、ここでは「はタ」と読み、「もしかすると・ひょっとすると」の意。仮定に基づく推量を表す。

＊…也　…か。文末で疑問を表す。他に「乎」「与」「哉」「邪」「耶」などがある。

2　**「新鬼」とは、どういう意味か。**

答　新たに死んだばかりの幽霊。

❾**故身重耳**　「故」は、理由を表す。幽霊は人体を離脱した魂だから軽いはずだが、死んだ直後の魂は重いという定伯の言いわけ。

＊…耳　…だけだ。文末で限定を表す。他に「爾」「已」「也已」「而已」「而已矣」などがある。いずれも「のみ」と読む。

❿**因復**　そういうわけで、また。ここでの「復」は、行為の反復。

⓫**略無レ重**　「略」は「ほぼ」と読む副詞。「不・無」の否定語をともなって「ほとんど・少しも（…ない）」の意となる。

⓬**如レ是**　「かクノごとシ」と読む。「このようにする」「このようである」の意。

⓮**何所二畏忌一**　何かおそれきらうもの。「所」は、直後の動詞「畏忌」を名詞句にするはたらきがある。

＊何　なにを…か。疑問を表す。

⓯**惟不レ喜二人唾一**　「鬼」が「人唾」をきらう理由が後半に明らかにされる。その伏線となる一文。

＊惟　…だけ。限定を表す。文頭、文中に用いられ、文末に「ノミ」を送る。他に「唯」「但」「只」「徒」「祇」などがある。

⓰**於レ是**　「そこで」という意味の接続詞として用いられる。

教707 89ページ　教708 279ページ

⓱**定伯令二鬼先渡一**　定伯が鬼を先に渡らせ。定伯は幽霊の性質を見極めようとしている。

＊令二Ａ Ｂ一　ＡにＢさせる。使役を表す。他に「使」「遣」「教」などがある。いずれも「しム」と読む。

⑰了然　否定語の前につき「まったく(…ない)」の意となる。
⑱作レ声　音をたてる。ここでの「声」は、音と同じ。
⑲何以　どうして…か。理由を問う疑問詞。
⑳不レ習　慣れていない。ここでの「習」は、「習慣」の意。
㉑勿レ怪レ吾也　「也」は断定を表す助字。ここでは読まない。
＊勿　…するな。禁止を表す。他に「無」「毋」「莫」がある。

【大　意】　3　教707 89ページ4～8行　教708 279ページ4～8行

宛の市場に近づくと、宋定伯は幽霊を肩にかついでしっかりと捕まえた。幽霊は騒ぎたてたが、市場に入って地面に下ろされると羊に化けた。定伯は、唾を吐きかけてもとの幽霊に戻らないようにして売りとばし、銭千五百文を手に入れた。

【書き下し文】

❶行宛の市に至らんと欲し、定伯便ち鬼を担ひて肩の上に著け、急に之を執らふ。❷鬼大いに呼び、声咋咋然たり。❸下ろさんことを索むるも、復た之を聴かず。❹径ちに宛の市中に至り、下ろして地に著くれば、化して一羊と為る。❺便ち之を売る。❻其の変化するを恐れて、之に唾す。❼銭千五百を得て乃ち去る。❽当時石崇言へる有り、「定伯鬼を売り、銭千五を得たり。」と。

（捜神記）

【現代語訳】

❶まもなく宛の市場に着こうとするとき、定伯はすぐに幽霊をかついで肩の上にのせ、急にしっかりとつかまえた。❷幽霊は大声をあげ、ぎゃあぎゃあと騒がしい。❸下ろしてくれと頼むけれども、(定伯は)もう聞き入れない。❹まっすぐに宛の市場に入って、下ろして地面に置くと、(幽霊は)一匹の羊に化けた。❺(定伯は)すぐさまこれを売りはらった。❻それが(また幽霊に)変わるのを心配して、唾を吐きかけた。❼(定伯は)銅銭千五百文を手に入れてそして立ち去った。❽当時、石崇はこの話を評して言った、「定伯が幽霊を売って、銅銭千五百文を儲けた。」と。

語句の解説 3

教707 89ページ　教708 279ページ

❷咋咋然　「咋」は、①食う、②大声、③たちまち。ここでは、②の意。「咋咋」と、同じ字を重ねて(=畳語という)、大声で騒ぎたてる様子を表した擬声語。ぎゃあぎゃあ、わあわあ、の類。
❸索　求める。要求する。
❸不二復聴一レ之　「不二復…一」は、部分否定で「二度と…しない」の意。これまでは話をしていたが、もう話を聞き入れない、ということ。
❹径　まっすぐに。直接ある場所に向かうことを表す。
❻恐二其変化一　羊が幽霊に変わることを心配する、ということ。

学習のポイント

1 「鬼」の特徴や習性をまとめてみよう。

考え方 主に、第二段落の定伯と鬼との会話に「鬼」の具体的な特徴や習性が述べられている。文脈から読み取れることもある。

解答例
- 体重(重さ)がない。
- 川を渡るときに音がしない。
- 人の唾を怖がる。
- 動物など他のものに変身できる。
- 猜疑心が強い。
- 相手の話を素直に信じる。など。

2 定伯が「何所畏忌。」(707 88・9 708 278・9)と言った理由と、「唾之。」(707 89・6 708 279・6)した理由を考えてみよう。

考え方 定伯が「唾之」とした理由は、直前の「恐其変化」に明らか。「其変化」とは、羊となった幽霊がもとに戻ること。そうさせないために定伯は唾を吐きかけた。ここでポイントとなるのは、第二段落、定伯の「何所畏忌」という幽霊への問いである。定伯はこの時、幽霊の「おそれきらうもの」が「人の唾」であることを知るのである。「何所畏忌」は「唾之」の伏線となっている。

解答例
- 前者の理由…幽霊の弱点を聞き出すため。
- 後者の理由…羊に化けた幽霊がもとに戻らないようにするため。

句法

書き下し文に直し、太字に注意して、句法のはたらきを書こう。

1 汝復**誰**。（　　）（　　）
2 欲至**何所**。（　　）（　　）
3 可共遞相担**何如**。（　　）（　　）
4 **将**非鬼**也**。（　　）（　　）
5 故身重**耳**。（　　）（　　）
6 不知有**何**所畏忌。（　　）（　　）
7 **惟**不喜人唾。（　　）（　　）
8 定伯**令**鬼先渡。（　　）（　　）
9 **何以**有声。（　　）（　　）
10 **勿**怪吾也。（　　）（　　）

答

1 汝は復た誰ぞ。／疑問
2 何れの所にか至らんと欲する。／疑問
3 共に遁ひに相担ふべし。何如。／疑問
4 将た鬼に非ずや。／疑問
5 故に身重きのみ。／限定
6 何の畏忌する所有るかを知らず。／疑問
7 惟だ人の唾を喜ばざるのみ。／限定
8 定伯鬼をして先に渡らしめ、／使役
9 何を以て声有るか。／疑問
10 吾を怪しむこと勿かれ。／禁止

天台二女

劉義慶〔幽明録〕

教707 90～92

※本教材は教708では学習しません。

【大意】 1 教707 90ページ1～8行

劉晨と阮肇は薬草を求めて山に入り、道に迷って飢え死にしかけた。山頂に桃の実を発見して、崖を登って実を食べると体力が回復した。下山途中、川からかぶの葉や胡麻飯の粒がついた椀が流れてきた。それを見て二人は上流に向かい、山を越えたところで谷川に出た。

【書き下し文】

❶漢の明帝永平五年、剡県の劉晨・阮肇は、共に天台山に入り、穀皮を取り、迷ひて返るを得ず。❷十三日を経て、糧食は乏尽し、飢餒して殆ど死せんとす。❸遥かに望むに、山上に一桃樹有り、大いに子実有り。❹而れども絶巌邃澗あり、永く登る路無し。❺藤葛を攀援し、乃ち上に至るを得たり。❻各数枚を噉ひて、飢ゑは止み体は充つ。❼復た山を下る。❽杯を持ちて水を取り、盥漱せんと欲するに、蕪菁の葉の山腹より流出するを見る。❾甚だ鮮新なり。❿復た一の杯流出するに、胡麻飯の糝有り。⓫相謂ひて曰はく、「此れ人径を去

【現代語訳】

❶後漢の明帝(が世を治めていた)永平五年(六二)のこと、剡県の劉晨と阮肇は、二人で天台山に入り、薬草の一種である木の皮を取っていたところ、(道に)迷って帰れなくなってしまった。❷十三日が経ち、食糧も底をついて、飢えて死にそうになった。❸遠くを眺めると、山頂に桃の木があり、たくさんの実がなっていた。❹しかし、(周囲は)険しい崖と深い谷で、登る道はまったくない。❺(そこで)藤や葛(の蔓)をひっぱってよじのぼり、やっとのことで頂上にたどり着いた。❻それぞれいくつか(桃の実を)食べると、飢えはおさまり、体に力が充ちてきた。❼(そこで、帰ろうとして)今度は山を下った。❽(その途中の川で)椀で水をくみ、手や顔を洗い、口をすすごうとすると、かぶの葉が山腹から流れてくるのを見た。❾(その葉は)とても新鮮だった。❿今度は椀が流れてきたが、(椀には)

ること遠からざるを知る。」と。⓬便ち共に水に没し、流れに逆ふこと二三里にして、山を度るを得、一大渓に出づ。

胡麻飯の粒がついていた。⓫たがいに言うことには、「これで人の住んでいる所からはさほど遠くないことがわかった。」と。⓬すぐに二人は水に入り、流れに逆らって二三里ほどで、山を越えて、大きな谷川に出た。

語句の解説 1

教707 90ページ

❶不レ得レ返　もと来た道を帰ることができない。

＊不レ得…　…できない。不可能を表す。

❷糧食　貯蔵・携行する食料だが、ここでは携行した非常食。

❷殆　…にちかい。「あやうし」と読む場合は「危険だ」の意。

❸大有二子実一　たくさんの（桃の）実がなっていた。「大」は、多く、さかんに。「子」は、ここでは「実」と同じ果実の意。

❹而　順接あるいは逆接を表す接続語。ここでは、逆接。文頭で「しかモ・しかルニ・しかレドモ」と読んで「しかし」と訳す。

❺藤葛　「藤」も「葛」もつる状の植物。

❺乃　ここでは接続語。やっとのことで、なんとかして。

❻各　それぞれ、ひとりひとり。

❻噉二数枚一　「噉」は、強いて口に入れる、から「食う」の意。「枚」は平らなものを数えるが、ここでは桃の数のこと。

❻体充　古代、桃は生命力に溢れ、邪気を払う力があるとされた。

❽従　ここでは、「自」と同じく起点を表す助詞。

1　「知下去二人径一不上遠。」とあるが、なぜわかったのか。

答　川の上流から新鮮なかぶの葉や胡麻飯の粒のついた椀という人里の生活を感じさせるものが流れてきたから。

⓬便　接続語。すぐに、とりも直さず。

⓬度　ここでの「度」は「渡」と同じ。越える、過ぎて行く。

【大　意】 2　教707 91ページ1～8行

谷川のほとりには見覚えのない二人の美しい女人が劉晨と阮肇を待っていた。女人は劉と阮の姓をすでに知っており、笑顔で迎え入れると食事や酒をふるまってくれた。

【書き下し文】

❶渓辺に二女子有り、姿質妙絶なり。❷二人の杯を持ちて出づるを見て、便ち笑ひて曰はく、「劉・阮二郎、向に失流せし所の杯を捉りて来たる。」と。❸晨・肇既に之を識らざるも、

【現代語訳】

❶谷川のほとりには二人の女人がおり、美しいすがたかたちであった。❷二人（＝劉晨・阮肇）が椀を持って現れるのを見て、笑って言うには、「劉様と阮様のお二人が、先ほど流してなくしたお椀を拾って来られましたわ。」と。❸劉晨も阮肇もこれ（＝女人）に見

二女の便ち其の姓を呼ぶや、旧有るに似たるがごときに縁り、乃ち相見て忻喜す。❹問ふ、「来たること何ぞ晩きや。」と。❺因りて邀へて家に還る。❻家に十侍婢有り。❼勅して云ふ、「劉・阮二郎、山岨を経渉し、向に瓊実を得と雖も、猶尚ほ虚弊す。❽速やかに食を作るべし。」と。❾胡麻飯・山羊の脯・牛肉を食らふ。❿甚だ甘美なり。⓫食畢はりて酒を行ふ。⓬一群の女の来たる有り。⓭各五三の桃子を持ち、笑ひて言ふ、「汝の婿の来たるを賀す。」と。⓮酒酣にして楽を作す。⓯劉・阮忻怖交并さる。

覚えがなかったが、二人の女人がすぐに自分たちの名前を呼ぶと、なじみがある人と似ているようで、そこで初めてお互い見交わして喜びあった。❹(女人が)尋ねた、「いらっしゃるのがどうしてこんな遅くになったのですか。」と。❺そして、(二人を)招いて家に戻った。❻家には十人の召使いがいた。❼(女人が召使いに)指示して言った、「劉様と阮様のお二人は、険しい山道を歩いて来られたので、先ほど桃の実を召し上がったとはいっても、やはりお疲れでしょう。❽早くお食事を用意しなさい。」と。❾(二人は)胡麻飯、山羊のほし肉、牛肉を食べた。❿非常においしかった。⓫食事が終わると酒がふるまわれた。⓬大勢の女たちがやってきた。⓭それぞれが数個の桃の実を持ち、(女人に)笑いかけて言った、「あなたのお婿さんがいらっしゃったことをお祝いします。」と。⓮酒宴もたけなわとなり演奏が始まった。⓯劉晨も阮肇も喜びとおそれの入り交じった気持ちだった。

語句の解説 2

教707 91ページ

❶**渓辺 有二二女子一** 劉晨と阮肇が仙界(神仙の世界)に入る場面。二人の女人は神仙(=仙人)らしき美女。古代中国には不老不死を求める神仙思想があった。仙界は簡単にはたどり着くことのできない山奥にあるとされた。椀についた胡麻飯、桃を食べたことが仙界の伏線にある。

❷**劉・阮二郎** 「郎」は、男の敬称。後に「汝婿」とあるので女人は、劉・阮を夫として呼んでいる。

❷**向** 「向」は、さっき、いましがた。

❸**如…** …のようだ。比況。

❹**来 何晩邪** 「晩」は、おくれる、おそくなる。劉晨と阮肇は前々からこの里に滞在していることになっている。

＊何…邪(也) どうして…か。疑問詞に続く文末の助字は「や」と読む。

❺**因 邀 還レ家** 「因」は接続語で、そこで、そのために。「邀」は、招く、待ちうける。女人は劉・阮を家に招き入れた。

❼**勅** さとして、注意を与えて。

❼**雖二…一** たとえ…としても。逆接の仮定条件。

❼**猶尚**　「猶」は「なホ…ごとシ」と読む再読文字だが、ここでは「尚」と同じく「やはり、それでもまだ」の意で用いられている。

⓭**桃子**　胡麻飯と同じく、桃の実も不老不死の食べ物と考えられていた。

答　「忻」（＝喜び）は、女人から歓待を受けたことをうれしく思っていること。「怖」（＝おそれ）は、ことのなりゆきが理解できずに不安を感じていること。

「忻」「怖」はそれぞれどのようなことか。

【大　意】　3　教707 91ページ9行～92ページ2行

十日が経って劉晨と阮肇は帰ろうとしたが、女人に引き留められた。半年後に再び帰ることを告げると、女人はしかたなく帰りの道を教えてくれた。

【書き下し文】

❶十日の後、還り去るを求めんと欲す。❷女云ふ、「君已に是に来たるは、宿福の牽く所なり。❸何ぞ復た還らんと欲するや。」と。❹遂に停まること半年。❺気候草木は是れ春時、百鳥は啼鳴するも、更に悲思を懐き、帰るを求むること甚苦だし。❻女曰はく、「罪君を牽く。❼当に如何すべき。」と。❽遂に前来の女子を呼ぶに、三四十人有り。❾集会して楽を奏して、共に劉・阮を送り、還る路を指示す。

【現代語訳】

❶十日後、（劉晨と阮肇は）帰りたいと申し出た。❷女人は言った、「あなた様がこうしてここにいらっしゃったのは前世からの福徳に導かれてのことです。❸どうして再び帰ろうとなさるのですか。」と。❹そのまま滞在して半年（が過ぎた）。❺気候も草木（の様子）も春のようで、さまざまな鳥もさえずるのだが、ますます悲しい思いはつのって、帰りたいと強く訴えた。❻女人が言うには、「俗世で犯した罪業があなたを（再び俗世へと）引いているのです。❼どうすることができましょう（、いや、できません）。」と。❽すぐに前に来た女たちを呼ぶと三、四十人となった。❾宴を開き音楽を演奏して、一緒に劉晨と阮肇を見送り、帰る道を教えた。

語句の解説 3

教707 91ページ

❷**已**　完了を表す副詞。

❺**気候草木 是 春時**　ここでの「是」は、「…である」の意。仙界は常春だということ。地上との時の流れの違いをあらわした表現。

❺**甚苦**　ここでの「苦」は「甚」と同じ、はなはだしい、ひどいと程度を表す。

教707 92ページ

❼**当可如何** ここでの「如何」は反語。どうすることができましょうか(、いや、できません)。

＊如何　どうしようか。処置や方法を問う疑問・反語の形。

【大　意】　4　教707 92ページ3～5行

劉晨と阮肇が故郷に戻ると親戚や知人はおらず、集落もすっかり変わっていた。その後、二人は再び行方知れずとなった。

【書き下し文】

❶既に出づるに、親旧零落し、邑屋改異し、復た相識るもの無し。❷問訊して七世の孫を得たり。❸伝聞するに上世山に入り、迷ひて帰るを得ずと。❹晋の太元八年に至り、忽ち復た去り、何くの所かを知らず。

（幽明録）

【現代語訳】

❶やがて(故郷の家に)たどり着くと、親戚や知人はいなくなって、村や家の様子も家もすっかり変わり、また顔見知りは誰もいない。❷尋ねてみると(自分たちから)七代目という子孫がみつかった。❸伝え聞いたところによると先祖は山に入って、迷ったまま帰って来なかったという。❹晋の太元八年(三八三)に、(二人は)突然再び姿をくらまし、どこに行ったのかはわからない。

語句の解説 4

教707 92ページ

❶**零落**　①おちぶれる。②死ぬ。ここでは②の意。

❷**問訊**　聞きただすこと。訊問に同じ。

❷**七世孫**　親から子に跡を継ぐことを繰り返して七代目となる孫。

文章冒頭で劉晨と阮肇が入山したのが永平五年(六二)。文章末で二人が再び姿を消したのが太元八年(三八三)。このことから、仙界の半年で、地上界では約三〇〇年の時を経過したことがわかる。

❸**上世**　劉晨と阮肇のこと。

❹**忽**　突然、にわかに、すみやかに。

❹**何所**　「何」を「いずくの」と読むときは、場所について問う疑問詞となる。

＊何所　どこに…か。疑問。

学習のポイント

1 **劉晨・阮肇は神仙の世界から戻った後、どうなったのか、まとめてみよう。**

考え方　劉晨と阮肇が神仙の世界から戻った後の話は第四段落にある。二人がどうして姿を消したのか、その心情を考慮して答えをまとめてみよう。

解答例　劉晨と阮肇が故郷に戻ると親戚や知人はすでに死に、村や家の様子も変わっていた。自分たちから七代目にあたる子孫の話によると、山に入ったまま帰って来なかった先祖がいたという。二人は、その先祖が自分たちであることを悟り、すでに数百年もの時が流れたことを知った。故郷に自分たちの居場所を見出せず、二人は再び故郷から姿を消した。

2 **劉晨・阮肇が迷いこんだ神仙世界の特徴をまとめてみよう。**

考え方　神仙世界の特徴が描かれているのは第二段落と第三段落。神仙世界に住む人物や景物の表現に着目しよう。

解答例　神仙世界に暮らす女人は年をとらずいつまでも美しい。仙人らしき女人は先を見通す力がある。食べ物に不自由せず宴や演奏に事欠かない。福徳を重ねたものだけが導かれる。常春で季節が変わらない。つまり、永遠の時の中で、不老不死の人々が不自由のない暮らしを送る楽園のような世界。

句法

◆ 書き下し文に直し、太字に注意して、句法のはたらきを書こう。

1　来タルコト**何**ゾ晩キ**邪**。（　　　）（　　　）
2　当ニ可キ二**如何**一ス。（　　　）（　　　）
3　不レ知ラ二**何**クノ**所**一カヲ。（　　　）（　　　）

答
1　来たること何ぞ晩きや。／疑問
2　当に如何すべき。／反語
3　何くの所かを知らず。／疑問

定婚店

李復言〔続玄怪録〕

教707 93〜98　教708 280〜286

【大　意】　1　教707 93ページ7〜8行　教708 280ページ7〜8行

杜陵の韋固は、若くして孤児となったため、早く結婚しようと手を尽くすが、なかなか結婚できずにいた。

【書き下し文】

❶杜陵の韋固少くして孤なり。❷早く婦を娶らんことを思ひ、多岐に婚を求むるも、必ず成ること無くして罷む。

【現代語訳】

❶杜陵の韋固は、幼くして孤児となった。❷早く妻を娶ろうと思い、結婚しようといろいろと手を尽くしたが、いつもまとまらずにとりやめとなった。

語句の解説 1

教707 93ページ　教708 280ページ

❶**杜陵 韋固**　杜陵（＝現在の陝西省西安市の南）の韋氏は名家であった。主人公の韋固も名家の家柄という設定。

❶**少クシテ孤ナリ**　幼少で孤児となる。『礼記』に「少なくして父無き者之を孤と謂ふ。」とある。

❷**思ヒ二早ク娶ランコトヲ一レ婦ヲ**　幼くして孤児になってしまった韋固にとって、

自分に跡継ぎがないことは名家が絶えてしまう一大事であった。第五段落の韋固の言葉に「早く娶りて以て胤嗣(=子孫)を広めんことを願ふ。」とある。

❷**多岐** 「岐」は、分かれ道。転じて、多方面に手をつくすこと。

❷**必無レ成而罷** 「必無…」は全否定で、「いつも…ない」の意。「而」は置き字だが「そして」の意を持つ。「罷」は、中止する。この文は、後の「赤い縄」で結婚相手が決められていることの伏線となっている。

【大意】 2 教707 93ページ9～11行 教708 280ページ9～11行

元和二年、旅の途中宋城の宿場に泊まったとき、縁談を持ちかける者があり、翌日早朝に会う約束をした。

【書き下し文】

❶元和二年、将に清河に遊ばんとし、旅して宋城の南店に次る。❷客に前の清河の司馬潘昉の女を以て見議する者有り。❸来日の先明、店西の竜興寺の門に期す。❹固之を求むるの意切なるを以て、旦に往く。

【現代語訳】

❶元和二年、(韋固は)清河の地に出かけようとして、旅の途中、宋城の南の宿場に宿をとった。❷客のなかに前の清河の長官の補佐役であった潘昉の娘との縁談をもちかけた者がいた。❸翌日の夜明け、宿場の西の竜興寺の門で会う約束をした。❹韋固は結婚したい気持ちが切実だったので、朝早く出かけていった。

語句の解説 2

教707 93ページ 教708 280ページ

❶**将レ遊二清河一** 「将」は再読文字で、「…しようとする」の意。「遊」は、本来いる場所を離れる。ここでは、韋固が、有力者の援助を求めて歴遊することか。

❶**次** 宿る。泊まる。日本の「東海道五十三次」の「次」もその類。

❷**女** ここでは、娘の意。

❸**期** ①期限を定める、②期待する、③約束する。ここでは③の意。

❹**旦** 地平線から日が昇る象形で、朝を表す。

❹**往焉** 文末の「焉」は読まないが、「…なのだ」「…である」という肯定的な語気を表す。

【大意】 3 教707 94ページ1行～95ページ2行 教708 281ページ1行～282ページ7行

韋固は、夜明け前に月明かりのもと、布袋を背に石段に座って書類を調べている奇妙な老人に出会った。その書は、今まで見たこともない文字で書かれていた。不思議に思って韋固が尋ねると、老人は自らが冥界の役人であることを告げた。

【書き下し文】

❶斜月尚ほ明らかなり。❷老人有り、布嚢に倚り、階上に

【現代語訳】

❶斜めに傾いた月はまだ明るかった。❷老人がいて、布の袋に寄りかかり、石段に座り、月に向かって本を調べていた。❸韋固は歩

坐し、月に向かひて書を検す。❸固歩みて之を覘ふも、其の字を識らず。❹因りて問ひて曰はく、「老父の尋ぬる所は何の書ぞ。❺固少小より苦学し、世間の字、自ら謂へらく識らざる者無しと。❻西国の梵字も、亦た能く之を読む。❼唯だ此の書のみ、目に未だ覩ざる所なり。❽如何。」と。

❾老人笑ひて曰はく、「此れ世間の書に非ず。❿君何に因りてか見るを得ん。」と。⓫固曰はく、「世間の書に非ずんば、則ち何ぞや。」と。⓬曰はく、「幽冥の書なり。」と。⓭固曰はく、「幽冥の人何を以て此に到れるか。」と。⓮曰はく、「君行くこと自ら早し。⓯某の当に来たるべからざるに非ざるなり。⓰凡そ幽吏は皆人生の事を掌る。⓱人を掌れば、其の中を行かざるべけんや。⓲今道途の行、人鬼各半ばす。⓳自ら弁ぜざるのみ。」と。

み寄ってのぞいて見たが、その文字がわからなかった。❹そこで尋ねて言った、「おじいさんが調べているのは何の本ですか。❺私は幼い頃から学問に励み、世の中の文字は知らないものはないと自分では思っています。❻古代インドの文字も、また読むことができます。❼ただこの本(の文字)だけは、この目でまだ見ていないものです。❽どういうことなのでしょうか。」と。

❾老人は笑って言った、「これは人間世界の本ではない。❿おまえがどうして見ることができようか(、いや、できるはずもない)。」と。⓫韋固は言った、「人間世界の本でなければ、何なのですか。」と。⓬(老人は)言った、「あの世の本だ。」と。⓭韋固は言った、「あの世の人がどうしてここに来たのですか。」と。⓮(老人は)言った、「おまえが出かけるのが早すぎただけだ。⓯当然私が来てはいけないということではない。⓰そもそも冥界の官吏はみな生きている人間に役目を担っている。⓱人間に役目を担っている以上、その中を行かずにおれようか(、いや、行かないわけにはいかない)。⓲今道行く人は、人と幽霊がそれぞれ半分ずつなのである。⓳(人間は)自分では見分けがつかないだけなのだ。」と。

語句の解説 3

教707 94ページ　教708 281ページ

❶尚　まだ。依然として。相変わらず。［尚早］

❷有二老人一、倚二布嚢一　志怪小説、伝奇小説に登場する不思議な老人は、「布嚢(＝布の袋)」を持っているという特徴がある。

❷階上　「階」は、石段・階段。

❷検レ書　「検」は、調べる。「書」は、巻子本(＝巻物)の書物。

❸覘　じっと視線を注いで見る。様子をうかがい見る。

1　「固歩 覘レ之」とあるが、韋固はなぜそうしたのか。

答　老人が、夜明け前の寺の石段に座り、月の明かりに本を開いて何か調べている姿が不思議に思われ、老人の読んでいるのが何の本なのか知りたかったから。

❹**老父所レ尋者何書** 「尋」は、調べ探す。「者」は、ここでは主格のはたらきで「は」「ものハ」などと訓読する。

＊何 どのような…か。何を…か。疑問を表し、文脈に応じて、「なに」「なにヲ」「なにヲカ」「なんノ」「なんゾ」「いづレ」「いづク」などと訓読する。

❺**固** 自分の名前を名乗ることで、身を正し改まった気持ちを表す。

❺**苦学** 苦労努力を重ねて学ぶこと。

❺**自謂無二不レ識者一** 「謂」は「いフ」と読むが、文頭では「おもへラク」と訓読し、「…と思う・…と考える」の意となる。

＊無レ不… …でないことはない。二重否定の形。

教708 282ページ

❼**唯此書** 次の段落で「此書」は「幽冥之書」だとわかる。

＊唯…… ただ…だけ。限定を表し、「ノミ」と呼応する。

❼**目所レ未レ観** 「観」は、見る、出会う。「未」は否定を表す再読文字。「所」は下に続く動詞句を名詞化して、ここでは「まだ目にしないもの」となる。

❽**如何** どういうことか。手段・方法を問う疑問の表現。

❿**因レ何得レ見** 「因」は、原因・理由を表す。「因レ何」は、何を根拠に…できるというのか、という反語の形。

＊何 どうして…か(、いや、…でない)。反語を表す。

⓫**非二世間書一、則何也** 「もし…でなければ」という仮定の意を含む否定では、「非」は「あらズンバ」と訓読する。

＊何也 どうして…か。何か。疑問を表す。

⓭**何以到レ此** 「此」とは、人間世界の場である竜興寺の門。韋固は、ここで縁談を持ちかけてきた人物と待ち合わせていた。

＊何以 …どのようにして。疑問を表す。

⓯**非二某不レ当レ来也** 「某」は、自称の言葉。「当」は、「当然…すべきである」の意を表す再読文字。

＊非レ不… …でない(という)のではない。二重否定の形。

⓰**凡** 総じて、だいたい。

⓰**幽吏** 「幽」は幽冥、すなわち死後の世界。「吏」は役人。

⓰**人生之事** 人間の一生や生活にかかわるさまざまなこと。

教707 95ページ

⓱**可レ不レ行二其中一乎** 「其」は、人間世界、この世。

＊…乎 …か。文末について疑問・反語を表す。「…ンや」と読んで反語を表す。ここでは、「可レ不…乎」を「…ざルベケンや」と読み、反語である。

⓲**鬼** 中国では、幽霊、亡霊のことを「鬼」という。

⓳**自不レ弁爾** 「自」は、①「みずから」、自分で。②「おのずから」、自然に。ここでは①。「弁」は、区分する、区別する。

＊…爾 …だけだ。文末で限定を表す。

【大意】 4 教707 95ページ3行～96ページ6行 教708 282ページ8行～283ページ11行

老人は自分は結婚の書類の役目を担っていると言い、韋固の妻となるべき人がまだ三歳であり、一七歳で彼の妻となると告げる。また、老人は男女を結びつける赤い縄のことを伝え、求めに応じて将来妻となるはずの娘を見せる。娘は片目が不自由な老婆に抱かれていた。

【書き下し文】

❶固曰はく、「然らば則ち君又何をか掌れる。」と。❷曰はく、「天下の婚牘のみ。」と。❸固喜びて曰はく、「固少くして孤なり。❹常に早く娶りて以て胤嗣を広めんことを願ふ。❺爾来十年、多方之を求むるも、竟に意を遂げず。❻今者人に此に期する有り、与に潘司馬の女を議す。❼以て成るべきか。」と。❽曰はく、「未だし。❾君の婦は適三歳なり。❿年十七にして、当に君の門に入るべし。」と。

⓫因りて問ふ、「嚢中は何物ぞ。」と。⓬曰はく、「赤縄子のみ。⓭以て夫妻の足に繋く。⓮其の生まるるに及べば、則ち潜かに用て相繋く。⓯讎敵の家、貴賤懸隔し、天涯宦に従ひ、呉楚郷を異にすと雖も、此の縄一たび繋くれば、終に逭るべからず。⓰君の脚は已に彼に繋かれり。⓱他に求むるも何ぞ益あらんや。」と。⓲曰はく、「固の妻安くにか在る。⓳其の家何をか為せる。」と。⓴曰はく、「此の店の北、菜を売る陳婆の女のみ。」と。㉑固曰はく、「見るべきか。」と。㉒曰はく、「陳嘗に抱きて来たり、菜を市に鬻ぐ。㉓能く我に随ひて行かば、当に即ち君に示すべし。」と。

㉔明に及び、期する所至らず。㉕老人書を巻き嚢を掲ひて

【現代語訳】

❶韋固は言った、「それならばあなたはいったい何の役目を担っているのか。」と。❷老人は言った、「天下の結婚の書類だ。」と。❸韋固は喜んで言った、「私は幼くして孤児となりました。❹いつも早く妻を娶って子孫をふやそうと願っていました。❺その後一〇年、いろいろ手を尽くしたが、結局かないませんでした。❻今、ある人がここで約束していて、ともに潘司馬の娘との縁談について話し合うことになっています。❼かなえられるでしょうか。」と。❽老人は言った、「まだである。❾おまえの妻はちょうど三歳だ。❿一七歳で、まちがいなくおまえのもとに嫁ぐはずだ。」と。

⓫そこで韋固は尋ねた、「袋の中はなんですか。」と。⓬老人は言った、「赤い縄だ。⓭これを夫妻の足につなぐ。⓮人が生まれるときに、ひそかにつなぐのだ。⓯たとえかたきどうしの家だろうと、身分がはるかに隔たっていようと、天の果てに赴任しようと、呉と楚のように故郷を異にしていようとも、この縄をひとたびつなげば、最後まで逃れることはできない。⓰おまえの足はすでに彼女につながっている。⓱ほかに求めてもなんになろうか(、いや、なんにもならない)。」と。⓲韋固は言った、「私の妻はどこにいるのですか。⓳その家は何をしているのですか。」と。⓴老人は言った、「この宿場の北、野菜を売っている陳ばあさんの娘だ。」と。㉑韋固は言った、「(娘に)会えますか。」と。㉒老人は言った、「陳ばあさんはいつも(娘を)抱いてやってきて、野菜を市場で売っている。㉓わしについて来ることができれば、まちがいなくすぐにおまえに示してやろう。」

行く。㉖固之を遂ひて菜市に入る。㉗眇嫗有り、三歳の女を抱きて来たる。㉘弊陋なること亦た甚だし。㉙老人指して曰はく、「此れ君の妻なり。」と。

㉔明け方になったが、約束した人は来なかった。㉕老人は書物を巻き、袋を背負って出かけた。㉖韋固はそれを追って野菜市場に入っていった。㉗片方の目が不自由な年配の女性がいて、三歳の娘を抱いてやってきた。㉘着物は傷んでひどくみすぼらしかった。㉙老人は指さして言った、「これがおまえの妻だ。」と。

語句の解説 4

教707 95ページ　教708 282ページ

❶**然　則**　それならば。「然」は、前段の⑯文「冥界の官吏は生きている人間に役目を担っている」を指す。

❶**又何　掌**　「又」は、ここでは疑問の「何掌」を強調している。

❷**婚牘耳**　「婚牘」は、結婚の書類。「牘」は、文字を記す木や竹の札のことで、転じて、文書や書類をいう。

＊耳　…だけだ。文末で限定を表す。

❺**爾来**　その後。その時以来。

❺**多方求㆑之、竟不㆑遂㆑意**　いろいろ手を尽くしたが、結婚できなかった。「竟」は、結局、とどのつまり。「遂㆑意」は、結婚すること。物語冒頭の❶❷文に対応している。

❻**今者人　有㆑期㆑此**　「者」は、時を示す語に添えて語調を整える。「此」は、韋固が「人」と約束した場所で第二段落にある。

2　「此」とは、どこか。

答　宿場の西にある竜興寺の門。

❼**可㆓以成㆒乎**　「可以…」は、…できる。「成」は「成就する」。「縁談は成就できるだろうか」という意。

＊…乎　…か。文末について疑問・反語を表す。ここは疑問。終止形に接続するときは「や」、連体形に接続するときは「か」と読む。

❾**適三歳　矣**　「適」は、ちょうど。「まさニ」とも読む。「矣」は文末で断定を表す置き字。

教708 283ページ

❿**年十七、当㆑入㆓君　門㆒**　「当」は、再読文字で、当然…にちがいない、の意。「入㆓君門㆒」は、君の家に嫁ぐ。女性は一五歳が成人とされ、結婚が許された。

3　「入㆓君　門㆒」とは、どうすることか。

答　韋固の家に嫁ぐこと。

⓬**赤縄子**　「縄子」は、綿や麻などをよりあわせて作った縄。なお、結婚する男女の縁を「赤い糸」といい、媒酌人を「月下老人」というのは、この話による。

⓭**以繫**　「繫」は、ひもでしばってつなぐ。「以㆑之繫」と考え、

これ(＝赤縄子)でしばってつなぐ、の意。

⑭潜用相繫　「潜」は、表に出ないで、こっそりと。「用」は、ここでは「以」と同じで「そのようにして」の意。「相」は、相手。こっそりと(結婚)相手と(赤い縄で)つなぐということ。

⑮雖讎敵…　「讎敵」は、かたき、あだ。「仇敵」とも。

＊雖…　もし…としても。仮定を表す。ここでは、「たとえ…であっても」という逆接の仮定。

⑮貴賤懸隔　高貴な家柄と卑賤な家柄で、身分が遠く隔たる。

⑮天涯　天の果て。はるか遠方。

⑮呉楚　呉と楚の国周辺をさし、隔っていることのたとえとして用いられる。杜甫の詩「登岳陽楼」(教707 20ページ 教708 221ページ)に「呉楚東南に坼け」とある。

⑮逭　(するりと抜けるように)たやすく逃れる。

4　「彼」とは、誰のことか。

答
・将来、韋固の妻となる女性。
・今三歳で、一七歳で韋固に嫁ぐことが定められている女性。

⑰他求何益　他の女性を妻に求めても無駄である、の意。

＊何…　…か。文末を「ンヤ」で結んで、反語を表す。

⑱安在　どこにいるのか。

＊安　どこに…か。場所を問う疑問の形。

教707 96ページ

⑲何為　「為セル」の「る」は、存続の助動詞「り」。「何ヲカ」に呼応して連体形となっている。

㉑可見乎　会うことができるか。「見」には「会う」意もある。「可」は、ここでは可能。「乎」は、疑問。

㉒嘗　ここでの「嘗」は「常」と同じ。「いつも」の意。

㉓能　…できる。「…できない」は、「不能」。

㉓即　すぐに。ただちに。とりもなおさず。

㉔及明　明るくなる、から、夜が明けること。

㉔所期不至　「所期」は「不至」の主語で、約束する人。「所」は場所ではなく、下接の動詞を名詞化するはたらき。約束の人が来ないので、韋固は老人について行くという展開となる。

㉕巻書　書類を巻いてしまう。当時の書は巻子本(＝巻物)。

㉕掲嚢　(赤い縄の入った)袋を持ち上げて背負う。

㉗眇嫗　「眇」は、①細く小さい目、②片方の目しか見えないこと。ここでは②の意。「嫗」は、年配の女性。

㉘亦甚　「亦」は、ここでは「なんとも・本当に」と「甚」を強めるはたらき。「…もまた」の意味ではない。

句法

◆書き下し文に直し、太字に注意して、句法のはたらきを書こう。

1 老父所尋者**何**書。
(　　　　　　　　　　)(　　　　)

2 自謂**無不**識者。
(　　　　　　　　　　)(　　　　)

3 **唯**此書、目所未観。**如何**。
(　　　　　　　　　　)(　　　　)

4 君因何得見。（　）（　）

5 非世間書、則何也。（　）（　）

6 何以到此。（　）（　）

7 非某不当来也。（　）（　）

8 可不行其中乎。（　）（　）

9 自不弁爾。（　）（　）

10 天下之婚牘耳。（　）（　）

11 可以成乎。（　）（　）

12 雖讎敵之家、貴賤懸隔、天涯従宦、呉楚異郷、（　）（　）

13 固妻安在。（　）（　）

答

1 老父の尋ぬる所は何の書ぞ。／疑問
2 自ら謂へらく識らざる者無し。／二重否定
3 唯だ此の書のみ、目に未だ覩ざる所なり。如何。／限定・疑問
4 君何に因りてか見るを得ん。／反語
5 世間の書に非ずんば、則ち何ぞや。／疑問
6 何を以て此に到れるか。／疑問
7 某の当に来たるべからざるに非ざるなり。／二重否定
8 其の中を行かざるべけんや。／反語
9 自ら弁ぜざるのみ。／限定
10 天下の婚牘のみ。／限定
11 以て成るべきか。／疑問
12 讎敵の家、貴賤懸隔し、天涯宦に従ひ、呉楚郷を異にすと雖も、／仮定
13 固の妻安くにか在る。／疑問

【大意】 5 教707 97ページ8行～98ページ8行 教708 285ページ1行～286ページ3行

韋固は妻がいつも額を花形の飾りで隠しているのを怪しんだ。その理由を尋ねると、妻は、かつて宋城の知事をしていた父が任期中に亡くなって乳母と暮らしている時、賊に襲われて額を傷つけられた経緯を語った。韋固が傷をつけた張本人は自分であると告げると、二人は自分たちの不思議な縁に打たれ、ますます深く敬いあい、仲睦まじくなった。宋城の長官がこの話を聞いて、その宿場に定婚店と名づけた。

【書き下し文】

❶固称愜之れ極まれり。❷然れども其の眉間、常に一花子を帖し、沐浴間処すと雖も、未だ嘗て暫くも去らず。❸歳余にして固之を訝り、忽ち昔日奴の刀眉間に中たるの説を憶ひ、因りて逼りて之に問ふ。

❹妻潸然として曰はく、「妾は郡守の猶子なり。❺其の女には非ざるなり。❻疇昔父曽て宋城に宰たりて、其の官に終はる。❼時に妾襁褓に在り、母兄次いで没す。❽唯だ一荘のみ宋城の南に在り、乳母の陳氏と居り。❾店を去ること近ければ、蔬を鬻ぎて以て朝夕に給す。❿陳氏小なるを憐れみ、暫くも棄つるに忍びず。⓫三歳の時、抱きて市中を行き、狂賊の刺す所と為る。⓬刀痕尚ほ在り、故に花子を以て之を覆ふ。⓭七八年前、叔盧竜に従事し、遂に左右に在るを得たり。⓮仁念して以て女と為し、君に嫁がしむるのみ。」と。

⓯固曰はく、「陳氏は眇なるか。」と。⓰曰はく、「然り。⓱何を以て之を知るか。」と。⓲固曰はく、「刺しし所の者は固なり。」と。⓳乃ち曰はく、「奇なり。⓴命なり。」と。㉑因りて尽く之を言ひ、相敬ふこと逾極まれり。

㉒宋城の宰之を聞き、其の店に題して定婚店と曰ふ。

【現代語訳】

❶韋固は自分の心にかなってたいそう喜び満足した。❷しかし(彼女は)自分の眉間に、いつも一つの花形の飾りをつけ、髪を洗い体を洗ったり、何もしないで家にいる時でも、いままでわずかの間もはずすことがなかった。❸一年あまりたち、韋固はこれを怪しみ、ふと昔下男の刀が(幼女の)眉間に当たったという話を思い出し、迫って問いただした。

❹妻はさめざめと涙を流して言った、「わたくしは郡の長官の兄弟の子です。❺その娘ではありません。❻昔、父はかつて宋城の知事をしていて、任期中に亡くなりました。❼その時、私は乳飲み子でしたが、母や兄も相次いで亡くなりました。❽ただ一軒の住居が宋城の南にあり、乳母の陳さんと居りました。❾宿場から近いので、野菜を売って日々の生計をたてていたのです。❿陳さんは(私が)小さいのをかわいそうに思って、わずかの間も放っておくのに忍びなかったのです。⓫三歳の時、(陳さんが)私を抱いて市場の中を歩いていると、凶暴な悪者に刺されてしまいました。⓬刀の傷がまだあるので、花形の飾りで覆っていたのです。⓭七、八年前、叔父が盧竜の役人となり、そのままそばにいられるようになりました。⓮(叔父は私を)いつくしんで娘として、あなたに嫁がせたのです。」と。

⓯韋固は言った、「陳さんは片方の目が不自由であったか。」と。⓰妻は言った、「その通りです。⓱どうしてそれを知っているのですか。」と。⓲韋固は言った、「(実は)刺したのは私だ。」と。⓳そこで(続けて)言った、「不思議なことだ。⓴運命なのだ。」と。㉑こうしてすべてを話し、(二人は)ますます互いに深く敬い慕うように

（続玄怪録）

語句の解説 5

教707 97ページ　教708 285ページ

❷未㆓嘗暫去㆒　「暫」は、わずかの間も。「去」は、ここでは、花形の飾りを取り外す。

＊未嘗…　いままで…したことがない。否定を表す。

❸歳余　一年あまり。一年以上。

❸訝　いぶかる。怪しむ。［怪訝］

❸忽　ふいに。突然。

❸奴　しもべ。下男。

❸逼　せまって。近よって。［逼迫］

1 「郡守」とは、誰のことか。

答　王泰のこと。（韋固の上官。導入文参照）

❻曽　以前。

❽唯一荘　「荘」は、住居。荘園という説もある。

＊唯…　ただ…だけ。「ノミ」を添えて、限定を表す。

❽与㆓乳母陳氏㆒　「与㆑A」で、「Aと」と読む。「氏」は、「…さん」という敬称。

教707 98ページ

❿不㆑忍㆓暫棄㆒　「暫」は、わずかの間。「不㆑忍」は、耐えられない、我慢できない。

なった。

㉒宋城の知事はこれを聞き、その宿場に命名して定婚店とした。

⓫為㆓狂賊所㆑刺　「狂賊」は、凶賊のこと。凶暴な極悪人。

＊為㆓A所㆑B　AにBされる。受身を表す。

⓭遂得㆑在㆓左右㆒　「遂」は、そのまま。「左右」は、①そばにいる、②仕えて補佐する。ここでは、①の意。そのまま、叔父のそばにいられるようになったということ。

⓱何以知㆑之　「何以」は、疑問・反語の形。ここでは疑問。

＊何以　どのようにして。疑問を表す。

教708 286ページ

⓳奇也　「奇」は、奇妙、不思議。「也」は、ここでは断定を表す。

⓴命也　「命」は、ここでは、運命。⓳と⓴の言葉は、韋固の感嘆の言葉と解した。妻は、まだ韋固がなぜ自分を殺そうとしたのかわからず、疑念を抱いているはずであり、感嘆するような心情にないと考えられるから。

2 「尽㆑言㆑之」とあるが、どのようなことを話したのか。

答
- 幼くして孤児になったので、早く結婚しようといろいろ手を尽くしたがかなわなかったこと。
- 一四年前に、冥界で結婚をつかさどる役人だという不思議な老人に会い、将来の妻となるべき女性を知らされたこと。
- 老人が、妻となるはずの女性はまだ三歳の娘で、片方の目の不自由な婆さんがいつも抱いていると語ったこと。

・老人に連れられて見に行ったところ、その娘があまりにもみすぼらしいのに怒り、下男に命じて殺させようとしたこと。

㉑相敬 逾極 「逾」は、ますます。「極」は、し続けて極みに達する。おたがいに敬愛する気持ちは、いやまし止むことがなかったということ。

学習のポイント

1 主人公韋固の性格について考えてみよう。

考え方 韋固の心情や行動に、次のようなものがある。この点を参考に、韋固がどんな性格なのかを考えてみよう。

①名家ながら幼くして孤児になったので、早く結婚したがっていた。
②縁談を持ちかけられ、夜明け前に待ち合わせ場所に出かけた。
　老人の本をのぞき込んだり、見たこともない字について尋ねた。
③結婚相手がみすぼらしく身分の低い娘とわかると殺そうとした。
④妻を刺したのが自分だと告げた。
　老人の予言通りになったことに、不思議だ、運命だと感嘆した。

解答例

①家を絶やしてはならないとする強い責任感を持っている。
②好奇心にあふれて積極的である。
③短気で気性が激しい一面がある。
④率直で素直である。

2 探究 「定伯売レ鬼」「天台二女」「定婚店」それぞれの物語の展開をまとめてみよう。

考え方 【大　意】を参考に、時と場面、主人公・登場人物の言動、何が怪異かに注目して、それぞれの物語の展開をまとめよう。

解答例

「定伯売レ鬼」

宛の市場へ向かう夜道の場面
宋定伯は幽霊に出会い、自分も幽霊だといって連れだつ。
途中、幽霊の弱点が人間の唾であることを聞き出す。

宛の市場の場面
宋定伯は幽霊を肩にかついでしっかりと捕まえる。
地面に下ろされた幽霊は羊に化ける。
定伯は、唾を吐きかけて幽霊に戻らないようにする。
羊を売りとばし、定伯は銅銭千五百文を手に入れた。

「天台二女」

山道の場面
劉晨と阮肇は薬草を求めて山に入り、道に迷う。
山頂にある桃の実を食べて体力を回復して下山する。
下山途中、蕪の葉や椀が流れてくるのを見て、川の上流へ向かう。
山を越えたところで谷川に出る。

桃源の村の場面
谷川のほとりには見覚えのない二人の美しい女人が待っていた。
女人は笑顔で迎え入れると食事や酒をふるまってくれた。

数日後、劉晨と阮肇は帰ろうとしたが女人に引き留められた。
半年後に再び帰ることを告げると女人は帰りの道を教えてくれた。
故郷の村の場面
故郷に戻ると親戚や知人はおらず、集落もすっかり変わっていた。
その後、二人は再び行方知れずとなった。

「定婚店」

元和二年、宋城の宿場の場面
韋固は、結婚を望んでいたがなかなかできずにいた。
宿場で縁談を持ちかけられ、その人と翌朝会う約束をする。
夜明け前に行くと書類を調べている奇妙な老人に出会う。
老人は冥界の役人で男女を結びつける役目を担っていた。
老人は彼の結婚相手が今三歳で、一七歳で妻となると告げる。
明け方、縁談を持ちかけた人は来なかった。
そこで、韋固は老人に従い、将来彼の妻となる娘を見にいく。
その娘は片方の目が不自由な老婆に抱かれていた。
導入文
韋固は、その娘が身分が低くみすぼらしいので殺そうとする。
だが、娘は額に傷を負ったものの命は救われた。
一四年後、韋固の住居での場面
韋固は妻がいつも額に花形の飾りをしていることを怪しむ。
妻の父は宋城の知事であったが、任期中に亡くなった。
乳母と暮らしていた時、賊に襲われて額を傷つけられた。
花形の飾りは傷を隠すためのものだった。
韋固は、自分が傷をつけた張本人であると告げる。
縁の深さを知った二人は、互いに深く敬い、仲睦まじくなった。
題名の由来
宋城の長官がこの話を聞いて、その宿場に定婚店と名づけた。

句法

書き下し文に直し、太字に注意して、句法のはたらきを書こう。

1 **為**ル二狂賊ノ**所**トレ刺ス。
（　　　　）（　　　　）

2 **何**ヲ**以**テ知ルカレ之ヲ。
（　　　　）（　　　　）

答
1 狂賊の刺す所と為る。／受身
2 何を以て之を知るか。／疑問

1 故事・逸話

水魚の交はり

〔十八史略〕

教707 100～102　教708 288～290

作者　曽先之（宋末～元初）。字は孟参、吉州（江西省吉安市）の人。咸淳二年（一二六六）進士となり、塩場の監督官から、訴訟を司る官吏に転じ、ついで茶と塩の専売担当官となった。南宋滅亡（一二七八）後は、郷里に隠棲して仕えず、九十二歳で亡くなった。人柄が慕われ、死後、郷里の人々に祭られたという。

出典　『十八史略』は、中国の太古の時代から南宋滅亡まで約四千年にわたる歴史を簡略にまとめた歴史書である。王朝の興亡や王・諸侯などの事蹟について、故事成語や格言をまじえて簡潔に記述されている。それまでは司馬遷の『史記』の紀伝体が主流であったが、宋代になって紀伝体の反省と改革が行われ、また歴史の簡略化という流れもあって、『十八史略』は編年体の通史となった。日本では室町時代以降、初学者の入門書として広く読まれた。

【大意】　教707 101ページ1行～102ページ7行　教708 289ページ1行～290ページ7行

司馬徽から諸葛亮の才能を耳にした劉備は、亮のもとを訪れて何度も面会を求めた（三顧の礼）。面会かなって劉備が諸葛亮に天下統一の策を尋ねると、亮は敵将への対応のしかたと備が得るべき土地について助言した（天下三分の計）。諸葛亮のみごとな知略に劉備はいたく感服し、後に亮との親交を「水魚の交わり」と言いあらわした。

【書き下し文】

❶琅邪の諸葛亮、襄陽の隆中に寓居す。❷毎に自ら管仲・楽毅に比す。❸劉備士を司馬徽に訪ふ。❹徽曰はく、「時務を識る者は、俊傑に在り。❺此の間自ら伏竜・鳳雛有り。❻諸葛孔明・龐士元なり。」と。❼徐庶も亦た備に謂ひて曰はく、

【現代語訳】

❶琅邪の諸葛亮は、襄陽の隆中山に仮住まいしていた。❷（諸葛亮は）いつも自分を管仲や楽毅になぞらえていた。❸（あるとき）劉備はすぐれた人物を司馬徽に尋ねた。❹徽が言うには、「その時代に行うべき急務を知って見分けることのできる者は、よほどの大人物でなければならない。❺このあたりにもおのずと深い淵に潜んでいる竜と鳳凰の雛（にも例えられる俊傑）がいる。❻（それは）諸葛孔明と龐士元である。」と。

「諸葛孔明は臥竜なり。」と。

❽備三たび往きて乃ち亮を見るを得たり。策を問ふ。

❾亮曰はく、

「曹操は百万の衆を擁し、天子を挟みて諸侯に令す。❿此れ誠に与に鋒を争ふべからず。⓫孫権は江東を拠有し、国険にして民附く。⓬与に援を為すべくして、図るべからず。⓭荊州は武を用ゐるの国なり。⓮益州は険塞にして沃野千里、天府の土なり。⓯若し荊・益を跨有し、其の巌阻を保ち、天下変有るとき、荊州の軍は宛・洛に向かひ、益州の衆は秦川に出でなば、孰か箪食壺漿して、以て将軍を迎へざらんや。」と。

⓰備曰はく、

「善し。」と。

⓱亮と情好日に密なり。曰はく、

⓲「孤の孔明有るは、猶ほ魚の水有るがごときなり。」と。

（十八史略）

---

❼徐庶もまた備に言うには、

「諸葛孔明は臥竜（＝在野に潜む英雄）である。」と。

❽備は三度足を運びやっと亮に会うことができた。（そこで天下を統一して漢室を再興するための）政策を尋ねた。

❾亮が言うことには、

「曹操は百万もの軍勢を率い、天子（＝後漢の献帝）をかかえこみ、その威光を借りて、諸侯に命令を下しています。❿これ（＝曹操の今の勢い）ではほんとうに（曹操と）戦を交えてはいけません。⓫孫権は江東を領有し、国は地勢がけわしく攻めにくく、民もよくなついております。⓬（孫権と）ともに助け合うのがよく、征服しようと図ってはなりません。⓭荊州は兵を動かすのに適した国です。⓮（となりの）益州は四方を険しい山で囲まれた要害の地で肥沃な土壌が千里四方に広がり、産物が豊かで、自然の宝庫となっている土地です。⓯もし荊州、益州を合わせ領有し、その険しい要害の地を保持して、天下に変事（＝戦争）あったときは、荊州の軍隊を宛・洛に向かわせ、益州の軍勢を秦川に出撃させるならば、（民衆は）誰が箪（＝竹製の器）に飯を盛り、壺に漿（＝飲み物）を入れて、将軍（＝劉備）を歓迎しないでしょうか（、いや、歓迎するにちがいありません）。」と。

⓰劉備が言うには、

「よい（策である）。」と（ほめた）。

⓱（こうして、劉備と）亮との仲のよさは日ましに親密になった。（劉備が）言うには、

⓲「わたくしにとって孔明がいるのは、たとえてみれば魚に水が

…あるのと同じだ。」と。

語句の解説

教707 101ページ　教708 289ページ

❷毎 いつも、ことあるごとに。

❷自比 自分を…になぞらえる。「自」が動詞の上にあるときは「自分を」の意味となる場合が多い。諸葛亮が自分の才能を名宰相の管仲や名将軍の楽毅に匹敵すると自負していたことを指す。

❸訪 問うの意。広くあちらこちらを訪れて相談すること。

❹俊傑 才智や人格に優れた人。

❺自 ここでは「おのずから」と読み、自然に(そうなった)の意。

1 「伏竜・鳳雛」とは、どのようなもののたとえか。

答 竜・鳳は、ともに古代中国における想像上の動物。伏竜は深淵に潜んではいるがひとたび風雲を得れば天高く舞い上がるとされ、鳳雛はひなではあるが成長すれば王を予言する鳳となって大空を飛翔するとされた。ともに今は目立たないが、やがて天下に雄飛する素質を備えた人物にたとえる。

❻也 ここでは文末で断定の助動詞「なり」の扱い。

❼亦 「同様に」の意。二つ以上のものを並列していうときに用いる。両者は対等ではなく「亦」以前が主、以後は添えである。ここでは、司馬徽の意見が主であり、それに徐庶の意見を添えた扱いになっている。

❽備三往乃得レ見レ亮 「三たび」は「何度も」の意でもよい。「乃」は「そこで初めて・やっとのことで」、「見」は「会う・会見する」、「得」は「機会にめぐまれて…できる」の意。この故事から「三顧の礼」(＝目上の人から特別の待遇を受ける)ということばが生まれた。

❾曹操 〔一五五～二二〇〕。後漢末～三国時代の魏の始祖。字は孟徳。知略にとみ、文人としてもすぐれていた。後漢に仕え、黄巾の乱を平定して華北を統一し、献帝から魏王に封ぜられた。

❾令二諸侯一 「令ス」は、「命令を下す」の意。曹操が天子(＝後漢最後の皇帝である献帝)を擁立してからは、曹操の命令に従わないものは朝敵とみなされた。

❿不レ可二与争一レ鋒 「与」は、「与二曹操一」の曹操が省略された形。「争レ鋒」は「ほこを交えて争う・戦争する」の意。現在の情勢ではこちらの分が悪いのは明らかで、どうあっても曹操と戦ってはならないというのである。

＊不レ可… 「…べからず」と読み、不可能・禁止を表す。ここでは禁止「…ならない」の意。

⓫孫権 三国時代、呉の初代皇帝。字は仲謀、諡は大皇帝。赤壁の戦いで曹操を破って、江南の一大勢力となった。

⓫江東 「江」すなわち「長江」下流の南東側一帯の地。

⓫国険 「険」は、地勢がけわしく守りのかたいこと。呉の国を囲む長江を自然の要害とみなしている。

⓫民附 「附」は、「心を寄せる・親しむ」の意。孫権に人望があることを意味している。

⑫可ニ与為ニ援　この「可」は可能ではなく、「…するのがよい」という許容をあらわす。「与」は、「与ニ孫権ニ」が省略された形。

教707 102ページ　教708 290ページ

⑮若…出ニ秦川一　「若」は仮定をあらわす助字で、下文の「出」にかかっている。

⑮孰不…乎　「孰…乎」は、ここでは反語。否定の助字「不」があるので「だれがしないものがあろうか、だれでもする」の意となり、強い肯定をあらわす。

⑱猶ニ魚之有レ水也　「猶」は再読文字で「なほ…ごとし」と訓読し、「ちょうど…のようである」の意。この故事から、「水魚の交わり」という成語が生まれ、切っても切れないきわめて親密な関係を意味するようになった。

学習のポイント

1　諸葛亮が劉備に勧めた政策の内容を、わかりやすく説明してみよう。

考え方　❾〜⑮で諸葛亮は、三つのことを説いている。

解答例　（魏の）曹操とは戦を交えないこと、（呉の）孫権と同盟関係を結ぶこと、（蜀の）劉備は荊州・益州を領有すること。これらは「天下三分の計」と言われる。

2　「孤之有ニ孔明一、猶ニ魚之有レ水也。」（707 102・7　708 290・7）と言っている劉備の心情を考えてみよう。

考え方　「魚」は劉備、「水」は諸葛亮（孔明）と考えられる。

解答例　ちょうど魚にとって水は欠くことのできないものであるように、自分（＝劉備）にとって孔明は不可欠な存在であるとして、孔明を敬い信頼していた。

句法

書き下し文に直し、太字に注意して、句法のはたらきを書こう。

1　**若**跨ニ有荊・益一、（　　　）（　　　）

2　**孰**不ニ簞食壺漿、以迎ニ将軍一**乎**。（　　　）（　　　）

答
1　若し荊・益を跨有し、／仮定
2　孰か簞食壺漿して、以て将軍を迎へざらんや。／反語

死せる諸葛　生ける仲達を走らす　〔十八史略〕

教707 103～105　教708 291～293

【大意】 教707 103ページ3行～104ページ8行　教708 291ページ3行～292ページ8行

司馬懿は諸葛亮の死を予言する。予言通り諸葛亮はこの世を去った。蜀軍は退却をはじめ、懿は追撃させた。蜀軍が反撃すると、懿は追撃を止めた。このことが「死んだ諸葛亮が生きている司馬仲達を敗走させた」と諺になった。

【書き下し文】

❶諸葛亮数司馬懿に戦ひを挑む。❷懿出でず。❸乃ち遺るに巾幗婦人の服を以てす。❹亮の使者懿の軍に至る。❺懿其の寝食及び事の煩簡を問ひて、戎事に及ばず。❻使者曰はく、「諸葛公、夙に興き夜に寐ね、罰二十以上は皆親ら覧る。❼噉食する所は、数升に至らず。」と。

❽懿人に告げて曰はく、「食少なく事煩はし。❾其れ能く久しからんや。」と。

❿亮病篤し。⓫大星有り、赤くして芒あり。⓬亮の営中に墜つ。⓭未だ幾ならずして亮卒す。⓮長史楊儀、軍を整へて還る。⓯百姓奔りて懿に告ぐ。⓰懿之を追ふ。⓱姜維儀をして旗を反し鼓を鳴らし、将に懿に向かはんとするがごとくせしむ。⓲懿敢へて逼らず。⓳百姓之が諺を為して曰はく、「死せる諸葛生ける仲達を走らす。」と。

【現代語訳】

❶諸葛亮は何度も司馬懿に戦いをしかけた。❷（しかし）懿は（戦いに）出ようとはしなかった。❸そこで（亮は）婦人の髪飾りと婦人服を贈ることにした。❹亮の使者が懿の陣営に到着した。❺懿は諸葛亮の寝る時間や食事の量、ならびに仕事の忙しさを尋ねるだけで、軍事には言及しなかった。❻（亮の）使者が言うことには、「諸葛公は、朝は早く起き夜は遅く寝て（軍務に励み）、杖で二〇回打つ程度の軽い罪以上のもの（＝処罰）をすべて自分で処理します。❼食事は（一日に）数升（＝三、四合）に過ぎません。」と。

❽（これを聞いて）懿が（側近の）人に向かって言うには、「食事の量は少なく仕事は多忙である。❾（これでは）亮は長生きできようか（、いや、できない）。」と。

❿（懿の言うとおり）亮は病気になり重態に陥った。⓫（そのころ）大きな星があらわれ、赤く輝いて長く尾を引いた光となった。⓬（光は）亮の陣営の中に落ちた。⓭間もなくして亮は亡くなった。⓮（そこで）将軍の副官の楊儀は、軍をまとめて引きあげようとした。⓯土地の者が急いで懿に通報した。⓰懿はこれ（＝蜀軍）を追撃した。⓱（蜀の将軍である）姜維は楊儀に旗の向きを変えて、太鼓を打ち鳴

⓴懿笑ひて曰はく、「吾能く生を料れども、死を料ること能はず。」と。

（十八史略）

らし、いまにも懿に進軍するかのようにさせた。⓳土地の者がこのために諺を作って言うには、「死んだ諸葛亮が生きている司馬仲達を敗走させた。」と。⓴（これを耳にした）懿が苦笑いして言うには、「私は生きている者に対する計略を考えることはできるが、死んだ者に対する計略を考えることなどできない。」と。

語句の解説

教707 103ページ　教708 291ページ

❶**数** しきりに、頻繁に。

❶**司馬懿** 魏の武人。字は仲達、西晋の高祖宣帝と称された。

❸**遺** ここでは、贈り物をする。

1 **「巾幗婦人之服」を贈ったのはなぜか。**

答 陣から出て戦おうとしない司馬懿に対し、婦人用の装飾品や服を贈ることで武人として男らしくないと皮肉り、懿の臆病をはずかしめようとしたから。

❼**不至数升** 亮は激務のために食事もほとんどしないということ。

教707 104ページ　教708 292ページ

❾**其能久乎** 「久」は、長生きする、生き延びる。「能」は、可能である、能力がある、…できる。「乎」は、ここでは反語。諸葛亮の生活の様子を聴いた司馬懿の疑念を表す。

＊…乎　文末で疑問・反語をあらわす。

⓭**未幾** 間もなく、いくらもたたないうちに。「未」は再読文字で、ものごとがまだ到達していないことを、「幾」は、いくらか、どれほど、と不定の数量を表す。

⓭**亮卒** 「卒」は終わる、の意味のほか、大夫の死を表す。諸葛亮の死は二三四年。以後、蜀は衰退に向かう。

⓱**令儀反旗鳴鼓、若将向懿** 「令」は使役。「若」は比況「…のようだ」。「将」は再読文字「…しようとする」。姜維は、楊儀に軍を敵側に向けさせ、太鼓を鳴らさせることで、あたかも司馬懿に立ち向かうかのように見せかけた。

＊令A B　AにBさせる。使役を表す。ほかに「使」「遣」「教」などがある。

⓲**不敢逼** 「不敢」は、進んでは…しない。否定を表す。「逼」は、迫る。

2 **司馬懿は、どのように考えたのか。**

答 諸葛亮が死んだというのは計略であって、自分を罠に陥れようとしているのではないかと考えた。

⓳**死諸葛走生仲達** この故事から「死せる孔明、生ける仲

達を走らす」の成語が生まれた。死後になっても生前の勢いが残り、相手を恐れさせるという意。

⑳吾能料生、不能料死　「料」は、推し量る。「生」「死」は、それぞれ生者と死者。「能」は、肯定文では「よく」、否定文では「あたはず」と読む。「…はできるが、…はできない」の訳となり、下の句の方が強調されている。

学習のポイント

1　右の文章から読み取れる諸葛亮と司馬懿の人柄について、まとめてみよう。

考え方　諸葛亮は❸❻❼、司馬懿は❷❺❽❾⑱⑳からその人柄を考えてみる。

解答例　諸葛亮は知略にすぐれ、寝食よりも職務にいそしむ責任感の強い真摯な人柄である。司馬懿は常に先を読み、盤石でなければ動かない慎重かつ冷静沈着な人柄である。

2　「吾能料生、不能料死。」（707 104・8 708 292・8）の「料生」と「料死」とは、それぞれ具体的にどういうことか、説明してみよう。

考え方　懿が、諸葛亮の生活ぶりからその死を予想できたこと、亮が死んでからの蜀軍の行動に困惑したことに着目する。

解答例　「料生」とは、生きている人間ならばその行動から推測できるということ。「料死」とは、死んだ人間に対しては見当もつかず予測できないということ。

3　探究　本単元に出てくる人名をすべて抜き出し、それぞれどのような人物であるかを調べてみよう。

考え方　登場人物は、諸葛亮、司馬懿、楊儀、姜維。正史『三国志』に伝記がある。楊儀は、最初関羽に仕えたが劉備に請われて蜀にとどまり、のち諸葛亮の片腕となった人物である。姜維は、諸葛亮から涼州における最高の人物と評された。

4　探究　「三国志」の話から生まれた成句や故事成語について、その意味や用法を調べてみよう。

考え方　ここでは「水魚の交わり」「三顧の礼」「天下三分の計」「死せる孔明(＝諸葛)生ける仲達を走らす」を学んだ。よく耳にする「白眉」「苦肉の策」「画餅」「読書百遍義自ずから見る」も三国志由来の故事成語。ほかに「鶏肋」「髀肉の嘆」などがある。

句法

書き下し文に直し、太字に注意して、句法のはたらきを書こう。

1　其**能**久**乎**。（　　　　）（　　　　）

2　**令**儀反旗鳴鼓、**若**将向懿。（　　　　）（　　　　）

答
1　其れ能く久しからんや。／反語
2　儀をして旗を反し鼓を鳴らし、将に懿に向かはんとするがごとくせしむ。／使役

2 漢詩―古体詩

●古体詩とは

六世紀以前の詩を一般に**古体詩**または**古詩**といい、七世紀（唐代）以後の詩を**近体詩**という。ただし、近体詩成立以後も、古体詩形式の作品は作られた。

古体詩の特徴として、

①平仄の法則がない（平仄＝平声の字と仄声の字の配列で作り出される韻律で、近体詩には厳格な規則がある）
②首聯・尾聯以外の聯をすべて対句にするものはあまりない
③換韻（＝途中で韻の種類を変えること）するものもある
④偶数句末以外でも韻を踏む
⑤奇数句でできている詩がある

などが挙げられる。

人生

桃夭　〔詩経〕

教707 106　教708 294

【主題】教707 106ページ1～7行　教708 294ページ1～7行

嫁いでいく娘の前途を祝福する。

●四言古詩　韻（／は換韻を示す）華・家／実・室／蓁・人

【書き下し文】

○桃夭
❶桃の夭夭たる
❷灼灼たり其の華
❸之の子于き帰ぐ
❹其の室家に宜しからん
❺桃の夭夭たる

【現代語訳】

○桃の木の若々しさ
❶桃の木は若々しく、
❷盛んに美しく咲くその花よ。
❸（その花のように若く美しい）この子が嫁いでゆく、
❹その嫁ぎ先の家でうまくゆくだろう。
❺桃の木は若々しく、

❻蕡たる有り其の実
❼之の子于き帰ぐ
❽其の家室に宜しからん
❾桃の夭夭たる
❿其の葉蓁蓁たり
⓫之の子于き帰ぐ
⓬其の家人に宜しからん
（詩経）

❻たくさんなっているその実よ。
❼（その実のように子宝に恵まれるだろう）この子が嫁いでゆく、
❽その嫁ぎ先の家でうまくゆくだろう。
❾桃の木は若々しく、
❿その葉は盛んに茂っている。
⓫（その葉のように繁栄する家庭をもつだろう）この子が嫁いでゆく、
⓬その嫁ぎ先の人々とうまくゆくだろう。

語句の解説　教707 106ページ　教708 294ページ

○桃夭　嫁いでいく娘を若々しくみずみずしい桃の若木にたとえた。

❶之　主格を表す助字。ここでは「夭夭」の主格が「桃」であることを示している。

❶夭夭　若々しい様子。このように同じ字を重ね、状態を形容する熟語のことを「重言」（または「畳語」）という。また、この詩は、「桃之夭夭　○○○○　之子于帰　宜其□□」という章段が繰り返されており、このような表現形式を「畳詠」という。

❷華　嫁いでいく娘の美しさをたとえている。

❸之子　この子。ここでは嫁いでゆく娘のこと。

❹宜　好ましい。ふさわしい。ここでは再読文字としては機能していないことに注意。

❻実　嫁いでゆく娘が産むであろう子どもをたとえている。一説に、嫁いでゆく娘が年ごろであることをたとえるともいう。

❽家室　第六句末の「実」と脚韻をそろえるために「室」を末尾に置いている。

❿葉　娘の嫁ぎ先が繁栄することをたとえている。一説に、嫁いでいく娘の姿形の美しさをたとえるともいう。

⓬家人　「室家」「家室」「家人」はほぼ同じ意だが、韻をそろえるためにこのように変えているのである。

問1　この詩の三つの章（まとまり）で、「桃」はそれぞれ何をたとえているか。

答　一章は、娘の美しさ、二章は、娘が産むであろう子ども、三章は、嫁ぎ先が繁栄することをたとえている。

人生

行行重ネテ行行 〔文選〕

教707 107 教708 295

【主　題】 教707 107ページ1～10行 教708 295ページ1～10行

遠く旅する夫を思う妻の嘆き。 ●五言古詩 韻 離・涯・知・枝／遠・緩・返・晩・飯

【書き下し文】

○行行重ねて行行（こうこうかさねてこうこう）
❶行行重ねて行行
❷君と生きながら別離す
❸相去ること万余里
❹各天の一涯に在り
❺道路　阻しく且つ長し
❻会面　安くんぞ知るべけんや
❼胡馬は北風に依り
❽越鳥は南枝に巣くふ
❾相去ること　日に已に遠く
❿衣帯　日に已に緩し
⓫浮雲　白日を蔽ひ
⓬遊子　返るを顧はず
⓭君を思へば人をして老いしむ

【現代語訳】

○行き続け、さらに行き続ける
❶（あなたは）行き続け、さらに行き続け、
❷あなたと生きながら離れ離れになってしまいました。
❸（二人は）互いに一万里以上も遠く離れて
❹それぞれ天の一方の果てにいます。
❺（二人を隔てる）道は険しくてそのうえ遠く、
❻会えるかどうかどうして知ることができましょうか、いや、知ることはできません。
❼北方の胡の地から来た馬は北風に身を寄せ、
❽南方の越から来た鳥は南側の枝に巣を作るといいます。
❾互いの距離は日増しにはなはだ遠くなり、
❿（心配のあまりやせ細ってしまって）私の衣服と帯は日ごとにゆるくなります。
⓫浮き雲が輝く太陽の光を覆い隠してしまい、
⓬旅人（＝あなた）は振り返ることはしません。
⓭あなたを思うと（その気がかりな思いが）私を老けこませ、
⓮歳月はたちまちのうちに過ぎ去ってゆくのです。
⓯（私は）捨てられましたが、もうこれ以上何も言うのはやめましょ

⓮歳月忽ち已に晩れぬ
⓯棄捐せらるるも復た道ふこと勿からん
⓰努力して餐飯を加へよ
（文選）

う、
⓰どうかつとめて食事をじゅうぶんにとり、お体を大切にしてください。

語句の解説

教707 107ページ　教708 295ページ

❷与君生別離　あなたと生きながら離れ離れになってしまいました。

＊与…　直後に名詞(句)を伴って「…と」の意を表す。

❸相　ここでは「お互いに」の意。

❸万余里　一万里以上。

❺且　そのうえ。ここでは、添加の意を表す。

❻安可知　どうして知ることができましょうか、いや、知ることはできません。

＊安…　反語の意。

❼依　寄りかかり。身を寄せ。

❾日　一日一日。日ごとに。

❾已　ずいぶん。はなはだ。ここでは、程度が超過する意。

⓫白日　輝く太陽。「浮雲」は、よその女性など、何か夫の心を惑わすもの、「白日」は、夫をたとえているのであろう。

⓬遊子　故郷を離れ、他郷にいる人。旅人。

⓭令人老　私を老けこませる。

＊令[A][B]　使役の構文で「[A]に[B]させる」の意。目的語の[A]のことを使役の対象と呼び、「ヲシテ」を送る。

1　「人」は、誰を指しているか。

答　作者である妻をさす。

⓮歳月忽已晩　歳月はたちまちのうちに過ぎ去ってゆくのです。「忽」は「突然に・たちまちに」の意。「晩」は「夕暮れとなる・終わりに近づく」の意。ここでは「過ぎ去ってゆく」と訳す。

⓯勿復道　もうこれ以上何も言うのはやめましょう。「復」は、直前に否定語を伴い「二度と…しない」の意を表す。

句法

◆**書き下し文に直し、太字に注意して、句法のはたらきを書こう。**

1　会面**安**可知　（　　　）（　　　）

2　思君**令**人老　（　　　）（　　　）

答　1　会面安くんぞ知るべけんや／反語
2　君を思へば人をして老いしむ／使役

人生

飲酒

陶潜

教707 108　教708 296

【主　題】 教707 108ページ1～6行　教708 296ページ1～6行

隠棲し、俗世間と離れて静かに暮らす作者の、自然の中に「真実」を見いだした思い。　●五言古詩　韻　喧・偏・山・還・言

【書き下し文】

○飲酒

❶廬を結びて　人境に在り
❷而も車馬の喧しき無し
❸君に問ふ　何ぞ能く爾ると
❹心遠ければ　地自ら偏なり
❺菊を采る　東籬の下
❻悠然として　南山を見る
❼山気　日夕に佳く
❽飛鳥　相与に還る
❾此の中に　真意有り
❿弁ぜんと欲して　已に言を忘る

（陶淵明集）

【現代語訳】

○飲酒

❶粗末な家を構えて人里に住んでいる、
❷それなのに訪問客の車馬の騒がしさはない。
❸君（＝自分自身）に問う、「どうしてそのようであること（＝静かに暮らすこと）ができるのか。」と、
❹（私は）「心が遠く俗界を離れているので、住む土地も自然と辺鄙な所となるのだ。」（と答える。）
❺家の東側の垣根の所で菊（の花）を摘み、
❻ゆったりとして、南山を見る。
❼山の空気は、夕暮れ時がすばらしく、
❽（その中を）飛ぶ鳥たちが連れ立って（ねぐらに）帰ってくる。
❾この（自然の姿の）中にこそ、まことの心がある。
❿（それを言葉で）説明しようにも、もう（うまく説明する）言葉を忘れてしまった。

語句の解説

教707 108ページ　教708 296ページ

○飲酒　この詩は、「飲酒」の題で自己の心境を詠じた二十首の連作の「其の五」。陶潜の詩の中で最も知られた作品の一つ。

❷而　逆接の接続詞。それなのに。

❸何能爾（なんぞよくしかる）　どうしてそのようであることができるのか。
＊何能[A]（ゾ ク 　 スル）　疑問を表す。「能」は「能力があって…できる」の意を表す副詞。

1　「爾」とは、何を指しているか。

答　人里に住んでいながら訪れる人がなく、静かに暮らすこと。

解説　「爾」は「然」と同じで、そのようである、そのとおりである、の意。前の第一・二句を指している。
❹自（おのずから）　副詞。自然に。
❹偏（へんナリ）　「偏」は「辺鄙な所」の意。心が俗界を離れているために、人里にいてもあたかも人里離れた辺鄙な場所にいるようであるということ。
❺采レ菊（とルきくヲ）　菊を摘む。当時菊の花は薬用に食されていた。重陽の節句には、不祥を払うために酒に浮かべて飲む風習もあった。
❻悠然（ゆうぜんトシテ）　ゆったりとして。なお、「悠然」としているのは、①「南山」の様子、②作者の心、③南山と作者の距離、などの解釈があるが、ここは②の説をとった。
❻見（みル）　自然に目に入ってくることをいう。
❼山気（さんき）　山の空気。
❽飛鳥相与還（ひちょうあいともニかえル）　夕暮れ時になって、鳥たちが連れ立って巣に戻ることをいう。「相」は、ここでは「互いに」の意。「与」は「一緒に・ともに」。「還」は「行って戻る」。ここでは、巣から飛び立った鳥たちが巣に戻る動きを描写している。

2　「此中」とは、何を指しているか。

答　山の平和な自然とともにある悠々自適の境地。

解説　具体的には、第七・八句に描かれている、山の空気が澄み、鳥たちが連れ立ってねぐらへ戻る、という自然とともにある自分の境地の中である。
❿欲レ弁（ほっシテべんゼント）　(言葉で)説明しようとして。「弁」は、ここでは、前の句で示された「真意」を言葉によって明らかにすることをいう。
＊欲[A]（ス 　 セント）　ここでは、意志未来を表す「[A]しようと思う。」「[A]しようとする。」
❿已（すでニ）　既定を表す副詞。もう…してしまった。
❿忘レ言（わすルげんヲ）　作者が自然の中に見いだした「真意」は、言葉で表現できるものではなく、いわば直感的に会得されるべきものであることを表している。

句法

◆書き下し文に直し、太字に注意して、句法のはたらきを書こう。

◇問レ君（フ ニ）**何能爾**（ゾ ク ルト）
（　　　　　　　　　）（　　　）

答　君に問ふ何ぞ能く爾ると／疑問

社会

子夜呉歌

李白

教707 108〜109 教708 296〜297

【主　題】教707 108ページ7行〜109ページ3行　教708 296ページ7行〜297ページ3行

月夜に砧の響く音や秋風に感じて、辺境の戦から夫の帰りを待ちわびる都の妻たちの切なる心情をうたう。●五言古詩　韻　声・情・征

【書き下し文】

○子夜呉歌

❶長安　一片の月

❷万戸　衣を擣つ声

❸秋風　吹いて尽きず

❹総て是れ　玉関の情

❺何れの日か　胡虜を平げて

❻良人　遠征を罷めん

（唐詩選）

【現代語訳】

○子夜呉歌

❶長安の（夜空に浮かぶ）月ひとつ、

❷（あちこちの）多くの家々から（響く）布を（砧で）打つ音。

❸秋風は吹きに吹いて、吹きやもうとしない。

❹（月・砧・秋風は）すべて遠方の玉門関を思う情（をかきたてる）。

❺（いったい）いつの日に異民族との戦いに勝利して、

❻夫は遠征をやめて（帰って）くれるのであろうか。

語句の解説

教707 108ページ　教708 296ページ

○子夜呉歌　東晋の頃（＝四世紀）、民間で流行した歌曲の名。「子夜」は、この曲を作った女性。この曲に歌詞が作られたものを「子夜歌」という。東晋の都が呉の地にあったことから「子夜呉歌」と呼ばれるようになった。哀愁を帯びた、もの悲しい曲調であったという。その後、この曲に合わせて「子夜春歌」「子夜秋歌」など呼ばれる多くの歌が作られるようになった。曲に合わせて作られた歌謡を「楽府」と呼び、その題名を「楽府題」という。李白もその風習に従って子夜四時歌を作った。表題の詩は、その第三首「子夜呉歌　秋」にあたる。なお、唐代には子夜呉歌のメロディーは残っていなかったため、李白は、メロディーに替え歌をつけるという楽府の趣向で詩作したものと考えられる。

教707 109ページ　教708 297ページ

❶一片月　①一個の月、②三日月、③満月、④一面を照らす月。ここでは、「万戸」の「戸」と対応して、「片」を月を数えるものと解釈し、①の説をとった。

❷**万戸**（ばんこ）　万を数えるほど多くの家々の意。

❷**擣衣声**（うツきぬヲこえ）　布を柔らかくしたり、つやを出したりするために、砧（きぬた）（＝石の台）の上の布を杵（きね）で打つ音。ここでは、遠征の夫に送る冬着のしたくをしていることをいう。

❸**秋風吹不尽**（しゅうふうふイテつキず）　秋風が、絶えることなく吹き続けている。前の句が、秋の唐の光景であり、冬に向けて帰らぬ遠征中の夫に対する心情を、物悲しく情感豊かに表現している。

❹**総是**（すべテこレ）　「総」とは、前の三句で述べた、長安の月、砧の音、秋風の三つを指す。「是」は、「…である」と、英語のbe動詞に相当する用法。

❹**玉関**（ぎょくかん）　西域に通じる関所（せきしょ）「玉門関」のこと。現在の甘粛省敦煌市（かんしゅくしょうとんこうし）の西にあった。

答 1　**「総是玉関情」とはどのような情か。**

玉門関のかなたに遠征している夫を思う情。

❺**何日平胡虜**（いずレノひカたいらゲテこりょヲ）　「胡」は北方の異民族の「北狄（ホクテキ）」、「虜」は敵。「平」は、平定する。

＊何日（何レノ日カ）　いつ…か。時を尋ねる疑問を表す。

❻**罷**（やメン）　おしまいにする。ここでは、遠征をやめて帰ってくること。

句法

◇**書き下し文に直し、太字に注意して、句法のはたらきを書こう。**

何日平胡虜　（　　　）（　　）

答　何れの日か胡虜を平げて／疑問

社会　石壕吏（せきがうノ）

杜甫（とほ）

教707 110～111　教708 298～299

【主　題】 教707 110ページ1行～111ページ7行　教708 298ページ1行～299ページ4行

戦乱による民衆の苦悩。石壕村に投宿した杜甫の実見がそのまま鮮明に淡々とうたわれている。作者の感情は一切表現されないが、それが逆に読者を動かす。

●五言古詩　韻　村・人・看／怒・苦・戍／至・死・矣／人・孫・裙／哀・帰・炊／絶・咽・別

【書き下し文】 教707 110ページ1～5行 教708 298ページ1～5行

○石壕の吏

❶暮れに石壕の村に投ず
❷吏有り　夜人を捉ふ
❸老翁　牆を踰えて走り
❹老婦　門を出でて看る
❺吏の呼ぶ一に何ぞ怒しき
❻婦の啼く一に何ぞ苦だしき
❼婦の前みて詞を致すを聴くに
❽三男　鄴城に戍る

語句の解説 1

教707 110ページ 教708 298ページ

❸**牆**　家のまわりにめぐらした土塀。

❸**走**　逃走し。「走」は逃げるの意味がある。

❺**吏呼**　役人の大声。「呼」には、①大声でさけぶ、②呼びつける、の二つの意があるが、ここでは①の意。

❻**婦啼**　老婦の泣き声。「啼」は「声をあげて泣く」という意。

【書き下し文】 教707 110ページ6～9行 教708 298ページ6～9行

❾一男　書を附して至れるに
❿二男は　新たに戦死せりと

【現代語訳】

○石壕村の役人

❶日暮れに石壕の村に宿を借りた。
❷役人がやって来て夜分に戦争のために男を強制的に連れてゆく。
❸老夫は家の土塀を越えて逃走し、
❹老婦が門口に出て（役人と）応対した。
❺役人の大声は、なんとまあ激しいことよ。
❻老婦の泣き声は、なんとまああつらそうであることよ。
❼老婦がすすみ出て（役人に）訴えるのに、私が聞き耳を立てたところ、
❽「三人の息子は、鄴城で守備につきました。

❼**聴**　主語は作者。老婦の訴えに聞き耳を立てている。意識してきくのが「聴」、無意識のうちにきこえてくるのが「聞」である。

❼**致**　ここでは「差し出す」の意。「致レ詞」は、言葉を差し出す→「訴える」の意となる。

❽**戍**　守備につく。「戍」は「辺境や国境を守る・守備する」の意。

【現代語訳】

❾一人の息子が手紙を人にことづけてよこしました。
❿（その手紙によると）他の二人の息子は近ごろ戦死したとのことです。

⑪存する者は且く生を偸むも
⑫死する者は長に已みぬ
⑬室中　更に人無く
⑭惟だ乳下の孫有るのみ
⑮孫有り母未だ去らざるも
⑯出入するに完裙無し

⑪存命の息子はどうやら生きていますが、
⑫死んだ二人の息子は永遠におしまいです。
⑬家の中にはまったく誰もおらず、
⑭ただ乳離れしていない孫がいるだけです。
⑮孫がおりますので、母親はまだ実家に帰らずにいますが、
⑯外出するにも満足なスカートもないありさまです。

語句の解説 2　教707 110ページ　教708 298ページ

⑩**新**　①…したばかり。②近ごろ。最近。ここでは②の意。

⑫**已　矣**　「已」は「完全に終わる」という意。「矣」は文末に置き、さまざまな語気を表す。ここでは置き字で読まない。

⑬**室中**　家の中。「室」は、厳密には、家族のいる居間をさす。これに対して、「堂」は客間とする表座敷を指す。

⑬**更　無レ人**　まったく誰もおらず。「更」は、否定の強調の意。「人」は、ここでは、徴兵の対象になる成年男子のことであろう。

⑭**惟　有二　乳下　孫一**　ただ乳離れしていない孫がいるだけです。「惟」は、「たダ…ノミ」と呼応して読まれることが多い。「乳下孫」は「乳房にぶらさがっている孫」の意。

⑮**母未レ　去**　母親はまだ実家に帰らずにいますが。当時の習慣では、子がないまま寡婦（＝未亡人）となった場合は、たいてい実家に戻ったのであろう。

【書き下し文】　教707 110ページ10行～111ページ7行　教708 298ページ10行～299ページ4行

⑰老嫗　力衰ふと雖も
⑱請ふ　吏に従ひて夜帰せん
⑲急に河陽の役に応ぜば
⑳猶ほ晨炊に備ふるを得んと
㉑夜久しくして語声絶え

【現代語訳】

⑰この老婦は体力こそ衰えていますが、
⑱どうかお役人さまにお供して今夜のうちにでも行くところにおもむかせてください。
⑲すぐにも河陽での労役の徴用につけば、
⑳これでもまだ朝御飯の用意ぐらいはできましょう。」と（言った）。
㉑夜がふけて話し声も途絶えると、

㉒泣きて幽咽するを聞くがごとし
㉓天明 前途に登るに
㉔独り老翁と別る
（杜工部集）

㉒（孫の母が）かすかにむせび泣くのが聞こえたような気がした。
㉓夜明けに（私が）これからの旅路に就くときに
㉔ただおじいさんにだけ別れの挨拶をしたのだった。

語句の解説 3

教707 110ページ 教708 298ページ

⑰**雖レ衰** 衰えていますが。「雖」は、ここでは、逆接の確定条件の「…であるが・…であるけれども」の意。

⑱**請** どうか…させてください。ここでは自分の行為の許可を求めている。相手に依頼する場合は「どうか…してください」と訳す。

⑱**夜帰** 今夜のうちにでも行くところにおもむかせてください。「帰」は、「帰趨」の意で、落ちつくべきところに落ちつくことを表す。なお「夜帰」と読んでもよい。

教707 111ページ 教708 299ページ

⑲**応二河陽役一** 河陽での労役の徴用につけば。「応」は「労役につく・徴用に従う」の意。

⑳**得レ備** 準備することができるでしょう。「得」は可能の意。

㉒**如レ聞** 聞こえたような気がした。「如」は、ここでは、比況の助動詞として「ごとシ」と訓読し「…のようである」の意を表す。作者が眠ろうとしてまだ眠れない状態で、夢うつつに聞いたことをいうのであろう。

㉓**前途** これからの旅路。作者は司功参軍として、石壕村から華州に向かうところであった。

㉔**独与二老翁一別** ただおじいさんにだけ別れの挨拶をした。「独」は「ひとリ」と読むが、「…だけ」の意であり、人数を数えるときの、（人）一人、の意味ではないので注意。

1 **「老婦」の言葉は、どこからどこまでか。**

答 「三男鄴城ニ戍ル」から「猶ホ得ント備フルニ晨炊ニ」まで。

2 **老夫婦の家族は、それぞれどうなったのか。**

答 三人の息子は戦場にかり出され、うち二人の息子は近ごろ戦死した。残りの一人はなんとか生きている。石壕村に残った老婦も戦場へかり出された。今は、役人から逃げた老夫と、乳離れしていない孫と、その母親の三人である。

句法

※教708の学習のポイントは「売炭翁苦ニ宮市一也」の後で扱っています。

◆書き下し文に直し、太字に注意して、句法のはたらきを書こう。

1　吏ノ呼ブ**一ニ何ゾ**怒シキ
（　　　　　　　　）（　　　）

2　**惟ダ**有ルノミ二乳下ノ孫一
（　　　　　　　　）（　　　）

答
1　吏の呼ぶ一に何ぞ怒しき／詠嘆
2　惟だ乳下の孫有るのみ／限定

社会

売炭翁　苦シムニ宮市一也

白居易（はくきょい）

教707 112〜113

※本教材は教708では学習しません。

【主　題】　教707 112ページ1行〜113ページ7行

炭焼き老夫の貧しい生活と、都の市場で老人が労苦して焼いた炭を徴発する非情な役人の姿をうたう。

●七言古詩　韻　翁・中／色・黒・食／単・寒／雪・轍・歇／誰・児／勅・北・得・直

【書き下し文】

○売炭翁（ばいたんおう）　宮市（きゅうし）に苦（くる）しむなり

❶売炭翁（ばいたんおう）
❷薪（たきぎ）を伐（き）り炭（すみ）を焼（や）く　南山（なんざん）の中（うち）
❸満面（まんめん）の塵灰（じんかい）　煙火（えんか）の色（いろ）
❹両鬢（りょうびん）蒼蒼（そうそう）として　十指（じっし）黒（くろ）し
❺炭（すみ）を売（う）りて銭（ぜに）を得（う）る　何（なん）の営（いとな）む所（ところ）ぞ

【現代語訳】

○炭売りのじいさん　宮市に苦しむ
❶炭売りのじいさん、
❷たきぎを伐っては炭を焼いて暮らす終南山の山中で、
❸顔じゅう、ほこりや灰で、すすけた顔いろをし、
❹左右のびんは白髪まじりで、一〇本のどの指もまっ黒だ。
❺炭を売って銭を得て、どのような生活をしているのか。
❻身に着ける着物と、口にする食べ物を買うため（だけ）なのだ。
❼なんと気の毒なことに、身につけているのは、まぎれもないひとえ

❻身上の衣裳　口中の食
❼憐れむべし　身上衣正に単なるを
❽心に炭の賤きを憂へ　天の寒からんことを願ふ
❾夜来　城外一尺の雪
❿暁に炭車に駕して　氷轍を輾く
⓫牛は困れ人は飢ゑ日已に高し
⓬市の南門の外　泥中に歇む
⓭翩翩たる両騎来たるは是れ誰ぞ
⓮黄衣の使者　白衫の児
⓯手に文書を把り　口に勅と称す
⓰車を廻らし牛を叱して　牽きて北に向かはしむ
⓱一車の炭の重さ　千余斤
⓲宮使駆り将て　惜しみ得ず
⓳半疋の紅綃　一丈の綾
⓴牛頭に繋けて　炭の直に充つ

（白氏文集）

えの薄い着物（一枚だけ）、
❽（それでいて、じいさんは）炭の値段が安くなることを心配し、（かえって）寒い日が続くことを願っている。
❾（願いはかなって）ゆうべから長安の郊外は一尺もの雪、
❿（さあ、商売と）明け方に炭の車に牛をつなぎ、凍りついたわだちの上に、車をすすめる。
⓫牛は疲れ、人は腹ぺこ、日は、もう空高くのぼった。
⓬市場の南門の外側の、泥んこの道で休息した。
⓭（その時）衣服を軽やかにひるがえして駆けてくる二騎の乗馬、それは誰かといえば、
⓮黄衣を着た宮中からの使者と、（その手下の）白い上着の若者。
⓯書きつけを手につかみ、「勅命だ」と口走り、
⓰車の向きを変えさせて、しっしっと牛を追いたて、（宮城のある）北に向かわせた。
⓱車一台分の炭は、千余斤もあるが、
⓲宮中の役人があまりに追いたてるので、（じいさんは）惜しんでもどうしようもない。
⓳（わずか）半疋の赤色の薄絹と一丈ばかりのあや織の絹布を、
⓴牛の頭にかけ、炭の代価にせよと言う。

語句の解説

教707 112ページ

○**売炭翁**　炭を売る老人。この詩は、古くからある楽府ではなく、それにならって作った自由な新題の楽府である。

○**苦二宮市一也**　宮市の横暴に苦しむ。「宮市」は、庶民から物品を安く徴発する宮廷の物資調達機関。宮中の必需品は役人が商人から購買していたが、中唐以後、宦官が宮使となってからは、商

人から不当な廉価で商品を徴収し、時には奪い取るようなことをした。

❸満面塵灰 ちりや灰で顔じゅうが汚れているさま。

❸煙火色 「煙火」は、竈の煙。煙ですすけて黒ずんだ顔色をいう。

❹両鬢 「両」は「ふたつ・対」。「鬢」は「耳ぎわの髪の毛」。

❹蒼蒼 ①草木のあおあおと茂るさま、②月の青白いさま、③髪の毛の白くなりはじめたさま。ここでは③の意。

❹十指黒 「両鬢蒼蒼」と色の対比をなす表現。長らく炭焼きで生計を立ててきたことを表す。

❺売レ炭得レ銭何所レ営 炭を売って銭を得ることの目的を問うている。「営」は、生活をやりくりする。「所レ営」で、生活状態。

＊何…… どのような…か。疑問を表す。

❻身上衣裳口中食 （炭を売って得た銭は）身にまとう衣服と口にする食糧に費やすだけだという意。炭焼き老人の生活苦を表す。

❺の句と❻の句は、自問自答の形となっている。

❼可レ憐 文頭に置かれて強い感動・憤りを表現している。「憐」は、つよく心ひかれ同情する気持ちを表し、①気の毒に、②魅力ある、③うらやましい。ここでは①の意。

❼正 たしかに。ほんとうに。

❽賤 値段が安い。

1 **「願二天寒一」とあるが、老人はなぜそう願うのか。**

答 寒くなると炭が高値でたくさん売れるから。

❾夜来 昨夜から。「…来」は、時間の経過を示す。

❾城外 町の外、郊外。ここでは、長安の市街を指す。

❾尺 一尺は、約三一センチメートル。

❿駕二炭車一 炭を積んだ荷車のかじ棒に牛をつないで引かせて。

⓫困 疲れきる。［疲労困憊］

⓬歇 仕事を打ち切ってひと休みする。

⓭翩翩 「翩」は、①はやくとぶ、②ひるがえるさま。ここでは②の意。畳語となって、衣服がひらひらとひるがえるさまを表す。

⓭両騎来是誰 「両騎」は、「二頭の騎馬」。次の句の「黄衣使者」「白衫児」を指す。

＊誰…… …は誰か。人物を問う疑問の形。

⓮黄衣使者 宮市から遣わされる宦官。黄色の着衣は身分が低かった。

⓮白衫児 宦官の手足となって、物資徴発を実際に行った若者。「衫」は「薄物の上着」。

2 **「黄衣使者白衫児」は、何をしにやってきたのか。**

答 売炭翁の炭を安く買い上げるため。

教707 113ページ

⓯把 手につかむ。にぎる。

⓯文書 官署が発行する文書。ここでは、物資を買い上げる命令書。

⑮**口称レ勅** 天子の命令だと口で言う。

⑯**叱レ牛** 牛を「しっしっ」と叱責して前へ進ませる。

⑯**向レ北** 「北」は、長安では宮中の方角。宦官が翁を北に向かわせた。「向」が使役の形となっているのは主述関係から判断。

⑰**千余斤** 約六〇〇キログラム。老人の引く牛が運ぶ荷物の量を誇張した表現。

⑱**宮使** 宮中からの使者で、ここでは宮市の宦官のこと。

⑱**駆将** 「将」は、語調を整えるほか、「駆ル」という動作が持続している様子を表す。

⑱**惜不レ得** 「惜」は、惜しんで荷を手放さない。「不レ得」は、不可能を表す。惜しんで荷を手放さないということはできなかった（＝惜しんでもどうしようもない）の意。

⑲**半疋紅綃一丈綾** 宮市では、商品を徴発した代価として、衣服地や絹布の使い古しを赤や紫に染めた紅綃や綾などが、充てがわれた。

⑳**炭直** 「直」は、「値」と同じ「値段」「物価」の意。車いっぱいに積んだ炭が、生活に必要な物資や銭ではなく、庶民の暮らしには役に立たない宮中の使い古しの絹布と強制交換されていたことを言っている。

学習のポイント

1 それぞれの詩の一句の字数、句数、押韻を調べ、近体詩と比較してみよう。

考え方

作品名	字数	句数	押韻（換韻があるものは／で区切る）
①桃夭	四字	一二句	華・家／実・室／蓁・人
②行行重行行	五字	一六句	離・涯・知・枝／遠・緩・返・晩・飯
③飲酒	五字	一〇句	喧・偏・山・還・言
④子夜呉歌	五字	六句	声・情・征
⑤石壕吏	五字	二四句	村・人・看／怒・苦・戍／至・死・矣／人・孫・裙／衰・帰・炊／絶・咽・別
⑥売炭翁	七字 第一句は三字	二〇句	翁・中／色・黒・食／単・寒／雪・轍・歇／誰・児／勅・北・得・直

近体詩

五言絶句	五字	四句	偶数句末
七言絶句	七字	四句	第一句末と偶数句末
五言律詩	五字	八句	偶数句末
七言律詩	七字	八句	第一句末と偶数句末

解答例

近体詩は、一句の字数と句数が決まっているが、②〜⑤では、一句の字数は一致していても句数は異なっている。押韻を見ると、③④以外は、換韻がある。換韻は、近体詩には見られない技法である。

2 探究　「子夜呉歌」に関して、次の①②を考えてみよう。

①「悲しき響き　擣衣」（707 109ページ・708 297ページ）を参考に、込められた心情を読み解こう。

考え方　「擣衣（とうい）」とは何か、なぜそれが「悲しき響き」となるのかを読み取ろう。「擣衣」とは、女たちが寒衣（かんい）に使う固い繊維を柔らかくするために、杵（きね）と砧（きぬた）を使って満遍なく敲（たた）く作業。詩では、この「擣衣」の音がどの家々からも、月下、秋風に悲しく鳴り響くとある。

解答例　都にいる妻たちが、異民族の国境守備のため北方に出征した夫を思い、その帰りを待ちわびて愁え悲しむ心情を表している。

②『新古今和歌集』の「み吉野の山の秋風さ夜（よ）更（ふ）けてふるさと寒く衣打つなり」の歌と比較して、共通するところを挙げてみよう（歌の詞書（ことばがき）は「擣衣（とうい）の心を」、作者は藤原雅経（まさつね））。

考え方　時、季節、行為、風情、背景、心情などに着目して、和歌と漢詩の共通点を探してみよう。歌の詞書「擣衣の心を」から、作者は、李白の「子夜呉歌　秋」を意識して詠んだものと考えられる。歌意は次の通り。

かつては古代の都の離宮があって栄えていた吉野の里だが、今はその影もなく、晩秋の家々からは砧を打つ音だけが秋風に鳴り響いている。

解答例　漢詩と和歌には、次の共通点が挙げられる。

時…「一片ノ月」と「さ夜更けて」から、時は深夜。

季節…「秋風吹イテ」と「秋風・寒く」から、季節は晩秋。

行為…「擣ツレ衣ヲ」と「衣打つ」から、砧を敲く。

風情…晩秋の夜に鳴り響く砧を敲く音が寂しさを感じさせる。

ただし、背景や心情が異なる。漢詩は、妻の国境守備に遠征した夫への思い。和歌は、かつての吉野の姿を懐かしむ思い。

句法

◆書き下し文に直し、太字に注意して、句法のはたらきを書こう。

1　売リテレ炭ヲ得ルレ銭ヲ**何**ノ所ゾレ営ム　（　　　）（　　　）

2　翩翩タル両騎来タルハ是レ**誰**ゾ　（　　　）（　　　）

答
1　炭を売りて銭を得る　何の営む所ぞ／疑問
2　翩翩たる両騎　来たるは是れ誰ぞ／疑問

3 史伝—『史記』列伝

●司馬遷と『史記』

司馬遷（前一四五?～前八六?）は、中国、前漢の歴史家。太史令（＝宮廷内の記録などをつかさどる官名）だった父・司馬談の命を受け、地方をめぐり、古い記録などを集めた。のちに自らも太史令となる。前九九年、異民族である匈奴の捕虜となった友人・李陵の弁護をして、武帝の怒りを買い、宮刑（＝生殖能力を奪う刑）に処せられたが大赦により出獄、中書令となり、修史事業に専念し、中国の歴史書の典型となる、『史記』を著した。

廉頗・藺相如

司馬遷〔史記、廉頗藺相如列伝〕

教707 116～118 教708 302～304

刎頸の交はり

【大 意】1 教707 116ページ9行～117ページ5行 教708 302ページ9行～303ページ5行

趙に戻った相如に対して、廉頗はその功績を認めようとせず、相如を辱めてやろうと言いふらしていた。それを聞いた相如は、廉頗と争わず、顔を合わせないようにした。

【書き下し文】

❶既に罷めて国に帰る。❷相如の功の大なるを以て、拝して上卿と為す。❸位は廉頗の右に在り。❹廉頗曰はく、「我趙の将と為り、攻城野戦の大功有り。❺而るに藺相如は徒だ口舌を以て労を為し、而も位我が上に居り。❻且つ相如は素賤人なり。❼吾羞ぢて、之が下たるに忍びず。」と。❽宣言して曰はく、「我相如を見ば、必ず之を辱めん。」と。❾相如聞き、

【現代語訳】

❶会談を終えて（趙王の一行は）国に帰った。❷相如の功績が大きかったことで、最上位の大臣に任命した。❸（その）位は廉頗よりも上位であった。❹廉頗が言うには、「私は趙の将軍となって、敵の都市を攻め、山野で敵と戦った大きな功績があった。❺しかし藺相如はただ弁舌だけで手がらを立てたのに、位は私の上にいる。❻その上相如はもともと身分の低い人だ。❼私は恥ずかしくて、彼（＝相如）の下であることを我慢できない。」と。❽（そして）言いふらして言うには、「私は相如に会ったら、必ず彼に恥をかかせてやる。」

与に会することを肯ぜず。⑩相如朝する時毎に、常に病と称して、廉頗と列を争ふことを欲せず。⑪已にして相如出でて、廉頗を望見す。⑫相如車を引きて避け匿る。

と。⑨相如は(それを)聞き、(廉頗と)顔を合わせることを承知しなかった。⑩相如は朝廷に出仕すべき時はいつも、常に病気と称して、廉頗と序列を争おうとはしなかった。⑪ほどなくして相如は外出して廉頗を遠くに見かけた。⑫(すると)相如は(乗っていた)車を引き返し避け隠れてしまった。

語句の解説　1

教707 116ページ　教708 302ページ

❶**既**　動作の終了(…し終わっている)を表す副詞。

教707 117ページ　教708 303ページ

❺**而**　順接・逆接の両方を表す接続詞。ここでは逆接。

❺**徒 以二口舌一為レ労**　ただ弁舌だけで手がらを立て。「口舌」は、口と舌のことで、口先、弁舌、をいう。

＊徒 [A]　限定を表す。「徒」は限定の副詞。

❻**素賤人**　もともと身分の低い人である。「素」は、もともと。

❼**不レ忍**　我慢できない。「忍」は、耐える・我慢する。

❼**下**　ここでは、身分・地位が低いことをいう。

答　1　「不レ忍レ為二之下一」とはどういうことか。

藺相如よりも下の地位にいるのは恥ずかしく、耐えられないということ。

❾**不レ肯**　よしとしない。認めない。

❿**毎二朝時一**　朝廷に出仕すべき時はいつも。「毎」は、…するたびに。毎回。「朝」は、朝廷に出仕する。

⑪**已**　ほどなくして。やがて。

【大　意】　2　教707 117ページ6行～118ページ7行　教708 303ページ6行～304ページ7行

廉頗将軍を避ける相如に、舎人たちが暇乞いをした。相如は私怨を捨て国家の危急を先に考えての行動であり、廉頗を畏れている訳ではないと語った。それを聞いた廉頗は相如に謝罪し、二人は刎頸の交わりを結んだのだった。

【書き下し文】

❶是に於いて、舎人相与に諫めて曰はく、「臣の親戚を去りて君に事ふる所以の者は、徒だ君の高義を慕へばなり。❷今、君廉頗と列を同じくす。❸廉君は悪言を宣べ、而して君は畏れて之に匿る。❹恐懼すること殊に甚だし。❺且つ庸人すら

【現代語訳】

❶そこで、相如の側近たちは一緒になって忠告して言うには、「私が親族のもとを去りあなた様にお仕えしている理由は、ただあなた様の徳が高く立派なお人柄を慕っているからです。❷今や、あなた様は廉頗将軍と同列になられました。❸廉将軍は(あなた様の)悪口を言いふらしているのに、あなた様は(廉将軍を)畏れて彼から隠れ

尚ほ之を羞づ。❻況んや将相に於いてをや。❼臣等不肖なり。❽請ふ辞去せん。」と。❾藺相如固く之を止めて曰はく、「公の廉将軍を視ること、秦王に孰与れぞ。」と。❿曰はく、「若かざるなり。」と。⓫相如曰はく、「夫れ秦王の威を以てするも、相如之を廷叱し、其の群臣を辱む。⓬相如駑なりと雖も、独り廉将軍を畏れんや。⓭顧だ吾之を念ふに、彊秦の敢へて兵を趙に加へざる所以の者は、徒だ吾が両人の在るを以てなり。⓮今、両虎共に闘はば、其の勢ひ倶には生きず。⓯吾の此を為す所以の者は、国家の急を先にして、私讎を後にするを以てなり。」と。

⓰廉頗之を聞き、肉袒して荊を負ひ、賓客に因り、藺相如の門に至る。⓱罪を謝して曰はく、「鄙賤の人、将軍の寛なることの此に至るを知らざるなり。」と。

⓲卒に相与に驩びて、刎頸の交はりを為す。

（史記、廉頗藺相如列伝）

ています。❹（その）恐れてかしこまることはことさら甚だしいものです。❺そもそも普通の人でさえもこうしたことを恥ずかしく思います。❻まして将軍や大臣においてはなおさら（恥ずかしく思うはず）です。❼私たちは愚か者です。❽どうかお暇をいただきたい。」と。❾藺相如は強く彼らを止めて言った、「あなた方が廉将軍を見て、（廉将軍と）秦王とはどちらが上でしょうか。」と。❿（側近たちが答えて）言うには、「（廉将軍は秦王には）及びません。」と。⓫相如は言った、「そもそも秦王の威厳をもってしても、私藺相如は（それをものともせずに）彼を朝廷の満座の中でどなりつけ、その（＝秦王の）家臣たちに恥をかかせました。⓬私藺相如は愚か者ではありますが、どうして廉将軍を畏れることがありましょうか（、いや、決して畏れません）。⓭けれども、私が考えるに、強大な秦が進んで兵を趙に向けない理由は、ただ我々二人がいるからです。⓮もしも、二頭の虎（＝藺相如と廉頗将軍）が共に闘ったならば、その状況としてそろっては生き残れないでしょう。⓯私がこのように（廉将軍を避けて隠れて）行動する理由は、国家の危急を優先して、個人的な恨みごとを後回しにするからです。」と。

⓰廉頗はこのことを聞いて、着物を脱いで肌を露出し、いばらのむちを背負い（＝罪人の姿になって謝罪の意を表し）、客人に取り次ぎを頼んで、藺相如の（家の）門まで行った。⓱謝罪して言うには、「卑しい人間（＝廉頗自身）は、将軍（＝藺相如）の寛大さがここまでとは気づきませんでした。」と。

⓲（こうして）最後には（藺相如と廉頗とは）互いに打ち解けて、刎頸の交わりを結んだ。

語句の解説 2

教707 117ページ　教708 303ページ

❶於レ是　そこで。

❶相与　側近たちが口々に相如に忠告する様子をいう。

❶臣　主君に対する謙遜の自称。

❶所以　ここでは理由を表す。

＊所二以Ａ一者　Ａの理由は。

❶徒　限定の副詞。ここでは文末を「ノミ」と結んでいない。

❶高義　徳が高く立派なこと。

❷与　…と。

❷同レ列　同じ地位・身分になって。

❹恐懼　恐れてかしこまること。

❺❻庸人　尚羞レ之。況　於二将相一乎　普通の人でさえもこれを恥じる。まして将軍や大臣はなおさらだ。「将相」は、将軍と宰相・大臣。

＊Ａ尚Ｂ。況於二Ｃ一乎　抑揚を表す。

❼不肖　ここでは愚か者であることをいう。

❽請　辞去　どうかお暇をいただきたい。

＊請Ａ　願望を表す。どうかＡさせてください。「請」は、へりくだった気持ちを表す。

2 なぜ相如の側近たちは「請　辞去」しようとしたのか。

答　側近たちは相如の立派な人柄を慕って仕えてきたが、相如が廉頗から逃げ隠れる行動が恥ずかしく、仕えるに値しないと考えたから。

❾固　いかなることがあろうとも、強く、の意の副詞。

❾孰二与　秦王一　ここでは廉頗と秦王とを比べ、どちらが権威・実力において上であるかを問いかけている。

＊Ａ孰二与Ｂ一　選択を表す。

❿不レ若　也　廉頗が秦王には及ばない、劣ることをいう。

＊不レ若レＡ　比較を表す。

⓫夫　文頭に置いて話題を提示する助字。そもそも。

⓫秦王之威　秦王の威厳・威光。

教707 118ページ　教708 304ページ

⓬雖レ駑　相如が自分を謙遜して言った言葉。愚か者だけれども。

＊雖　①逆接の仮定条件（仮に…としても）、②逆接の確定条件（…けれども）を表す接続詞。ここでは②。

⓬独　畏二廉将軍一哉　どうして廉将軍を畏れようか、いや、決して畏れない。

＊独Ａ哉　反語を表す。

⓭顧　ここでは前とは逆の状況を以下で示すことを表す接続詞。

⓭彊　「強」に同じ。

⓭所四以不三敢　加二兵　於趙一者　進んで兵を趙に向けない理由は。

＊不二敢Ａ一　進んでＡ（し）ない。決してＡ（し）ない。

⓮今　ここでは、仮定を表す。もしも。

⓮不二倶　生一　そろっては生き残れない。

＊不二倶Ａ一　部分否定を表す。

3 **「両虎共闘ハバ、其ノ勢ヒ不二倶ニハ生一キ」とは、どういうことを言っているのか。**

答 廉頗と藺相如が争えば、どちらも無事ではいられないということ。

⑮為レ此ヲ 廉頗に対して相如が取った行動をいう。

⑮国家之急 「急」は、危険な状態、危急、のこと。趙が直面する危急のことで、具体的には秦との対峙をいう。

⑰鄙賤之人 以前に相如のことを「素賤人」と言ったことに対する表現。相如に対するへりくだった態度を表している。「鄙」は心の卑しいこと。「賤」は身分の低いこと。

⑱卒 結局。最後には。

⑱驩 打ち解けて。仲良くなって。

⑱刎頸之交 相手のためであれば自分の首が斬られても後悔しない、というほどの深く結ばれた交際のこと。

学習のポイント

1 **廉頗の藺相如に対する気持ちがどのように変化したか、まとめてみよう。**

解答例 廉頗としては、藺相如は元々の身分が低く、弁舌だけの手柄で自分よりも上の位になっているので、恥ずかしくて我慢できない。いつか恥をかかせてやると息巻いていたが、藺相如が国家の損失を考え個人的な恨みを後回しにして廉頗から逃げていることを知ると、罪人の姿になり藺相如の自宅の門前で謝罪した。

2 **「刎頸の交わり」という故事成語は、現在どのような意味で使われているか調べてみよう。**

解答例 とても仲が良いこと。その人のためなら首をはねられても後悔しないほど仲が良いこと。

3 探究 **藺相如の活躍について調べてみよう。**

趙の宝物である「和氏の璧」を十五の城と交換したいという秦の要望により、藺相如が持って行くが、秦に城を渡す気がないと知った藺相如は和氏の璧を奪い返し、趙へ無事持ち帰る。(「完璧」という故事成語の由来。)また、澠池の会では趙を格下扱いする秦に対抗して尊厳を維持し、秦をやり込め無事帰国する。

このように藺相如は、政治的に重要な交渉の場面において大国の横暴に屈しない態度を取り、趙の尊厳を維持した。

句法

書き下し文に直し、太字に注意して、句法のはたらきを書こう。

1 藺相如ハ**徒ダ**以テ二口舌ヲ一為シレ労ヲ、而モ位居リ二我ガ上ニ一。 （　　）（　　）

2 庸人スラ**尚ホ**羞ヅレ之ヲ。**況ンヤ**於イテヲ二将相ニ一**乎**。 （　　）（　　）

3 公之視ルコト二廉将軍ヲ一、**孰二与**レゾ秦王ニ一。 （　　）（　　）

4 **不**レル**若**カ也。 （　　）（　　）

5 相如雖モレ駑ナリト、独リ畏レン二廉将軍ヲ一哉。（　　）（　　）

6 今、両虎共ニ闘ハバ、其ノ勢ヒ不ニ倶ニハ生一キ。（　　）（　　）

答

1 藺相如は徒だ口舌を以て労を為し、而も位我が上に居り。／限定
2 庸人すら尚ほ之を羞づ。況んや将相に於いてをや。／抑揚
3 公の廉将軍を視ること、秦王に孰与れぞ。／選択
4 若かざるなり。／比較
5 相如駑なりと雖も、独り廉将軍を畏れんや。／反語
6 今、両虎共に闘はば、其の勢ひ倶には生きず。／部分否定

呂不韋

※本教材は教708では学習しません。

司馬遷〔史記、呂不韋列伝〕

教707 120〜122

(一) 奇貨居くべし

【大　意】 教707 120ページ2行〜122ページ2行

趙の都邯鄲の大商人呂不韋は、その地に人質として暮らしていた秦の公子子楚を見出し支援することにした。

【書き下し文】

❶子楚秦の為に、趙に質子たり。❷秦数趙を攻め、趙甚だしくは子楚を礼せず。❸子楚は秦の諸庶孽孫にして、諸侯に質たり。❹車乗進用饒かならず、居処にも困しみ、意を得ず。❺呂不韋邯鄲に賈す。❻見て之を憐れみて曰はく、「此れ奇貨なり、居くべし。」と。❼乃ち往きて子楚を見、説きて曰はく、「吾能く子の門を大にせん。」と。❽子楚笑ひて曰はく、「且く自ら君の門を大にし、而して乃ち吾が門を大にせよ。」と。

【現代語訳】

❶子楚は、秦のために趙に人質となっていた。❷秦は度々趙を攻撃していたので、趙では子楚をそれほどには手厚い待遇をしなかった。❸子楚は、秦王室の正夫人以外が生んだ、跡継ぎではない子や孫（のひとり）なので、他国に人質としておくられていた。❹乗物や日常の諸経費も充分ではなく、住まいも貧相で、不満な日々を送っていた。❺呂不韋は、邯鄲で商売をしていた。❻見かけて（子楚を）可哀想に思って言うには、「これはめずらしい品物だぞ、買いとって手もとに置き、値上りを待つのがよい。」と。❼そこですぐに出かけて

❾呂不韋曰はく、「子は知らざるなり。❿吾が門は子の門を待ちて大なるなり。」と。⓫子楚心に謂ふ所を知る。⓬乃ち引きて与に坐し深語す。

⓭呂不韋曰はく、「秦王老いたり。⓮安国君太子と為るを得。⓯窃かに聞く、安国君は華陽夫人を愛幸すと。⓰華陽夫人は子無し。⓱能く適嗣を立つる者は、独り華陽夫人のみ。⓲今、子の兄弟は二十余人、子は又中に居り、甚だしくは幸せられず、久しく諸侯に質たり。⓳即し大王薨じ、安国君立ちて王と為らば、則ち子は長子及び諸子の旦暮に前に在る者と、太子と為るを争ふを得るを幾ふ毋からん。」と。⓴子楚曰はく、「然り。㉑之を為すこと奈何せん。」と。㉒呂不韋曰はく、「子貧しくして此に客たれば、以て親に奉献し、及び賓客に結ぶ有るに非ざるなり。㉓不韋貧なりと雖も、請ふ千金を以て子の為に西游し、安国君及び華陽夫人に事へ、子を立てて適嗣と為さん。」と。㉔子楚乃ち頓首して曰はく、「必ず君が策のごとくならば、請ふ秦国を分かちて君と之を共にするを得ん。」と。

行き、子楚に面会して説いて言った、「私は、あなたの家の門を大きくすることができます。」と。❽子楚が笑いながら言った、「(そのようなことを言う前に)とりあえずは、あなた自身の家の門を大きくしてはどうか。」と。❾呂不韋が言った、「あなたはわかっていない。❿私の家の門は、あなたの家の門が大きくなるのを待って大きくなるのです。」と。⓫子楚は、その言葉の意味を心中深く理解した。⓬そこで、近くに呼び寄せて対座して、秘密の相談を始めた。

⓭呂不韋が言った、「秦の昭襄王(昭王)は年老いています。⓮安国君が太子となることができました。⓯私が耳にいたしますところでは、安国君は華陽夫人をかわいがっておられるとのこと。⓰華陽夫人には(跡継ぎの)男子がいません。⓱(この状況で)跡継ぎの子を立てることができるのは、ただ(ひとり)華陽夫人だけです。⓲今、あなたは兄弟が二十数人あって、あなたは(序列が)その中ほどで、それほどかわいがられておられず、長らく他の諸国に人質として送られてきています。⓳もし、大王が亡くなって安国君が即位し秦王となったならば、あなたは、朝晩王のご前にいるご長男や公子たちと、太子の座を争うことができると願うことすらおできにならないでしょう。」と。⓴子楚が言った、「そのとおりだ。㉑どうしたらよいだろう。」と。㉒呂不韋が言った、「あなたは貧しく(人質として)異国に暮らし、ご両親に贈り物を献上する方法も食客と交際を結ぶ方法もない(状況です)。㉓この呂不韋めは、貧しいとはいっても、どうかあなたのために大金を用意して西に行き、安国君と華陽夫人にお仕えして、あなたを跡継ぎとするように(工作)させてくださ

い。」と。㉔子楚はそこですぐに膝と頭を地面につけ、深く敬意を込めた礼をして言った、「もしあなたの策略のとおりになったなら、どうか秦国を分けて、あなたと共に治めることができるようにさせてくれ。」と。

語句の解説

教707 120ページ

❶**子楚**(しそ)　秦の昭襄王(＝昭王)の太子である安国君(＝孝文王)の庶子(しょし)(＝正妻ではない女性の子)。後に荘襄王(そうじょう)となる。母は、安国君の側室夏姫(かき)。(教科書119ページ「人物関係図」参照)

❶**為レ秦**(ためニしんノ)　「為」は、①ためニ(…のために)、②なル(…になる)、③なス(…する)などがある。ここでは①。

❷**数**(しばしば)　しきりに。たびたび。

❷**趙**(ちょう)　戦国の七雄(＝韓・魏・趙・斉・秦・楚・燕)の一つ。春秋時代の晋国が、韓・魏・趙の三つに分立して新興国となった。後、秦に滅ぼされた。

❷**不三甚礼二子楚一**(ずはなはダシクハれいセしそヲ)　部分否定。子楚をそれほど丁重に扱わない。

＊不二甚(ダシクハ)…一　それほどは…しない。部分否定の形。否定語「不」と副詞「甚」の語順、読みに注意。

❸**諸庶孽孫**(しょしょげっそん)　多くの側室の子や孫。「庶」も「孽(げつ)」も、ここでは「嫡出(ちゃくしゅつ)(正妻からの出生)でない」の意。

❹**車乗進用**(しゃじょうしんよう)　「車乗」は、乗物。ここでの「乗」は、「車」と同じ。「進用」は「節用(せつよう)」の類で、このときの「用」は、「経費・費用」を意味する。

❹**饒**(ゆたカナラ)　豊かである。豊饒(ほうじょう)である。

❹**不レ得レ意**(ずえいヲ)　思い通りにならない。不如意(ふにょい)(不レ如レ意(ずごとクナラいノ))に同じ。

❻**見而憐レ之**(みテあわレミテこれヲ)　「而」は、ここでは読まないが順接を表す。❽文の「而(しかシテ)」も同じはたらき。

❻**此奇貨、可レ居**(これきかナリ、おくベシ)　「此」は、子楚のこと。「奇貨」は、珍しい商品。「可(シ)」は、ここでは「…するのがよい」の意。商人としての呂不韋が子楚を、後に値上がりする品物だから、今のうちに買いとって手元に置いておこう、と評している。

❼**乃**(すなわチ)　そこですぐに。前後の動作や行為が緊密に続くことを表す。

❼**見**(み)　面会する。会見する。

❼**能大二子之門一**(よクだいニセンしのもんヲ)　「能(ク)」は、できる。「子(し)」は、二人称の敬称。呂不韋は子楚を一貫してこのように呼んでいる。「大(ニス)」は、ここでは動詞。「門を大きくする」とは、富ませ、勢力を拡大させること。

1　**子楚が笑ったのはなぜか。**

答　呂不韋の真意を理解せず、冗談を言っていると受け取ったから。

❽**且自大二君之門一**(しばらクみずかラだいニシきみのもんヲ)　「且(ク)」は、とりあえずは。「自(ラ)」は、自分で。「君」は二人称代名詞。呂不韋が子楚を「子」と呼ぶのに対

し、ここでは、子楚は呂不韋を「君」と呼んでいる。

教707 121ページ

⓭**秦王**　秦の昭襄王。昭王とも。在位期間は前三〇六—前二五一と、当時としては非常に長期で、この間、弱小国だった秦は急速に勢力を拡大し、他国を凌駕する強国へと成長した。

⓭**老矣**　「矣」は、文末に置かれて断定の意味を表す。

⓮**安国君得レ為二太子一**　「安国君」は、昭襄王の次男。長男の悼が亡くなったので太子になることができた。「得」は、…できる。「為」は、ここでは「なル」(❶「為レ秦」参照)。

⓯**窃聞**　「窃」は、もともと「人目を盗んでこっそりと」の意だが、ここでは、動詞の前に置かれ、「耳にいたしますところでは」と、謙譲の意を表す。

⓯**華陽夫人**　昭襄王の正妻。楚の人。容姿に優れ、昭襄王から寵愛された。「夫人」は、王・諸侯の正妻の称号。

⓰**無レ子**　ここでの「子」は、単なる子どもではなく「跡継ぎとなる男子」を意味する。

⓱**能立二適嗣一者、独華陽夫人耳**　「能」は、…できる。「適嗣」は跡継ぎ、世継ぎの意。

＊独…耳　ただ…だけ。限定の形。「耳」は文末で「のみ」と読む。

⓲**子兄弟二十余人、子又居レ中**　「居レ中」とは、二十数人の兄弟(＝正妻の他、側室の子も含む)の中で、子楚は、長男でもなく末っ子でもない、中ほどの順であるということ。

⓲**不二甚見一レ幸**　「不甚…」は部分否定の形(❷「不二甚礼一」参照)。「幸」は、かわいがる。それほどかわいがられなかった、の意。

＊見　…される。「る」「らル」と訓読し、受身を表す。

⓳**即大王薨、安国君立為レ王**　「薨」は、王や諸侯が亡くなること。大王が亡くなって太子の安国君が王位についたならば。

＊即…　もし…ならば。順接の仮定条件を表す。

2　**「大王」とは、誰のことか。**

答　秦の昭襄王(昭王)。

⓳**則**　(仮定条件を受けて)すると、その場合。

⓳**毋レ幾**　願うことさえできないだろう。「毋」は、「無」と同じ。「毋」の読みで「ないだろう」。「幾」は、ここでは「こひねがフ」と読み「切に望む」の意。

⓳**与二長子及諸子旦暮在一レ前者一**　「与レA」で「Aと」と読む。「長子及諸子旦暮在レ前者(長男と公子で、朝から晩まで王と共にいる者と)」がA。

⓴**然**　肯定・同意を表す。

㉒**客二於此一**　「客」は、人質として旅先にあるという意から、異国で暮らす。「此」は、❶文から趙国である。

㉒**以…**　…する方法。

㉓**事**　ここでは動詞。「仕える」の意。

3　**「請」の内容はどこまでか。**

答 教707 122ページ 「為二適嗣一。」(122・1)まで。

㉔**必如**(かならズごとクナラバ)…… もしも…のようになったなら。ここでの「必ズ」は、「もし…なら」と仮定を表す。「如シ」は、「…のように」と比況を表す助動詞。

学習のポイント

1 **呂不韋が子楚にもちかけた話の内容をまとめてみよう。**

考え方 呂不韋の言葉は、⑬文〜⑲文(121・1〜6)、㉒文〜㉓文(121・7〜122・1)の二箇所。話の内容は王室の後継者について。次の観点から、呂不韋がどのようなことを子楚にもちかけたのかをまとめる。

①秦王室の跡継ぎの現状。
②子楚が跡継ぎとなる可能性。
③子楚が跡継ぎになるための提案。

解答例 ①あなたの父、安国君が太子となった。太子の寵愛する華陽夫人には跡継ぎの男子がいない。後継者を立てられるのは華陽夫人だけである。

②あなたは数多くの兄弟のなかで、中ほどの序列にあり目立たない。しかも、人質として異国にいて、跡継ぎの座を争うことができない状況である。

③わたしが華陽夫人にはたらきかけ、あなたが太子の跡継ぎになれるように工作しよう。

2 **右の文中の受身表現を含む文章を抜き出して現代語訳してみよう。**

考え方 受身表現は、「る」「らル」に相当する語句の形。受身形に用いられる漢字には「見・被・為」などがある。ここでは⑱文(121・3〜4)に「見」が受身として使われている。

解答例 「今、子ノ兄弟ハ二十余人、子ハ又居リ二中一、不二甚ダシクハ見レ幸セ、久シク質タリ二諸侯一。」
(今、子の兄弟は二十余人、子は又中に居り、甚だしくは幸せられず、久しく諸侯に質たり。)

今、あなたは兄弟が二十数人あって、あなたは(序列が)その中ほどで、それほどかわいがられておられず、長らく他の諸国に人質として送られてきています。

句法 **書き下し文に直し、太字に注意して、句法のはたらきを書こう。**

1 **不**三**甚**ダシクハ礼セ二子楚一ヲ。 (　　)(　　)
2 **独**リ華陽夫人**耳**。 (　　)(　　)
3 不二甚ダシクハ**見**レ幸セ、 (　　)(　　)

4 即シ大王薨ジ、（　）（　）（　）

5 為スコトレ之ヲ奈何セン。（　）（　）（　）

答

1 甚だしくは子楚を礼せず。／部分否定
2 独り華陽夫人のみ。／限定
3 甚だしくは幸せられず、／受身
4 即し大王薨じ、／仮定
5 之を為すこと奈何せん。／疑問

（二）子楚を適嗣と為す

教707 123〜125

【大意】 教707 123ページ3行〜125ページ2行

呂不韋は、華陽夫人の姉を通して贈り物を届け、姉から夫人に、容姿が衰えれば王の寵愛も薄れること、さらに夫人には世継ぎの男児がいないことを挙げて、子楚を跡継ぎとするように説得させた。それを受けて、夫人が安国君に懇願したところ、子楚の跡継ぎが承諾された。

【書き下し文】

❶呂不韋乃ち五百金を以て子楚に与へ、進用と為し、賓客に結ばしむ。❷而して復た五百金を以て奇物玩好を買ひ、自ら奉じて西のかた秦に游び、華陽夫人の姉に見ゆるを求めて、皆其の物を以て華陽夫人に献ず。❸因りて言ふ、「子楚は賢智にして、諸侯の賓客に結ぶこと天下に偏し。❹常に曰はく、『楚や夫人を以て天と為し、日夜泣きて太子及び夫人を思ふ。』」と。❺夫人大いに喜ぶ。❻不韋因りて其の姉をして夫人に説かしめて曰はく、「吾之を聞く、『色を以て人に事ふる者は、色衰ふれば愛弛む。』と。

【現代語訳】

❶呂不韋は、そこで五百金を子楚に与え、日常の諸経費とさせ、食客と交際を結ばせた。❷そしてさらに五百金でめずらしくて価値ある物を買い入れ、自らそれを捧げ持って西の秦に行き、華陽夫人の姉に面会を求め、用意の物を（姉を通じて）華陽夫人に献上した。❸そして言った、「子楚は賢く知恵があって、国中の諸侯の食客たちと交際しています。❹（子楚が）いつも言いますには、『わたくしは夫人を天とも思い、日夜泣きつつ太子と夫人のことを思っています』と。」と。❺（それを聞き、）夫人はたいへん喜んだ。❻不韋は、そして姉に夫人を説得させて言うには、「私が聞くところによると、『容色をもって人に仕える者は、容色が衰えれば愛が薄れる』とのこと。❼今、夫人は太子に仕えてたいへん愛されているとはいえ、男子のお子様がありません。❽今のうちにご自分で、

❼今、夫人太子に事へ、甚だ愛せらるるも子無し。❽此の時を以て蚤く自ら諸子の中の賢孝なる者に結び、挙立して以て適と為して之を子とせざるや。❾夫在せば則ち尊重せられ、夫百歳の後、子とする所の者王と為らば、終に勢ひを失はず。❿此れ所謂一言にして万世の利なるものなり。⓫繁華の時を以て本を樹てずんば、即ち色衰へ愛弛む後、一語を開かんと欲すと雖も、尚ほ得べけんや。⓬今、子楚は賢にして自ら中男なれば、次として適と為るを得ず、其の母又幸を得ざるを知り、自ら夫人に附く。⓭夫人誠に此の時を以て抜き以て適と為さば、夫人は則ち竟世秦に寵有らん。」と。

⓮華陽夫人以て然りと為し、太子の間を承け、従容として言ふ、「子楚趙に質たる者は絶だ賢なり。⓯来往する者皆之を称誉す。」と。⓰乃ち因りて涕泣して曰はく、「妾幸ひに後宮に充てらるるを得たれども、不幸にして子無し。⓱願はくは子楚を得て、立てて以て適嗣と為し、以て妾が身を託せん。」と。⓲安国君之を許す。

公子様たちのうちで賢く親孝行な方と縁を結び、取り立てて跡継ぎとしご養子となさらないのですか。❾ご夫君のご存命中は(その妻として)尊重され、ご夫君の死後も、ご養子になさった方が王様になられれば、(その母として)ずっと勢力が失われることはないでしょう。❿これが、世に言う「ひとことで言える簡単なことで、万世にもわたる利益となるもの」です。⓫若く美しく、寵愛されている時に土台を固めておかねば、容色が衰え、愛情が薄れた後で、ほんのひとこと言いたいと思っても、できましょうか(、いや、できるはずがありません)。⓬今、子楚は賢く、自分でも、兄弟の中で中ほどの男子であって順序として跡継ぎとなることができず、その母も安国君にかわいがられていないということを知っていて、自分から夫人に心をよせています。⓭夫人が、この機会に子楚を抜擢して跡継ぎとなされば、生涯、秦の王家で大切にされましょう。」と。

⓮華陽夫人は、そのとおりだと思い、太子が暇な折に、ゆったりと落ち着いている様子で言うには、「子楚という名の、趙に人質となっている者は、たいへん賢明です。⓯出入りする者は皆ほめています。」と。⓰そして涙を流して言った、「わたくしは、幸いなことに後宮で仕えることができましたが、不幸にも男子がありません。⓱どうか、子楚を跡継ぎとし、わたくしの身を託させてください。」と。⓲安国君は、それ(＝子楚を跡継ぎとすること)を承諾した。

語句の解説

教707 123ページ

❷**而 復 以二五百金一** 「而」は、ここでは順接の接続語。「復」は「再び・もう一度」。子楚に活動資金として五百金を渡したうえ、さらに五百金を使って、の意。

❷**西 游レ秦** 既出「西游」と同じ。「游」は「行く」の意。

❷**見** 面会することを。貴人や目上の人物に対して、敬意を込

めて「まみユ」と訓読する。

❷**皆以二其物一** 購入した奇物玩好すべてを。

❸**偏** 「普」・「遍」と同じ「広く行き渡る」の意。

❹**楚也** 「楚」は、子楚。名前をあげて自分をへりくだって言う。「也」は、文中に置かれて、主格を提示・強調するはたらきをする。ここでは、「わたくしは」の意。

❻**使三其姉説二夫人一** 「其」は、華陽夫人。呂不韋は、直接ではなく、姉を通して華陽夫人を説得した。

＊使二AヲシテB一 AにBさせる。使役を表す。

❻**吾聞レ之** 以下の『以レ色…愛弛』という俗言を引用して、自分の主張の根拠とした。

教707 124ページ

❼**甚愛** 文脈から「愛セラル」と受身の送り仮名を補った形。今、夫人は安国君にたいへん愛されているが、の意。

❽**蚤** 「早」と同じ。［蚤寝晏起］蚤く寝ね晏く起く。

❽**挙立 以為レ適** 「適」は「嫡」と同じ。跡継ぎのこと。（公子の中で賢く親孝行な者を）取り立てて跡継ぎにする。

❽**子** ここでは、「（華陽夫人の）養子にする」の意。

❾**夫在 則尊重** 「夫」は、ここでは「おっと」と読み、主人の意。文脈から「尊重セラル」と受身の形で送り仮名を補った形。主人が存命中は（あなたも）尊重される。

1 「夫」とは、誰のことか。

答 安国君（＝太子）。

❾**終** ずっと。最後まで。

❿**所謂** 世に言う。世間で言われている。

❿**万世之利 也** 「万世之利」は、限りなく続く利益。ここでは、華陽夫人の地位に揺らぎがないことをいう。「也」は、断定。

⓫**繁華時** 若く美しく、寵愛されている時。

⓫**本** 土台。「樹レ本」で、土台を固めること。ここでは、安国君の男子のうちで、賢くて親孝行な者を跡継ぎに決めることを指す。

⓫**雖レ欲レ開二一語一** 「開二一語一」は「ひとこと言う」の意。

＊雖 たとえ…としても。仮定を表す。

⓫**尚可レ得乎** 「尚」は、反語の語気を強めるはたらき。ほんのひとこと言いたいと思ってもできましょうか（、いや、できるはずがありません）。

＊…乎 …か。疑問・反語を表す。反語を表す場合は「や」、疑問を表す場合には「か」と訓読されることが多い。

⓬**中男 也** 「中男」は、（二）奇貨居くべし、⓲文の「子 兄弟二十余人、子又居レ中」のこと。兄弟の中ほどの男子の意。次の、「不レ得レ為レ適」の理由となっている。「也」は、ここでは読まない。

⓬**其母** 子楚の母。安国君の側室である夏姫。

⓬**得レ幸** かわいがられる。寵愛を受ける。（二）奇貨居くべし、⓲文の「見レ幸」と同じ。

⓭**以為レ適** 「以二子楚一為レ適」を短縮した表現。子楚を跡継ぎ

とする。

⓭有レ寵（あランちょう）　庇護を受ける。大切にされる。

⓭秦（しん）　秦王朝。ここでは、秦の王室のこと。

⓮承二太子間一（うケたいしノかんヲ）　太子が暇な折に。「間」は「閑」と同意、くつろいだ時、暇な時。

2　**華陽夫人はなぜ「従容」としているのか。**

答　子楚を跡継ぎとすることを承諾して欲しいという心中の願いを隠すため。

⓰涕泣（ていきゅうシテ）　「涕」は「涙」と同意。涙を流して泣くこと。

教707 125ページ

⓱願（ねがハクハ）…　どうぞ…させてください。願望を表す表現。

⓱以（もっテ）　それによって。前文を受けて後の事柄へ続ける用法。

⓲安国君許レ之（あんこくくんゆるスこれヲ）　（華陽夫人の演技が効を奏して）安国君は、子楚を跡継ぎにすることを承諾した。

学習のポイント

1　**華陽夫人は、なぜ子楚を太子の後継者にすることを承知したのか。**

考え方　華陽夫人が承知したとは、⓮「華陽夫人以て然りと為し」（124・10）のこと。したがって、⓭文までが、呂不韋の話である。始まりは、❻「不韋因りて其の姉をして夫人に説かしめて曰はく」（123・9）から。❻文～⓭文から、華陽夫人の心をとらえたポイントをまとめるとよい。

解答例

・「今は愛されていても、年をとれば愛情は薄れるもの、さらに夫人には嫡子がおりません。だから、今のうちに賢くて夫人に心をよせる子楚を跡継ぎにすれば、太子亡き後も秦の王家で大切にされるでしょう。」という姉を介した呂不韋の言葉に納得したから。

・自分を慕う子楚が太子の後継者になれば、太子の愛情が薄れたあとも、自分の身が守れるという考えに納得したから。

2　**右の文中の使役表現を含む文章を抜き出して現代語訳してみよう。**

考え方　句法に取り上げられた使役表現（❻文（123・9））のほか、文脈による使役表現（❶文（123・3～4））も抜き出してみよう。

解答例

・「呂不韋乃以二五百金一与二子楚一、為二進用一、結二賓客一。」

（呂不韋乃ち五百金を以て子楚に与へ、進用と為し、賓客に結ばしむ。）

呂不韋は、そこで五百金を子楚に与え、日常の諸経費とさせ、食客と交際を結ばせた。

・「不韋因使三其姉説二夫人一曰、…。」

（不韋因りて其の姉をして夫人に説かしめて曰はく、…。）

不韋は、そして姉に夫人を説得させて言うには、…。

句法

書き下し文に直し、太字に注意して、句法のはたらきを書こう。

1 **使**三其姉説二夫人一曰、（　　）（　　）

2 **雖**レ欲レ開二一語一、（　　）（　　）

3 **尚**可レ得**乎**。（　　）（　　）

答
1 其の姉をして夫人に説かしめて曰はく、／使役
2 一語を開かんと欲すと雖も、／仮定
3 尚ほ得べけんや。／反語

(三) 太子の政　立ちて王と為る

教707 126〜128

【大意】 教707 126ページ4行〜128ページ3行

子楚は、呂不韋の寵愛する舞姫を気に入り、もらい受けた。その姫は、すでに呂不韋の子をひそかに宿し、やがて子の政（＝秦の始皇帝）が生まれた。戦乱が起こると人質だった子楚は趙を脱出して秦に帰国した。その後、子楚が王となり、呂不韋を丞相とした。三年後、荘襄王（＝子楚）は薨じ、太子の政が王位を継いだ。

【書き下し文】

❶呂不韋邯鄲の諸姫の絶好にして善く舞ふ者を取りて与に居り。❷身める有るを知る。❸子楚不韋に従ひて飲む。❹見て之を説び、因りて起ちて寿を為し之を請ふ。❺呂不韋怒る。❻念ふに、業已に家を破り子楚の為にするは、以て奇を釣らんと欲すればなりと。❼乃ち遂に其の姫を献ず。❽姫自ら身める有るを匿す。❾大期の時に至り、子の政を生む。❿子楚遂に姫を立てて夫人と為す。⓫秦の昭王の五十年、王齮をして邯鄲を囲ましむ。⓬急な

【現代語訳】

❶呂不韋は、邯鄲の女たちの中で、たいへん美しく舞いの上手な女性をひきとって共に暮らしていた。❷（呂不韋は、その女性が）懐妊したことに気づいた。❸子楚は、不韋と酒を飲んだ。❹（その女性を）見かけると気に入ったので、立ちあがって杯をすすめて相手の健康を祝福した上で、（女性をもらいたいと）頼んだ。❺呂不韋は怒った。❻（しかし）考えてみると、これまで全財産を使い果たして子楚のために働いてきたのは、めずらしくて価値ある品物を釣り上げたいからであった。❼そこでそのまますぐに女性を子楚に献上した。❽女性自身も懐妊していることを隠した。❾臨月となって、子の政を生んだ。❿子楚はそのまま女性を正夫人とした。⓫秦の昭王（＝昭襄王）の五十年、王齮に邯鄲を包囲させた。⓬事

り。⑬趙子楚を殺さんと欲す。⑭子楚呂不韋と謀り、金六百斤を行ひ、守者の吏に予へ、脱亡して秦の軍に赴くを得、遂に以て帰るを得たり。⑮趙子楚の妻子を殺さんと欲す。⑯子楚の夫人は趙の豪家の女なり。⑰匿るるを得。⑱故を以て母子竟に活くるを得たり。

⑲秦の昭王、五十六年に薨ず。⑳太子安国君立ちて王と為る。㉑華陽夫人を王后と為し、子楚を太子と為す。㉒趙も亦た子楚の夫人及び子の政を奉じて秦に帰す。

㉓秦王立ちて一年にして薨ず。㉔諡して孝文王と為す。㉕太子子楚代はりて立つ。㉖是れ荘襄王たり。㉗荘襄王、母とする所の華陽后を華陽太后と為し、真の母夏姫を、尊びて以て夏太后と為す。

㉘荘襄王の元年、呂不韋を以て丞相と為し、封じて文信侯と為し、河南の洛陽十万戸を食ましむ。㉙荘襄王即位三年にして薨ず。㉚太子の政立ちて王と為る。㉛呂不韋を尊びて相国と為し、号して仲父と称す。

（史記、呂不韋列伝）

語句の解説

教707 126ページ

①邯鄲　趙の都。呂不韋は商人で、この地で商売をしていた。

④説レ之　気に入る。喜ぶ。「説」は「悦」に通じる。

態が緊迫していた。⑬趙は、人質の子楚を殺そうとした。⑭子楚は、呂不韋と相談し、金六百斤を賄賂として用いて、監視の役人に与え、脱出して秦の陣営まで逃げることができ、そのまま秦に（向かい）帰国することができた。⑮趙は、子楚の妻子を殺そうとした。⑯子楚の夫人は呂不韋の援助によって、有数の富豪の娘ということになっていた。⑰（そのため、追手から）身を隠すことができた。⑱（そのため）結局、母子ともに生き延びることができた。

⑲秦の昭王は、五十六年（前二五一）に死去した。⑳太子の安国君が即位して秦王となった。㉑華陽夫人を皇后とし、子楚を太子とした。㉒趙の側では（それに対応して）子楚の夫人と子の政を丁重に秦に帰国させた。

㉓秦王（安国君）は、即位して一年で死去した。㉔亡き王に諡して孝文王と名づけた。㉕太子の子楚が代わって即位した。㉖これが荘襄王（と死後に諡された王）である。㉗荘襄王は、母として仕えた華陽后を華陽太后とし、実の母の夏姫を尊夏太后とした。

㉘荘襄王の元年（前二四九）、呂不韋を宰相とし、領地を与えて諸侯とし、河南の洛陽十万戸を領地とした。㉙荘襄王は、即位三年で死去した。㉚太子の政が即位して王となった。㉛呂不韋を尊重して宰相とし、「おじ上」と尊んで呼んだ。

④起　立ち上がる。［起立］

1　「請レ之」とあるが、何を請うたのか。

呂不韋の愛人の舞姫。

❻念　「思いめぐらすと・考えると・心の中に言い含む」の意。

❻業已　「業」は、「已」と同意。すでに起きたことを表す。二文字で「すでニ」と一語で訓読する。

❻欲以釣奇　子楚を秦王にし、自分が宰相の地位につくという呂不韋の野望を表す。

❼乃遂　「乃」は、そこでそのまま。「遂」は、そのまますぐに。前の動作や行為が引き続き展開していくことを表す。

⓫秦昭王五十年　前二五七年。政は、数え年で三歳。

⓫使王齮囲邯鄲　秦の昭王は、王齮将軍を使って趙の都である邯鄲を包囲させたということ。

＊使A B　AにBさせる。使役の形。

⓭趙欲殺子楚　「欲」は、ここでは「…しようとする」の意。子楚は、秦王室の人質として趙にとらわれている。

教707 127ページ

⓮行金六百斤　「行」は、賄賂として用いる。六〇〇斤は、約一五六キログラム。仮に金一グラムを五〇〇〇円とすると、七億八千万円に相当する。

⓮予　品物をあたえ。「与」と同意。

⓮脱亡　脱出して逃げて。「亡」は、「逃」と同意。［逃亡］

⓮遂以得帰　（最寄りの秦の陣営まで逃げた後、そこから）そのまま帰国することができた。

⓰子楚夫人趙豪家女　子楚の夫人は、呂不韋の舞姫であった女性。呂不韋の援助によって、「豪家（＝富豪）」の娘ということになっていた。

⓲竟　結局。ついに。とうとう。［畢竟］

㉒亦　同様に。同時に。

㉒奉子楚夫人及子政帰秦　子楚が趙から秦へ脱出したとき、夫人と子どもは趙に隠れていた。六年後、子楚が秦の太子となったので、趙は、その夫人と息子の政を丁重に秦に帰国させた。

㉖是為荘襄王　「是為…」は、これが…である。「荘襄王」は、子楚の謚。

㉗以為夏太后　「以夏姫為夏太后」を短縮した表現。子楚の母夏姫は、安国君の側室であるが、華陽夫人ほど寵愛を受けることがなかった。

㉘以呂不韋為丞相　呂不韋は、当初の思惑通り、子楚という奇貨を得て、一介の商人から、官位が丞相、爵位が文信侯となり、洛陽十万戸の領地を持つにいたった。

学習のポイント

◆**子楚が秦王となるまでの経緯をまとめてみよう。**

考え方　【大意】を参照して、段落ごとの構成からまとめる。あるいは「年表」の形で作成してもよい。

解答例 子楚は、呂不韋が寵愛していた舞姫が気に入り、もらい受けた。女性は、すでに懐妊していたことを秘し、子の政が生まれて子楚の正夫人となった。その後、秦が趙を攻め、子楚は脱出して秦に帰国した。まもなく昭王が薨じ、太子の安国君が秦王となり、子楚は太子となった。孝文王（＝安国君）は即位一年で薨じ、子楚が即位し、呂不韋を丞相とした。

「年表」の形

・昭王五〇年（前二五七）秦の将軍王齮が邯鄲を囲む。子楚は帰国。
・昭王五六年（前二五一）昭王が死去。孝文王（＝安国君）が即位。子楚は太子となる。
・孝文王元年（前二五〇）孝文王が即位一年で死去。荘襄王（＝子楚）が即位した。

句法

◇書き下し文に直し、太字に注意して、句法のはたらきを書こう。

（ **使**ム三王齮ヲシテ囲マ二邯鄲ヲ一。 ）（ ）

答 王齮をして邯鄲を囲ましむ。／使役

荊軻

司馬遷〔史記、刺客列伝〕 教707 129〜130

(一) 丹 怨みて亡げ帰る

※本教材は教708では学習しません。

【大意】 教707 129ページ8行〜130ページ5行

燕の太子丹と秦王政は、かつて趙で同じ人質として仲がよかった。政は即位して秦王となり、丹は秦へ人質として送られた。政は丹を冷遇したので丹はそれを怨んだ。帰国後、丹は秦王に復讐しようとするが、秦は勢力を拡大し、燕に攻め込もうとしていた。

【書き下し文】

❶太子丹は、故嘗て趙に質たり。❷而して秦王政は趙に生まれ、其の少き時丹と驩す。❸政の立ちて秦王と為るに及びて、丹秦に質たり。❹秦王の燕の太子丹を遇すること善からず。❺故に丹怨みて亡げ帰る。❻帰りて為に秦王に報ゆる者を

【現代語訳】

❶（燕の）太子丹は、昔、趙に人質となっていた。❷そして、秦王政は趙で生まれ、幼い頃丹と仲良くした。❸政が即位して秦王となると、丹は秦に人質となった。❹燕の太子丹に対する秦王の待遇は、よいものではなかった。❺そのため、丹は、（冷遇を）怨んで国に逃げ帰った。❻国に帰ると、自分のために秦王に復讐してくれる者を

を求むれども、国小にして、力能はず。❼其の後、秦日に兵を山東に出だし、以て斉・楚・三晋を伐ち、稍く諸侯を蚕食し、且に燕に至らんとす。

探したが、国力も小さく、力が弱くてできなかった。❼その後、秦は、日々兵を山東地方に派遣して、斉・楚・三晋を攻撃し、次第に蚕が桑の葉を食うように、他国を侵略し、いまにも燕に攻め至ろうとしていた。

語句の解説

教707 129ページ

❶太子丹 (?―前二二六) 燕王喜の太子。

❶者 助詞「は」に相当し、名詞のあとに置かれて、主格を提示したり語勢を強めたりする。

❶故 ①「もと」と読み、昔、以前。

教707 130ページ

❷与レ丹 「与レA」で、「Aと」の意。

❸政立為二秦王一 秦王政の元年は、前二四六年。政は一四歳。

❹秦王之遇二燕太子丹一 「秦王之」の「之」は主格。「秦王が燕の太子丹を処遇すること」の意。この部分全体が「不レ善カラ」の主語となっている。

❺亡帰 逃げ帰る。「亡」は「逃」と同意。

❻為レA 名詞(A)の前に置かれて「Aのために」。ここでは、Aに相当するものは自分。「自分のために」となる。

❻力不レ能 力が弱くてできない。「能」は動詞。肯定では「能クス」(よクス)、否定では「不レ能ハ」(あたハず)となる。

❼日 日々。日ごと。毎日。

1 **この当時の国々の位置関係を、116ページの地図で確認してみよう。**

答 「戦国の七雄(秦・魏・韓・趙・楚・燕・斉)」を確認し、特に「秦・趙・燕」の三国、易水の位置に着目する。

①燕は、七雄の北端に位置する。②趙は、燕・秦の中間に位置する(趙が滅びると、次に向かう先は燕になる)。③秦と燕は最も遠く、国境を接していない。

学習のポイント

太子丹が怨みを抱いた理由を説明してみよう。

考え方 直接的な原因は、❹文、秦王の政が丹を冷遇したこと。では、どうして怨みを抱くまでになったのか。文章をたどって、秦での出会い、趙での再会、それぞれについて、二人の立場や関係についてまとめてみよう。

場所	丹(燕の人)	政(秦の人)	関係
趙	人質	人質の子	仲が良かった。
秦	人質	秦王	政は丹を冷遇した。

解答例 かつて趙では、政と丹は人質仲間として仲が良かったにも

かかわらず、人質として送られた秦で、秦王政が丹を冷遇したから。―

(二) 風蕭蕭として易水寒し

※本教材は教708では(一)です。

【大意】 1 教707 131ページ8行～132ページ7行 教708 306ページ1～11行

太子丹は鋭利な短刀を手に入れ、刀身に毒薬を塗って焼きを入れさせ、秦に荊軻を遣わそうとした。太子は秦王の暗殺のため、秦舞陽という勇士に荊軻の補佐役を命じたが、荊軻は遠方からの待ち人の到着を待っていた。太子は出発の遅い荊軻の心変わりを疑い、先に秦舞陽を秦に遣わしたいと言った。荊軻は怒ったが、しかたなく出発した。

【書き下し文】

❶是に於いて太子予め天下の利匕首を求め、趙人徐夫人の匕首を得、之を百金に取る。❷工をして薬を以て之を焠がしめ、以て人に試みるに、血濡縷して、人立ちどころに死せざる者無し。❸乃ち装して為に荊卿に遣はす。❹燕国に勇士秦舞陽有り、年十三にして人を殺し、人敢へて忤視せず。❺乃ち秦舞陽をして副と為さしむ。❻荊軻待つ所有り、与に倶にせんと欲す。❼其の人遠きに居り未だ来たらざるに、行を治むるを為す。❽之を頃くして、未だ発せず。❾太子之を遅しとし、其の改悔を疑ふ。❿乃ち復た請ひて曰はく、「日已に尽く。⓫荊卿豈に意有りや。⓬丹請ふ先に秦舞陽を遣はすを得ん。」と。⓭荊軻怒り、太子を叱して曰はく、「何ぞ太子の遣はすや。⓮往きて返らざる者は、豎子なり。⓯且つ一匕首を

【現代語訳】

❶そこで太子は前もって天下の鋭い短刀を探し求め、趙国の人である徐夫人の(製作した)短刀を得て、これ(＝短刀)を百金で手に入れた。❷職人に命じて刀身に毒薬を塗って、焼きを入れさせ、人に試してみると、わずかに血が糸筋のようににじむと、誰ひとりたちまち死なない者はなかった。❸(太子丹は)そこで(荊卿＝荊軻の)ために短刀の外装を整えて荊卿を(刺客として)遣わそうとした。❹燕国に秦舞陽という勇士がおり、十三歳で人を殺し、誰も(秦舞陽を)決してまともに見返さなかった。❺そこで(太子丹は)秦舞陽に命じて(荊軻の)補佐役とさせた。❻荊軻には待つ人がいて、同行したいと思っていた。❼その人は遠方に住んでいてまだ到着していなかったが、(荊軻は)旅支度をした。❽しばらくたっても、(荊軻は)まだ出発しなかった。❾太子はこれ(＝荊軻の出発)を遅いと思い、彼が心変わりしたのではないかと疑った。❿そこで再び(荊軻に)求めて、「もう日がありません。⓫荊卿には何かお考えがおありか。⓬私は、まず秦舞陽を(秦に)遣わせればと思うのですが。」と言った。⓭荊軻は怒り、太子を叱りつけて、「どうして太子が(秦舞陽を)お遣わ

提げて、不測の彊秦に入るに、僕の留まる所以の者は、吾が客を待ちて与に倶にせんとすればなり。⑯今太子之を遅しとす。⑰請ふ辞決せん。」と。⑱遂に発す。

しになるのですか。⑭行ったきりで戻ってこないような者は、小僧です。⑮しかも短刀一つをひっさげて、計り知れないほど恐ろしく、手ごわい秦国に入るので、私が(ここに)留まっている理由は、私の客人を待って同行しようと思っているからです。⑯(しかし)今太子はこれ(＝出発)を遅いとされる。⑰(ではしかたない、出発しましょう。)どうかお別れを告げさせてください。」と言った。⑱(荊軻は)とうとう出発した。

語句の解説 1

教707 131ページ　教708 306ページ

❶**於レ是**　そこで。

❶**予**　前もって。

❶**求二天下之利匕首一**　天下の鋭利な短刀を探し求めて。「利」は、ここでは「鋭い・鋭利な」の意。

❶**取二之百金一**　これ(＝短刀)を百金で手に入れた。「百金」は、黄金百斤のこと。当時の一斤は約二百五十六グラム。

❷**使二工以レ薬焠一レ之**　職人に命じて刀身に毒薬を塗って、焼きを入れさせ。「焠」は「焼いた刀剣の刃を水に入れる・焼き入れをする」の意。

＊使二[A][B]一　「[A]に(命じて)[B]させる」という使役の意味を表す。

❷**人無下不二立死一者上**　誰ひとりたちまち死なない者はなかった。「立」は「即座に・たちまち」の意。

＊無レ不二…一(…ざルなシ)　「…しないこと(もの)はない」と訳し、二重否定の形で強い肯定の意を表す。

❸**装為遣二荊卿一**　(荊卿の)ために短刀の外装を整えて荊卿を(刺客として)遣わそうとした。

❹**人不二敢忤視一**　誰も(秦舞陽を)決してまともに見返さなかった。

＊不二敢…一　「決して…しない・どうしても…できない」などと訳し、強い否定の意を表す。反語表現の「敢不二…一(どうして…しないことがあろうか、の意)」との違いに注意。

教707 132ページ

❺**令二秦舞陽為一レ副**　秦舞陽に命じて(荊軻の)補佐役とさせた。「副」は、ここでは「補佐役・副え役」の意。

＊令二[A][B]一　使役の構文で、「[A]に(命じて)[B]させる」の意。

❻**欲二与倶一**　一緒に行きたいと思っていた。同行したいと思っていた。「与」は「ともに・一緒に」、「倶」は「一緒に行く・伴う」の意。

❼**未レ来**　まだ到着していなかったが。「未」は再読文字。

❽**頃レ之**　しばらくたっても。「頃」には「短い時間・しばらく」

の意味がある。

❾疑二其改悔一 彼が心変わりしたのではないかと疑った。「改悔」は、本来は「過ちを認めて直す」の意だが、ここでは「心変わりする」の意。

❿日已尽矣 もう日がありません。「矣」は置き字で、ここでは断定を表す。

⓫豈有レ意哉 何かお考えがおありか。

＊豈…哉 …か。疑問の意を表す。「豈…哉(乎)」は、「あニ…ンや」と読んで、どうして…だろうか、いや、…ではない、という反語の意を表すことも多いが、ここでは疑問の用法なので注意。

⓬丹請得三先遣二秦舞陽一 私は、まず秦舞陽を(秦に)遣わせればと思うのですが。「丹」は、ここでは、自称。「請」は、相手に許可を求めるときの敬意を含んだ表現。「得」は、可能や許容の意味を表し、「…できる・…してもよい」などと訳す。

⓭何太子之遣 どうして太子が(秦舞陽を)お遣わしになるのですか。

＊何…ゾヤ 「何ゾ…ヤ」と読み、どうして…か、と理由を問う疑問の形。反語の場合は、「何ゾ…ンヤ」と読むので注意。

⓮往而不レ返者 行ったきりで戻ってこないような者。秦舞陽は命知らずの殺し屋かもしれないが、思慮が足りない、と言っているのである。

⓯僕 自分をへりくだって言う言葉。ここでは、荊軻を指す。

⓯所以留者 留まっている理由は。

1 **「荊卿豈有レ意哉」には、太子のどのような気持ちが込められているか。**

答 早く出発してほしいという気持ち。

【大意】 2 教707 132ページ8行〜133ページ4行 教708 307ページ1〜8行

秦王暗殺計画の事情を知る太子や客人は、白装束で易水のほとりまで荊軻を見送った。見送りの宴で高漸離は筑を鳴らし、荊軻は悲壮な調子の歌を歌った。人々はみな涙を流して泣いた。荊軻は車に乗って旅立ち、最後までもう振り返らなかった。

【書き下し文】

❶太子及び賓客の其の事を知る者、皆白衣冠して以て之を送る。❷易水の上に至り、既に祖して道を取る。❸高漸離筑を撃ち、荊軻和して歌ひ、変徴の声を為す。❹士皆涙を垂れて涕泣す。❺又前みて歌を為りて曰はく、

【現代語訳】

❶太子や(太子の)客人でその事情(＝秦王の暗殺計画)を知っている者は、みな白装束を着てこれ(＝荊軻)を見送った。❷易水のほとりに着いて間もなく(旅の安全を祈って)別れの宴を終えて、(荊軻は)出発した。❸高漸離は筑を鳴らし、荊軻は(その音に)あわせて歌い、(悲壮な調べである)変徴の調子をなした。❹(見送る)人々はみな涙を流して泣いた。❺さらに(荊軻は)前に進み出て歌を作り、

風蕭蕭として易水寒し
　壮士一たび去りて復た還らず
と。
❻復た羽声を為して忼慨す。❼士皆目を瞋らし、髪尽く上がりて冠を指す。❽是に於いて荊軻車に就きて去り、終に已に顧みず。

風はもの寂しげに(ひゅうひゅうと)吹いて易水は寒々と流れ
　壮士はひとたび(この地を)去れば再び戻ることはない
と言った。
❻(荊軻は)再び(激した調べである)羽声の調子で(歌い)、心を高ぶらせた。❼(見送る)人々はみな目を見開き、頭髪はことごとく持ち上がって冠を立たせ(んばかりだっ)た。❽そして荊軻は車に乗って旅立ち、最後までもう振り返らなかった。

語句の解説 2

教707 132ページ　教708 307ページ

❶**太子及賓客**　太子や客人。「賓客」は「大切な客人・食客」の意。

❶**其事**　その事情。秦王の暗殺計画のこと。

2 「白衣冠」して荊軻を送ったのはなぜか。

答　秦王を暗殺するという使命は困難を極め、荊軻はまず生きては帰れないことを、暗殺計画を知る者はみなわかっており、荊軻に今生の別れを告げるため。

❷**既**　ここでは「間もなく・すぐに」の意。

❹**士皆**　(見送る)人々はみな。「士」は「人」の美称。

❹**垂涙涕泣**　涙を流して泣いた。

❺**兮**　韻文中などで語調を整える置き字。

❺**壮士**　「勇ましく元気な男」のこと。

❺**不復還**　再び戻ることはない。

＊不復…　「二度とは…ない」の意で、部分否定を表す。風や川の流れが戻ることはないように、自分もまたこの地に戻ることはない、と歌っている。

❼**髪尽上指冠**　頭髪はことごとく持ち上がって冠を立たせ(んばかりだっ)た。

❽**就車**　車に乗って。

❽**終**　最後まで。

❽**已不顧**　もう振り返らなかった。「顧」は、ここでは「後ろを振り返る」の意。

＊已　ここでは「もう…・もはや…」などと訳し、完了の意を表す。

学習のポイント

荊軻の歌には、どのような心情が込められているか。

解答例 壮士は荊軻自身。ひとたび去って二度とは帰らないという言葉には、始皇帝の暗殺という重大かつ困難な任務に向かう決意と、生きては帰れないことに対する悲壮な心情が込められている。

句法 書き下し文に直し、太字に注意して、句法のはたらきを書こう。

1 **使**工以薬焠之。（　　）（　　）

2 人**無不**立死者。（　　）（　　）

3 乃**令**秦舞陽為副。（　　）（　　）

4 荊卿**豈**有意**哉**。（　　）（　　）

5 **何**太子之遣。（　　）（　　）

答
1 工をして薬を以て之を焠がしめ、／使役
2 人立ちどころに死せざる者無し。／二重否定
3 乃ち秦舞陽をして副と為さしむ。／使役
4 荊卿豈に意有りや。／疑問
5 何ぞ太子の遣はすや。／疑問

三 図窮まりて匕首見る

※本教材は教708では二です。

【大意】 1 教707 134ページ3行～135ページ11行 教708 308ページ3行～309ページ11行

荊軻と秦舞陽は樊於期の首と督亢の地図を持ち、秦王に拝謁した。秦王が地図をひろげ終わると短刀が現れ、すかさず荊軻は秦王の袖を刺したが、体には届かず、秦王は自身の剣が抜けないままに逃げた。

【書き下し文】

❶荊軻樊於期の頭函を奉じ、秦舞陽地図の匣を奉じ、次を以て進む。❷陛に至り、秦舞陽色変じ振恐す。❸群臣之を怪しむ。❹荊軻顧みて舞陽を笑ひ、前み謝して曰はく、「北蕃蛮夷の鄙人、未だ嘗て天子に見えず。❺故に振慴す。❻願はく

【現代語訳】

❶荊軻は樊於期の首を入れた箱を捧げ持ち、秦舞陽は地図の箱を捧げ持って、（二人は）正・副の順序に従って進み出た。❷玉座の前の階段のところまで来ると、秦舞陽の顔色が変わり、震え上がって恐れてしまった。❸群臣はこれ（＝秦舞陽）を怪しんだ。❹荊軻は振り返って舞陽（＝秦舞陽）を笑い、前に進み出て謝って、「（この者は）北方未開の地の野人でして、いまだかつて天子に拝謁したこと

は大王少く之を仮借し、使ひを前に畢ふるを得しめよ。」と。❼秦王軻に謂ひて曰はく、「舞陽の持する所の地図を取れ。」と。❽軻既に図を取りて之を奏す。❾秦王図を発く。❿図窮まりて匕首見る。⓫因りて左手に秦王の袖を把り、右手に匕首を持ちて之を揕す。⓬未だ身に至らず。⓭秦王驚き、自ら引きて起つ。⓮袖絶ゆ。⓯剣を抜くに、剣長く、其の室を操る。⓰時に惶急し、剣堅し。⓱故に立ちどころに抜くべからず。⓲荊軻秦王を逐ふ。⓳秦王柱を環りて走る。⓴群臣皆愕き、卒かに起こること意はざれば、尽く其の度を失ふ。㉑而して秦の法、群臣の殿上に侍する者、尺寸の兵を持するを得ず。㉒諸郎中兵を執りて皆殿下に陳し、詔召有るに非ざれば、上るを得ず。㉓急なる時に方たり、下の兵を召すに及ばず。㉔故を以て荊軻乃ち秦王を逐ふ。㉕而れども卒かに惶急して、以て軻を撃つ無くして、手を以て共に之を搏つ。㉖是の時侍医夏無且、其の奉ずる所の薬嚢を以て荊軻に提つ。

がありません。❺それゆえ震え恐れているのです。❻どうぞ大王様、少々これ(＝秦舞陽)を見逃していただき、(大王様の)御前で使者の役目を果たさせてください。」と言った。❼秦王は荊軻に告げて、「舞陽の持っている地図を取れ。」と言った。❽荊軻は地図を(箱から)取ってからこれ(＝地図)を(秦王に)献上した。❾秦王は地図を開いた。❿地図をひろげ終わると短刀が現れた。⓫そこで(荊軻は)左手で秦王の袖をとらえ、右手で短刀を持ち、これを刺した。⓬(短刀の刃は)まだ(秦王の)体には届かない。⓭秦王は驚き、自ら身を引いて立ち上がった。⓮(すると)袖がちぎれた。⓯(秦王は)剣を抜こうとしたが、剣が長く、(そこで秦王は)その剣のさやを握った。⓰突然のことであわてて、剣は(すべりが悪く)堅い。⓱それで(鞘から)すぐに抜くことができなかった。⓲荊軻は秦王を追いかけた。⓳秦王は柱の周りを回って逃げた。⓴群臣はみな驚き、突然そのような事の起こることが思いがけなかったので、(群臣たちは)全員があわてて取り乱した。㉑そのうえ秦の法では、群臣で宮殿に控える者は、ごく小さな武器さえも持つことができない。㉒もろもろの護衛の役人たちが武器を手にとり、みな宮殿の下に並んでいたが、王の命令で呼び寄せられなかったので、(宮殿に)上ることができなかった。㉓まさに緊急時で、(宮殿の)下にいる兵を呼び寄せる間もなかった。㉔こういうわけで、荊軻は秦王を追いかけた。㉕しかし(群臣たちは)突然のことであわてて、荊軻を討つ手段もなく、みな素手でこれ(＝荊軻)をたたいた。㉖この時、(秦王の)侍医の夏無且が、その捧げ持っていた薬を入れた袋を荊軻に投げつけた。

語句の解説 1

教707 134ページ　教708 308ページ

❶奉（ほうジ）　捧げ持ち。

1　地図を献上することには、どのような意味があるか。

答　領土の一部を譲り渡すことを意味する。

❷色変（いろへんジ）　顔色が変わり。

2　「色変振恐（ジス）」とあるが、それはなぜか。

答　秦舞陽は、秦王暗殺という大事を前に恐怖心が抑えられなくなったから。

❹顧笑二舞陽一（かえりミテわらヒぶようヲ）　振り返って舞陽を笑い。荊軻は、舞陽の震えている様子から暗殺計画が露見することを恐れ、とっさにとりつくろうとしているのである。

❹前謝（すすミしゃシテ）　前に進み出て謝って。

❹未三嘗見二天子一（いまだかつテまみエずてんしニ）　いまだかつて天子に拝謁したことがありません。「天子」は「天命を受けて天下を治める者・君主」の意。

❻願大王（ねがハクハだいおう）　どうぞ大王様、…してください。

❻使レ得レ畢二使於前一（しメヨえおフルヲつかヒヲまえニ）　（大王様の）御前で使者（の役目）を果たさせてください。「畢」は「終える・果たす」の意。

＊最初の「使」は、使役を表す助動詞、あとの「使」は「使者」の意。

❽既取レ図奏レ之（すでニとリテずヲそうスこれヲ）　地図を（箱から）取ってからこれ（＝地図）を（秦王に）献上した。「既」は、ここでは「…してから」の意。「図」は、ここでは「地図」のこと。「奏」は「（君主に）差し上げる・献上する」の意。

❾発レ図（ひらクずヲ）　地図を開く。「発」は、ここでは「開く」の意。

⓫左手把二秦王之袖一（さしゅニとリしんおうのそでヲ）　左手で秦王の袖をとらえ。

⓫揕（さス）　刀などで刺す。

⓬未レ至レ身（いまダいたラずみニ）　（短刀の刃は）まだ（秦王の）体には届かない。短刀の刀身には毒薬がしみこませてあったので、急所でなくても、体のどこかに達していれば秦王は絶命するはずだった。

教707 135ページ　教708 309ページ

⓭自引而起（みずかラひキテたツ）　自ら身を引いて立ち上がった。秦王は、不意に襲われ、玉座から立ち上がったのである。

⓮袖絶（そでたユ）　袖がちぎれた。これで秦王は逃げやすくなった。

⓰剣堅（けんかたシ）　剣は（すべりが悪く）堅い。

⓱不レ可二立抜一（ずべカラたチドコロニぬク）　すぐに抜くことができなかった。

⓲逐（おフ）　ここでは「追いかける」の意。もともとは、狩りの獲物のあとを追う、という意。

⓳環レ柱而走（めぐリテはしらヲはしル）　柱の周りを回って逃げた。「環」は「回転する・めぐる」の意だが、ここでは、柱を中心に回ることを言っている。

⓴愕（おどろキ）　（意外なことに）驚き。

㉑而（しかシテ）　そのうえ。しかも。

㉑侍二殿上一者（じスルでんじょうニもの）　宮殿に控える者は。「侍」は「目上の人のそばにつき従う・控える」の意。「殿上」は「宮殿の中」の意。

㉒執レ兵　武器を手にとったが。ここでは、「執」は「手にとる・握る」。「兵」は「武器」の意。

㉒陳二殿下一　宮殿の下に並んでいて。「殿下」は「宮殿の下・宮殿の階段の下」の意。

㉒不レ得レ上　（宮殿に）上ることができなかった。

㉓方二急時一　まさに緊急時で。「方」は「まさに（ちょうど）…するときに・…にあたって」などと訳す。

㉓不レ及レ召二下兵一　（宮殿の）下にいる兵を呼び寄せる間もなかった。「及」は「到達する・追いつく・間に合う」などの意。

㉔以レ故　こういうわけで。このような理由で。

㉕無二以撃一レ軻　荊軻を討つ手段もなく。「以」は、ここでは、手段・方法を表している。

㉕以レ手共搏レ之　みな素手でこれ（＝荊軻）をたたいた。この文の主語は「群臣」。「搏」は、ここでは「たたく」の意。

㉖侍医　天子や諸侯のかかりつけの医者のこと。

㉖提　投げつける。

【大　意】　2　教707 136ページ1～8行　教708 310ページ1～8行

秦王は剣を背負ってようやく抜いて、荊軻を斬った。荊軻は足がきかなくなり、「計画が失敗したのは、王を暗殺せず領地を返還させる約束をとりつけようと思ったゆえだ。」と、自らを嘲笑した。

【書き下し文】

❶秦王方に柱を環りて走る。❷卒かに惶急して、為す所を知らず。❸左右乃ち曰はく、「王剣を負へ。」と。❹剣を負ひ、遂に抜きて以て荊軻を撃ち、其の左股を断つ。❺荊軻廃す。❻乃ち其の匕首を引きて以て秦王に擿つ。❼中たらずして、銅柱に中たる。❽秦王復た軻を撃つ。❾軻八創を被る。❿軻自ら事の就らざるを知り、柱に倚りて笑ひ、箕踞して以て罵りて曰はく、「事の成らざる所以の者は、生きながら之を劫かし、必ず約契を得て、以て太子に報ぜんと欲するを以てなり。」と。⓫是に於いて左右既に前みて軻を殺す。⓬秦王怡ばざる

【現代語訳】

❶秦王はちょうど柱の周りを回って逃げていた。❷（秦王は）突然のことであわてて、どうすればいいかわからない。❸（秦王の）側近はそこで、「王様、剣を背負いなさいませ。」と言った。❹（秦王は）剣を背負い、やっと剣を抜いて荊軻を攻撃し、その左の股を斬った。❺荊軻は足がきかなくなった。❻そこで（荊軻は）その（＝荊軻の）短刀を引き寄せて、秦王に投げつけた。❼（秦王には）当たらず、（短刀は）銅柱に当たった。❽秦王は再び荊軻を攻撃した。❾荊軻は八つの傷を負った。❿荊軻は自身で事（＝秦王の暗殺計画）が成就しないことを悟り、柱に寄りかかって笑い、両足を投げ出して座り、罵って、「事（＝秦王の暗殺）が成就しなかった理由は、（秦王を）暗殺せずに脅迫して、必ず秦が侵略した諸侯の領地を返還させる約束をとりつけて、太子に報告しようなどと思っていたからであ

者良久し。（史記、刺客列伝）

語句の解説 2

教707 136ページ 教708 310ページ

❶方 ちょうど。…しようとしている。

❷不レ知レ所レ為 どうすればいいかわからない。

❸左右 側近。

❸負レ剣 剣を背負いなさいませ。秦王の剣は長く、しかもすべりが悪くて抜けないので、剣を背負って肩越しに刀の柄を握って抜けばどうか、と側近が助言したのである。

❻引二其匕首一 （荊軻は）その（＝荊軻の）短刀を引き寄せて。

❻擿二秦王一 秦王に投げつけた。「擿」は「投げつける」の意。

❼不レ中 当たらない。命中しない。

❾被二八創一 八つの傷を負う。「八」は、数が多いことのたとえと解釈する説もある。「創」は「傷・切り傷」の意。

❿自知二事不一レ就 自身で事（＝秦王の暗殺計画）が成就しないことを悟り。「就」は、ここでは「成就する・成功する」の意。

❿倚レ柱 柱に寄りかかって。「倚」は「寄りかかる」の意。

❿事所二以不一レ成者 事（＝秦王の暗殺）が成就しなかった理由。「所以」は「理由・原因」の意。

❿報 報告しよう。

⓫於レ是 ここに至って。そこで。

⓬不レ怡者良久 かなり長い間機嫌が悪かった。「怡」は「楽しむ・和む」の意。「良」は「非常に・はなはだ」の意。

る。」と言った。⓫ここに至り、側近は前に進み出て荊軻を殺した。⓬秦王はかなり長い間機嫌が悪かった。

3 荊軻はどのような心情で笑ったのか。

答 多くの傷を受けてみじめに負けたことへの自嘲でもあり、暗殺計画の失敗を悟った諦めの気持ち。また、死を恐れずに受け入れる気持ち。

4 「秦王不レ怡」とあるが、それはなぜか。

答 宮殿の中に刺客を入れることを許したうえ、家臣の前で無様に逃げ回り、王の窮地において、侍医の夏無且以外は誰も機転を利かせず王を助けられなかったから。

学習のポイント

1 荊軻は秦王の暗殺に失敗した理由を、どのように言っているか。また、それはなぜか。

解答例 もともと秦王を生きたまま捕らえて脅迫して約束をとりつけようと思っていたから、と言っているが、実際は失敗を認めたくなかったから。

2 「呂不韋」（707のみ）「荊軻」に登場する次の人物の人柄についてまとめてみよう。

①呂不韋（707のみ）　②(1)荊軻　③(2)太子丹

解答例　①呂不韋　商才に長け、弁舌も巧みで、決断力もある人物。

②(1)荊軻　太子丹の依頼に応えるために死地に赴く義侠心をもつ。秦王暗殺に対して不安を抱え、死を覚悟しながらも、敢然と進む性格。

③(2)太子丹　仲の良かったはずの政が王となり、その人質になった太子丹は、政が趙にいた頃のように接してくれると考えていたが、厚遇はしてくれず、そのことを恨み、復讐しようと画策している成熟していない人物。

4 文章

ここに収められているのは、「古文」と「駢儷文」と呼ばれる作品であり、「古文」は論旨の明快さを尊ぶ散文であり、「駢儷文」は、修辞的技巧が特徴の文体である。この二編の作は人生に対する深い洞察が読み取れ、古くからわが国でも親しまれてきたものである。

作者

韓愈 中唐の政治家、詩人、文章家。字は退之。論旨の明快を貴ぶ古文の復興を提唱し、唐宋八大家の一人に数えられる。詩文集に『韓昌黎集』がある。二五歳で進士に及第。刑部侍郎（法務次官）、国子祭酒（国立大学長）、兵部侍郎（軍事次官）を経て、吏部侍郎（文官の選任・勲階・懲戒などをつかさどる役所の次官）を歴任した。

李白 本書2漢詩——近体詩を参考。

出典

『唐宋八家文読本』 清の沈徳潜の編。唐代の韓愈、柳宗元、宋代の欧陽脩、蘇洵、蘇軾、蘇轍、曽鞏、王安石の八大家の名文を集めた書物。日本に伝来し、昌平坂学問所でもテキストとして扱われ普及した。『漢文大系』や『国訳漢文大成』に収められた。

『古文真宝後集』 前集後集各一〇巻。宋末から元初の黄堅の編とされる戦国時代から宋代までの名文を集めた書物。中国よりも日本で読まれ、室町時代から広く流布し、江戸時代にも多くの注釈書が作られ、漢文読本として重視された。

師説 韓愈〔唐宋八家文読本〕

教707 138～141 教708 312～315

【大意】 1 教707 138ページ1～7行 教708 312ページ1～7行

昔から学ぶ者には必ず師がいた。私にとって師とは道である。それゆえ、道の存在するところが師の存在するところである。

【書き下し文】

❶古の学ぶ者は、必ず師有り。❷師は道を伝へ業を受け惑ひを解く所以なり。❸人は生まれながらにして之を知る者に非ず。❹孰か能く惑ひ無からん。❺惑ひて師に従はずんば、

【現代語訳】

❶昔の学ぶ者には、必ず師がいた。❷師は道（＝人としてふみ行うべきこと）を伝え、学業を授け、惑いを解くためのものである。❸人は生まれながらにしてものごとをわきまえているわけではない。❹誰が惑いをなくすことができようか（、いや、誰も惑いをなくす

其の惑ひたるや、終に解けざらん。❻吾が前に生まれて、其の道を聞くや、固より吾より先ならば、吾従ひて之を師とせん。❼吾が後に生まれて、其の道を聞くや、亦た吾より先ならば、吾従ひて之を師とせん。❽吾は道を師とするなり。❾夫れ庸ぞ其の年の吾より先後生なるを知らんや。❿是の故に貴と無く賤と無く、長と無く少と無く、道の存する所は、師の存する所なり。

ことはできない)。❺惑いがあって師に従わないならば、その惑いというものは、結局解けないのだ。❻私よりも前に生まれて、その(人としての)道を聞くことが、もともと私よりも先なら、私は(その人に)従ってその人を師としよう。❼私より後に生まれて、その(人としての)道を聞くことが、また私よりも先なら、私は(その人に)従ってその人を師としよう。❽私は道を(学んだ人を)師とするのだ。❾そもそもどうしてその(人の)年齢が私よりも先に生まれたか、後に生まれたかを知るだろうか(、いや、知らない)。❿このような理由から、貴賤の区別なく、年齢の上下の区別なく誰でも、道の存在するところは、師の存在するところなのである。

語句の解説 1

教707 138ページ　教708 312ページ

❷**師者**　師とは。「者」は、主題を提示する助字。日本語の助詞「は」に相当する。

❷**所以**　ここでは「…するためのもの」の意。

❹**孰能無レ惑**　誰が惑いをなくすことができようか(、いや、誰も惑いをなくすことはできない)。「能」は「(能力があって)…できる」の意の副詞。

＊孰[A]　反語を表す。

❺**其為レ惑也**　その惑いというものは。

＊為レ[A]也　「[A]たルや」と訓読して「[A]というものは」の意を表す。「也」はここでは強調の意。…は。

❺**終不レ解矣**　結局解けないのだ。「終」は、「とうとう・結局」の意の副詞。「矣」は、断定の意の置き字。

❻**生二乎吾前一**　私の前に生まれて。「乎」は、「於」に同じ。ここでは時を表す。

❻**固先二乎吾一**　もともと私よりも先ならば。「固」は、ここでは「もともと」の意を表す副詞。

＊[A]二乎[B]一　比較を表す。

❼**亦**　前に述べていることと同様であることを表す。…もまた。

❾**夫**　発語の助字。そもそも。

❾**庸知三其年之先後生於吾一乎**　どうしてその人の年齢が私よりも先に生まれたか後に生まれたかを知るだろうか(、いや、知らない)。「庸[A]乎」は、反語を表す。

＊[A]二於[B]一　[B]よりも[A]である。[比較]

❿**無レ貴無レ賤、無レ長無レ少**　身分の貴賤の区別なく、年齢の上下の区別なく。

＊無レ[A]、無レ[B]　[A][B]の区別なく。なお、この場合[A]と[B]は対義語となる。

1　「無レ長無レ少」とは、どういうことか。

答　年齢の上下を問わず誰でも、ということ。

【大意】　2　教707 138ページ8行〜139ページ4行　教708 312ページ8行〜313ページ4行

昔の聖人は、人よりはるかに優れていても師に従って学んだが、今の人々は、聖人よりはるかに劣っているのに、師に学ぶことを恥じる。だから、聖人はますます聖に、愚人はますます愚になるのである。

【書き下し文】

❶嗟乎、師道の伝はらざるや、久し。❷人の惑ひ無からんと欲するや、難し。❸古の聖人は、其の人に出づるや、遠し。❹猶ほ且つ師に従ひて問へり。❺今の衆人は、其の聖人に下るや、亦た遠し。❻而るに師に学ぶを恥づ。❼是の故に聖は益聖に、愚は益愚なり。❽聖人の聖たる所以、愚人の愚たる所以は、其れ皆此に出づるか。

【現代語訳】

❶ああ、本当の師とは何かということが伝わらなくなってしまってから、ずいぶんたつ。❷人は惑いをなくそうと思っても、困難である。❸昔の聖人は、普通の人より抜きん出ることが、はるかであった(＝はるかに抜きん出ている)。❹それでもなお師に従って質問をした。❺今の人々は、その聖人に及ばないことも、またはるかである(＝はるかに及ばない)。❻しかし、師に(ついて)学ぶことを恥じる。❼このような理由から、聖はますます聖に、愚はますます愚になるのである。❽聖人が聖である理由、愚人が愚かである理由は、全てここから生じているのだろうか。

語句の解説 2

教707 138ページ　教708 312ページ

❶**嗟乎、**　ああ。詠嘆を表す。

＊嗟乎　ああ(…だなあ)。[詠嘆]

❶**師道之不レ伝也、久矣**　本当の師とは何かということが伝わらなくなってしまってから、ずいぶんたつ。「師道」は、師としての本来あるべき姿。ここでの「道」は、あるべき姿をいう。

＊[A]也、[B]矣　[A]は、[B]だ、という強い判断を表す。「也」は上の内容を提示し強調する助字。「矣」は断定を表す置き字。

❷**欲二人之無一レ惑**　人が惑いをなくそうと思う。

＊欲レ[A]　願望(意志未来)を表す。[A]しようと思う。

教707 139ページ　教708 313ページ

❹**猶且**　その上さらに。それでもなおかつ。

❹焉　断定の意を表す置き字。
❽愚人之所以為愚　愚か者が愚かである理由は。
＊A所以B　AがBする理由は。
❽其皆出於此乎　全てここから生じているのだろうか。「…乎」は、…か。疑問を表す。「於」は、起点を表す前置詞。

答 2

「此」とは、何を指すか。

師に従って学ぶか学ばないかによるということ。

【大　意】 3　教707 139ページ5行～140ページ6行　教708 313ページ5行～314ページ6行

私のいう、道を伝え人々の惑いを解く師は、子どもに書物の読み方を教える師と同じではない。士大夫たちは、師につくことを恥としない技術者たちをあざ笑うが、連中の知識は彼ら技術者に及ばない。

【書き下し文】

❶其の子を愛しては、師を択びて之に教へしむ。❷其の身に於いてや、則ち師とするを恥づ。❸惑へり。❹彼の童子の師は、之に書を授けて其の句読を習はしむる者なり。❺吾が所謂其の道を伝へ、其の惑ひを解く者に非ざるなり。❻句読を之れ知らざる、惑ひを之れ解かざる、或いは師とし、或いは不せず。❼小を学びて大を遺る。❽吾未だ其の明なるを見ざるなり。❾巫医・楽師・百工の人は、相師とするを恥ぢず。❿士大夫の族は、曰はく師、曰はく弟子と云ふ者をば、則ち群聚して之を笑ふ。⓫之を問へば則ち曰はく、「彼と彼とは年相若けり、道相似たり。」と。⓬位卑ければ則ち羞づるに足り、官盛んなれば則ち諛ふに近しとす。⓭嗚呼、師道の復せざること、知るべし。⓮巫医・楽師・百工の人は、君子歯せず。

【現代語訳】

❶その(＝自分の)子を愛して、師を選んでこれ(＝我が子)を教えさせる。❷親自身のことになると、師につくことを恥じる。❸惑っている。❹あの子どもの師は、これ(＝子ども)に書物を与えて、その(書物の)文章の読み方を習わせる者である。❺(これは)私が言うところのその(人としての)道を伝え、その惑いを解く者ではない。❻文章の読み方を知らず、惑いを解かず、一方においては師につき、一方においては師につかない。❼小さなことを学んで大きなことを忘れている。❽私はその人が賢明であることを見いだせない。❾祈禱師と医者・音楽の演奏家・多くの職人たちは、互いに師につくことを恥としない。❿(それに対して)一般の知識人たちは、師と言ったり、弟子と言ったりする者を、寄ってたかって笑う。⓫これ(＝その理由)を聞いてみると、「(師とか弟子とか呼び合っている)彼と彼とは年が同じくらいで、道も同じくらいだ。」と言う。⓬(師とする人が)身分が低い場合には恥とするのに十分だとし、(師とする人の)官位が高い場合には媚びへつらいに近いとする。⓭ああ、師の

⑮今其の智は、乃ち反つて及ぶ能はず。⑯其れ怪しむべきかな。

あるべき姿が復活しないことは、理解できる。⑭祈禱師と医者・音楽の演奏家・多くの職人たちは、君子は同列に考えない。⑮今、その(＝君子の)知識は、なんとかえって(祈禱師と医者・音楽の演奏家・多くの職人たちに)及ぶことができない。⑯なんとも不思議であることよ。

語句の解説 3

教707 139ページ　教708 313ページ

❶**教レ之** 我が子を教えさせる。文脈上の必要から使役の送り仮名を加えている。

❷**則** ここでは「…は」の意。

❸**惑矣** 子どもには師をつけるのに、自分には師をつけて学ぼうとしないことを「惑」とする強い発言。「矣」は、ここでは、断定の語気を表す。感嘆の語気としてもよい。

❹**彼童子之師** あの子どもの師。「童子」は、幼い子ども。「彼」は、指示代名詞。あの。

❹**習二其句読一** 文章の読み方を習わせる。文脈上の必要から使役の送り仮名を加えている。

❺**所謂** 言うところの。俗に言う、の意で用いられることもある。

❻**句読之不レ知** 文章の読み方を知らない。動詞「知」の目的語である「句読」を前に出して強調している倒置表現。「之」は、倒置構文であることを示すサイン。

❻**或師焉、或不焉** 一方においては師につき、一方においては師につかない。「焉」は、文の区切りを示すはたらきをする。ここでは置き字。「不」は、否定の対象(ここでは「師トス」)が省略された場合、「しかラズ・しかセズ」と訓読される。

＊或[A]、或[B] ある場合には[A]、ある場合には[B]、の意を表す。

❼**小** 小さなことを。

3 「小」と「大」は、それぞれ何を指すか。

答 「小」＝文章の読み方。「大」＝人として行うべきこと。道。

❽**未レ見二其明一也** その人が賢明であることを見いだせない。「明」は「賢明・聡明」の意。

＊未レ[A] 未到達を表す再読文字。まだ[A](し)ない。

❾**相師** 互いに師につくことを。「相」は、ここでは「互いに」の意の副詞。

❿**族** 同類の仲間のこと。

❿**則** ここでは「…は、つまり」の意。

⓫**問レ之則** その理由を尋ねると。「則」は「…すると・…したところ」の意。

⓫**彼与レ彼年相若也** 彼と彼とは年が同じくらいで。「若」は、

同じくらいである。比較を表す。

＊与　「[A]与レ[B]」の構文で、名詞(句)と名詞(句)をつなぐ接続詞。

⑪道　ここは、医者や音楽家や職人たちが習得してきた具体的な知識や技術をいう。

4　「彼与レ彼」とは、誰と誰のことか。

答　師とされる人と弟子とされる人のこと。

教707 140ページ　教708 314ページ

⑫近レ諛　媚びへつらいに近いとする。ほぼ媚びへつらいである。「近」は、似ている。ほぼ…である。「諛」は、媚びへつらう。

⑬不レ復　復活しないことは。「復」は、ここは副詞ではなく、もとに戻す、意の動詞。

⑬可レ知矣　理解することができる。「矣」は、断定の意を表す。

＊可レ[A]　可能を表す。[A](すること)ができる。

⑭君子　徳を備えた立派な人間のことだが、ここでは先の「士大夫之族」同様、皮肉を込めた表現となっている。

⑮乃　ここでは「意外なことに・なんと」の意。

⑮不レ能レ及　及ぶことができない。及ばない。「及」は、追いつく。到達する。

＊不レ能レ[A]　不可能を表す。(能力がなくて)[A]できない。

⑯其可レ怪也歟　なんとも不思議であることよ。「其」は、強調を表す。「怪」は、不思議に思う。

＊[A]也歟　詠嘆を表す。

【大　意】　4　教707 140ページ7行～141ページ2行　教708 314ページ7行～315ページ2行

聖人には決まった師はいない。それは孔子の例をみても明らかである。要は道を学ぶことが先か後かの違い、学術や技芸の専門の違いがあるだけなのだ。

【書き下し文】

❶聖人は常の師無し。❷孔子は郯子・萇弘・師襄・老聃を師とす。❸郯子の徒は、其の賢孔子に及ばず。❹孔子曰はく、「三人行へば、則ち必ず我が師有り。」と。❺是の故に弟子は必ずしも師に如かずんばあらず。❻師は必ずしも弟子より賢ならず。❼道を聞くに先後有り、術業に専攻有り、是くのご

【現代語訳】

❶聖人にはきまった先生はいない。❷(聖人であった)孔子は郯子、萇弘、師襄、老聃を師にした(と言われる)。❸郯子たちは、その賢明さにおいて孔子には及ばなかった。❹孔子が言っている、「三人で行動すると、必ずその中に自分の先生がいる。」と。❺このような理由で、弟子は必ずしも(その)先生に及ばないとは限らない。❻(同様に)先生は必ずしも弟子より賢いとは限らないのである。❼道を聞くのに先後があり、学術や技芸に専門がある、(先生となり弟

ときのみ。

…子となるのは）ただこのようであるだけなのだ。

語句の解説 4　教707 140ページ　教708 314ページ

❶**聖人無二常師一**　聖人にはきまった先生はいない。「聖人」は、ここでは、以下に出てくる「孔子」を指す。「常師」は、『論語』（子張編）にある、「夫子（＝孔子）…何常師之有」をふまえ、特定の先生、一定の決まった先生、をいう。

❷**老聃**　道家の祖である老子のこと。聃は字。

❸**郯子之徒**　孔子が学んだとされる郯子・萇弘・師襄・老聃たちを指す。「徒」は、人々。仲間。

❹**三人行**　三人で行動すれば。ただし、「三人」は具体的な人数ではなく「少数の人」とも解せ、「行」も「歩く」という解釈が可能。その場合には、何人かで歩けば、と訳す。

❹**則**　いわゆる「レバ則」。「…の場合には」の意。

❹**有二我師一**　私の先生（とすべき人）がいる。「我師」は、自分（＝孔子）がついて学ぶべき先生をいう。

❺**是故**　このような理由で。前に述べた内容が原因・理由に当たることを明らかにする表現。

❺**弟子**　年少者、または先生について学ぶ者をいう。日本では後者を「でし」と読み慣らわしている。区別をつけるために、訓読では「ていし」と読む。

❺**不二必不レ如レ師**　必ずしも先生に及ばないとは限らない。

＊不三必不二[A]一（セ）　二重否定を表す。なお、「不」から「不」に返読する場合、最初に読む「不」は「ずンバアラ」と読むのが訓読の習慣。

❻**不三必賢二於弟子一**　必ずしも弟子より賢いとは限らない。

＊不二必[A]一（セ）　部分否定を表す。必ずしも[A]（する）とは限らない。

＊[A]二（ナリ）於[B]一ヨリ（モ）　比較を表す。[B]よりも[A]だ。

❼**先後**　ここでは道を学ぶことの時間的な順序をいう。

❼**如レ是而已**　ただこのようであるだけだ。「如レ是」は、このようである。「如レ[A]」は比況を表し「[A]のようだ」の意。「是」は、指示代名詞で、「此」に同じ。

＊[A]（スル）而已　限定を表す。

教707 141ページ　教708 315ページ

【大　意】 5　教707 141ページ3～6行　教708 315ページ3～6行

李蟠は、先生につくことを恥とする風潮にとらわれず、私に学ぼうとする。その姿勢を賛美し、この「師の説」を作って贈ることとした。

【書き下し文】

❶李氏の子蟠、年十七。❷古文を好み、六芸の経伝、皆之

【現代語訳】

❶李氏の子である蟠は、年齢が十七歳である。❷古文を好み、（『易経』『書経』『詩経』『礼記』『春秋』『楽経』の）六経の本文とその注

に通習せり。❸時に拘はらずして、余に学ぶ。❹余其の能く古道を行ふを嘉し、師の説を作りて以て之に貽る。

(唐宋八家文読本)

釈は、よく精通し習熟していた。❸(そんな李蟠は)当時の(先生につくことを恥とする)風潮にとらわれず、私に(従って)学ぶ。❹私はそれ(＝李蟠)が先生について学ぼうとする、昔からのよき伝統を実行できていることをよしとしてほめ、(この)「師の説」を作ってこれを(李蟠に)贈るのである。

語句の解説 5

教707 141ページ　教708 315ページ

❷**通習**　よく精通し、習熟していることをいう。

❸**不レ拘**　とらわれないで。「拘」は「束縛する・とらわれる」の意。

❸**学二於余一**　李蟠が韓愈に学ぶということは、韓愈自身が世の風潮に反して「師」となったことを表している。「余」は、一人称代名詞。ここでは韓愈を指す。

❹**能行二古道一**　先生について学ぼうとする、昔からのよき伝統を実行できていることを。

＊**能**[A]　可能を表す。(能力があって)[A](すること)ができる。

❹**以貽レ之**　そしてこれを贈るのである。このように個人的な事情によって「師説」が書かれたと韓愈は述べているが、その実、「師説」は世の軽薄な風潮に反旗を翻し、古文復興を目指す韓愈の強いメッセージとなっている。「貽」は、人に物を贈ることをいう。「以」は、順接の接続詞。そして。

学習のポイント

作者の「師」についての考え方は、どのようなものであったのか。本文の論述をまとめてみよう。

考え方　「師」に関する韓愈の主張のポイントとしては、「師」に従って学ぶことを大前提として、①何を、②どのような師に、学ぶのかという点について話し合うとよい。

解答例　古の聖人がそうであったように、まず「師(＝先生)」について学ばなければならない、というのが韓愈の考え方の大前提となっている。その上で韓愈は、「師」からは「道」を学ばなければならない、「道」を学ぶことで人は惑いから解放される、「道」を学ぶ「師」に身分の貴賤や年齢の上下などは関係なく、「道」を学んでいる人間であれば誰でも自分にとっての「師」となり得る、という考え方を「師」についてもっているといえる。

句法

書き下し文に直し、太字に注意して、句法のはたらきを書こう。

1　**孰**能無レ惑。

2　（固先乎吾、吾従而師之。）（　　）
3　（庸知其年之先後生於吾乎。）（　　）
4　（嗟乎、師道之不伝也、久矣。）（　　）
5　（其皆出於此乎。）（　　）
6　（嗚呼、師道之不復、可知矣。）（　　）
7　（其可怪也歟。）（　　）
8　（弟子不必不如師。）（　　）
9　（如是而已。）（　　）

答
1　孰か能く惑ひ無からん。／反語
2　固より吾より先ならば、吾従ひて之を師とせん。／比較
3　庸ぞ其の年の吾より先後生なるを知らんや。／反語・比較
4　嗟乎、師道の伝はらざるや、久し。／詠嘆
5　其れ皆此に出づるか。／疑問
6　嗚呼、師道の復せざること、知るべし。／詠嘆
7　其れ怪しむべきかな。／詠嘆
8　弟子は必ずしも師に如かずんばあらず。／二重否定・部分否定・比較
9　是くのごときのみ。／限定

春夜宴桃李園序

李白〔古文真法後集〕

教707 142〜143　教708 316〜317

【大　意】　教707 142ページ1〜9行　教708 316ページ1〜9行

人生は短くはかないのだから、古人にならい、昼はもとより夜も楽しむべきだ。天から詩才を授かった私は、このうららかな春の夜、楽しまずにはいられない。詩才豊かな若者たちと桃李の庭園に会した。花と月と酒を味わいつつ、詩作して楽しく過ごそうではないか。

【書き下し文】

❶夫れ天地は万物の逆旅にして、光陰は百代の過客なり。❷而して浮生は夢のごとし、歓びを為すこと幾何ぞ。❸古人

【現代語訳】

❶そもそも天地とは、万物の宿屋(のようなもの)であり、月日は永遠の旅人(のようなもの)である。❷そしてはかない人生は、夢のようであって、歓楽を尽くそうとしたところで、(それができる時

燭を秉りて夜遊ぶ、良に以有るなり。❹況んや陽春我を召くに煙景を以てし、大塊我に仮すに文章を以てするをや。❺桃李の芳園に会して、天倫の楽事を序す。❻群季の俊秀は、皆恵連たり。❼吾人の詠歌は、独り康楽に慚づ。❽幽賞未だ已まず、高談転た清し。❾瓊筵を開きて以て花に坐し、羽觴を飛ばして月に酔ふ。❿佳作有らずんば、何ぞ雅懐を伸べん。⓫如し詩成らずんば、罰は金谷の酒数に依らん。

（古文真宝後集）

間は）どれくらいであろうか。❸昔の人は、明かりを手にして夜まで遊んだ（と古詩にいう）が、本当にもっともなことである。❹ましてうららかな春が、かすみたなびく春景色で私を招き、（天地を作った）造物主が私に文章を作る才能を一時貸し与えてくれたのだから、なおさら（楽しむべき）なのだ。

❺桃や李の花が香る庭園に集まって、兄弟たちの楽しい宴を滞りなく行う。❻優れた詩才をもつ諸弟は、皆（南北朝宋の詩人）謝恵連のよう（に詩に巧み）である。❼（それに比べて）私の作る詩だけは、謝霊運に対して恥ずかしい。❽心静かに風景を賞でることはまだ終わることなく、高尚な談話は、（時間が進むにつれて）ますます清らかになっていった。❾立派な宴席を開いて（桃李の）花のもとに座り、雀が羽を広げた形の杯をやりとりして、月を眺めつつ酔う。❿（このような時に）すばらしい作品（＝立派な詩）ができなければ、どうして（心の中の）風流な心情を述べることができようか（、いや、できない）。⓫もし詩ができなかったならば、金谷園の故事にならって罰杯として三杯の酒を飲ませることにしよう。

語句の解説

教707 142ページ　教708 316ページ

❶夫 さて。そもそも。発語の辞と呼ばれる。

❶者 主語を提示する助字。

❷而 そして。順接を表す接続詞。文頭にある場合は訓読する。

❷若レ夢 夢のようだ。

＊若レ[A]ノ 比況を表す。「若」は比況の助動詞。[A]のようだ。

❷幾何 疑問を表す。「幾何」は「どれほど・どれくらい」の意で、時間または数量を尋ねる疑問詞。

1 **「古人秉レ燭夜遊、良有レ以也」とあるが、それはなぜか。**

答 人生は夢のようにはかなく、歓楽を尽くす時間もわずかなので、昔の人が昼だけではなく、灯火を持って夜まで遊んだというのももっともなことだと思ったから。

❹況陽春召レ我……文章一 ましてこのすばらしい時節にして、

私にはそれを表現できる詩才があるのだから、なおさら楽しむことにしよう、ということ。「召」は、招く。「招」と同じ。「文章」は、ここでは「文章を作る才能」の意。

＊況(シャ) A (スル)ヲヤ　抑揚を表す。前文に程度の軽いものをあげ、後文の程度のものは当然であることを強調する。まして A (するの)はなおさらだ。普通「況(シャ) A (スル)ヲ乎(や)」と「乎」で受けるが、「乎」がなくても「…ヲヤ」と結ぶ。

❻**俊秀**(しゅんしゅう)　ここでは、詩才が優れていること。また、その人。

❼**吾人**(ごじん)　本来一人称複数の「我々」の意で用いられるが、ここは「自分(李白)」の意。

❼**独**(ひとり)　限定を表す副詞。ここでは「私の作る詩だけは」の意。

❽**未**(いまダ)**已**(やマ)ず　まだ終わらない。

＊未(ダ) A (セ)ず　「未」は再読文字で「まだ A しない」の意。

❽**転**(うたタ)**清**(きよシ)　ますます清らかになった。「転」は、いよいよ。ますます。「清」は、「談」を受けて「清」と表現したもの。文字どおり「清談」なのである。

❿**何**(なんゾ)**伸**(のベン)**雅懐**(がかいヲ)　どうして風流な心情を述べることができようか(、いや、できない)。「伸」は、気持ちを述べる。「述」と同じ。

＊何(ゾ) A (セン)　反語を表す。どうして A (する)であろうか(、いや、 A (し)ない)。

⓫**如**(もシ)**詩不**(ずンバ)**成**(なラ)　もし詩ができなかったならば。

＊如(シ) A (ナラ)バ　仮定を表す。もし A ならば。

学習のポイント

1　**右の文章について次の点から調べ、文章の特徴を考えてみよう。**

① **各句の字数**　② **対句**

考え方　字数が同じ句を並べ、対句かどうかを見る。

夫　天地者万物之逆旅
　　光陰者百代之過客　8字で内容も対応。対句。

而　浮生若夢
　　為歓幾何　4字。

古人　秉燭夜遊
　　良有以也　4字。

況　陽春召我以煙景
　　大塊仮我以文章　7字で内容も対応。対句。

会桃李之芳園
序天倫之楽事　6字で内容も対応。対句。

群季俊秀　皆為恵連
吾人詠歌　独慚康楽　4字で内容も対応。対句。

幽賞未已
高談転清　4字で内容も対応。対句。

開瓊筵以坐花
飛羽觴而酔月　6字で内容も対応。対句。

不有佳作
何伸雅懐　4字で内容も対応。

如詩不成
罰依金谷酒数　　内容的に対応。

解答例 同じ字数や対句になっている箇所が多く、リズム感のある文体になっている。

2 **「師説」「春夜宴二桃李園一序」を繰り返し朗読し、表現の巧みさがどこにあるかを考えてまとめてみよう。**

考え方 「師説」…無駄なことには触れず、論理が展開されていく構成。無駄な表現がなく力強さがある。

「春夜宴二桃李園一序」…四字と六字の対句表現を多用し、表現にリズム感と深み、見た目のきれいさがある。

解答例 「師説」は古文復興を目指した作者が、目標とする古文の特徴どおり、無駄な表現を除いた簡潔な論理を展開した文章。一方の「春夜宴二桃李園一序」は、詩人である李白が、その表現力を駆使し書き上げた、四六駢儷文。人間はどんなものかという壮大なテーマから入るリズム感あふれる文章。

3 探究 **それぞれの作品について、その文章を書いた作者の意図を考えてみよう。**

解答例 「師説」…知識人は自分の子どもには師について教えてもらうようにするが、自分は師を求めようとはしない。道を求めるなら、師について学ぶべきであり、その師の年齢や身分は問題ではない、という主張を教え広めようとするもの。

「春夜宴二桃李園一序」…人生は短くはかないのだから、春の夜景を楽しみつつ、酒を飲み、与えられた才能を発揮して、詩を作って楽しく過ごすべきだ、という自らの思いを表明したもの。

句法

書き下し文に直し、太字に注意して、句法のはたらきを書こう。

1 浮生ハ**若**レシ夢ノ、為レスコト歓ビヲ**幾何**ゾ。
（　　　　　　　　　）（　　　）

2 **況**ンヤ陽春召レクニ我ヲ以二テシ煙景一ヲ、大塊仮レスニ我ニ以二テスルヲヤ文章一ヲ。
（　　　　　　　　　）（　　　）

3 **何**ゾ伸二ベン雅懐一ヲ。
（　　　　　　　　　）（　　　）

4 **如**シ詩不レンバ成ラ、罰ハ依二ラン金谷ノ酒数一ニ。
（　　　　　　　　　）（　　　）

答
1 浮生は夢のごとし、歓びを為すこと幾何ぞ。／疑問
2 況んや陽春我を召くに煙景を以てし、大塊我に仮すに文章を以てするをや。／抑揚
3 何ぞ雅懐を伸べん。／反語
4 如し詩成らずんば、罰は金谷の酒数に依らん。／仮定

師弟　暴虎馮河

〔論語、述而〕

教707 144〜145　教708 318〜319

【大意】教707 144ページ1〜5行　教708 318ページ1〜5行

自分も認められたいと思い孔子に質問した子路に対し、孔子は「暴虎馮河」のたとえ話によって彼の蛮勇や軽率さをたしなめた。

【書き下し文】

❶子顔淵に謂ひて曰はく、「之を用ゐば則ち行ひ、之を舎てば則ち蔵る。❷唯だ我と爾と是れ有るかな。」と。❸子路曰はく、「子三軍を行らば、則ち誰と与にせん。」と。❹子曰はく、「暴虎馮河、死して悔ゆること無き者は、吾は与にせざるなり。❺必ずや事に臨みて懼れ、謀を好みて成す者なり。」と。

（論語、述而）

【現代語訳】

❶孔子が顔淵に向かって言うには、「認めて用いてくれるのであれば（仕えてわが道を）行っていくし、見捨てられるなら（そのまま）引きこもって、才知をかくしたままでいる。❷（こういう態度でいることができるのは）ただ私とお前とがいるくらいだなあ。」と。❸（これを聞いていた）子路が（負けじとばかり）言うには、「先生が大軍を指揮する場合には、誰と一緒にやりますか。」と。❹（子路の気持ちを見抜いた）孔子は、こう言った、「虎を素手で打ったり、黄河を歩いて渡ったりして、死んでも後悔しないような者とは、私は一緒に行動しない。❺必ずや、戦争をするにあたっては慎重にし、十分な計画を立てて戦いに成功する者と（一緒に行動）する。」と。

【語句の解説】教707 144ページ　教708 318ページ

❶子　先生。『論語』では孔子を指す。

❶顔淵　顔回。孔子の弟子の一人で、最も高く評価されていた。

❶用レ之則行　認めて用いてくれる君主がいるのであれば道を行い。この場合の「之」は特定の語を指示せず、語調を整える働きをする。「則」は「……(ス)レバ則チ」の形で仮定条件を示す。

❷唯我与レ爾　ただ私とお前とが。「与」は英語の and に相当する前置詞で、「A与レB」の形で、「AもBも両方とも」の意。

「爾」は、同格もしくは目下の相手に用いる二人称で、「お前」の意。

＊唯Ａ（ノミ） 限定を表し（本文では「ノミ」が省略されている）、「ただＡだけである」の意。

1 **「爾」は、誰を指しているか。**

答 顔淵（孔子が自分の弟子の中で最も評価している）

❷**有是夫** こういう態度でいられるのだろうなあ。「是」は、前文の「用之則行、舎之則蔵」という身の処し方を指す指示語。

学習のポイント

1 **子路はどういう気持ちから孔子に「子行三軍、則誰与。」（707 144・2、708 318・2）と言ったのか。**

考え方 孔子が、自分と同じような身の処し方や生き方ができるのは、弟子の中で顔淵だけであるという話をしたところに、子路は居合わせた。同門の弟子でありながら顔淵一人だけが評価され、おもしろくないと感じた子路は、自分の長所を孔子に示すことで、孔子からの賛辞を得ようとしたと考えられる。

解答例 戦争や軍隊指揮という自分の得意分野で孔子に認めてもらい、年下の弟子である顔淵に自分の立場を誇示したい気持ち。

2 **探究** **孔子と子路はどのような師弟関係だったのか、『論語』を調べてまとめてみよう。**

＊Ａ夫 Ａだなあ。詠嘆を表す。

❸**子路** 孔子の弟子の一人で、武勇を好み、直情的で慎重さに欠ける人であった。

❸**誰与** 誰と一緒にやるのか。「与ニス」は「一緒に行う」の意。

＊誰与Ａ 誰と一緒にＡするのか。疑問を表す。

2 **「死而無悔者」は、誰を指しているか。**

答 子路（血気の勇にはやり、無謀な行動をする傾向にある弟子の子路を、孔子は危惧している）

❺**必也** ぜひとも。

❺**好謀** 十分に計画を立てて。

考え方 『論語』中には孔子の弟子の言行を記した箇所が多くあるが、ここでは『論語』子路篇にある次の文章を紹介する。

子路曰、「衛君待子而為政、子将奚先。」子曰、「必也正名乎。」子路曰、「有是哉。子之迂也。奚其正。」子曰、「野哉、由也。君子於其所不知、蓋闕如也。……」

解答例 『論語』の子路編に、衛国の君主から政治を託された場合、どのように対応するのかと子路が孔子に尋ねる場面があるが、子路は孔子の返答を「子の迂なるや」と師である孔子の手法を率直に批判している。それに対して孔子も「野なるかな、由や」と、子路の粗暴な言を直接的な言葉でたしなめており、遠慮なく何でも言い合える関係であることがわかる。

句法

書き下し文に直し、太字に注意して、句法のはたらきを書こう。

1　**唯**我与爾有是**夫**。（　　）（　　）

2　子行三軍、則**誰与**。（　　）（　　）

答　1　唯だ我と爾と是れ有るかな。／限定・詠嘆　2　子三軍を行らば、則ち誰と与にせん。／疑問

師弟　過猶不及〔論語、先進〕

教707 146　教708 320

【大意】 教707 146ページ1～3行　教708 320ページ1～3行

子貢から二人の弟子のどちらが優れているかを尋ねられた孔子は、「一方は度が過ぎていて、もう一方は達していない」と答える。そこで重ねて「それでは度が過ぎている方が優れているのか」と尋ねたところ、孔子は「過猶不及」と返答をした。

【書き下し文】

❶子貢問ふ、「師と商とや、孰れか賢なる。」と。❷子曰はく、「師や過ぎたり。❸商や及ばず。」と。❹曰はく、「然らば則ち師愈れるか。」と。❺子曰はく、「過ぎたるは猶ほ及ばざるがごとし。」と。

（論語、先進）

【現代語訳】

❶子貢が質問した、「師(子張)と商(子夏)とは、どちらが賢明でしょうか。」と。❷孔子は言った、「師は、ゆき過ぎる。❸(反対に)商は及ばない。」と。❹(子貢は)言った、「それなら、師は商より優れているでしょうか。」と。❺孔子は言った、「ゆき過ぎは、ちょうど及ばないのと同じである。(どちらも、どちらだ。)」と。

語句の解説　教707 146ページ　教708 320ページ

❶**師与商也、孰賢**　師(子張)と商(子夏)とでは、どちらが賢明か。「与」は、英語の and に相当する前置詞。

＊孰A　どちらがAであるのか。比較を表す。

❷**過**　ゆき過ぎる。度を超える。

❸**不及**　(ある領域や基準に)達しない。

❹**然則**　そのようであれば。

❹**愈与**　すぐれているか。

＊A与　Aするのか。疑問を表す。

❺**過猶不及**　ゆき過ぎはちょうど達しないのと同じだ。

＊A猶B　再読文字。AはちょうどBのようだ。

参考　東照宮御遺訓（とうしょうぐうごゆいくん）

人の一生とは、重い荷を背負って遠い道を行くようなものである。急いではいけない。不自由が当たり前と思えば、不満は生じない。自分の心に欲が起きたときは、困窮していた時のことを思い出すのがよい。我慢をすることが無事に長く安寧でいられる基礎である。怒りを敵と思いなさい。勝つことばかりを知り、負けることを知らなければ、災いは自分に起きる。自分の行いを反省し、他人を責めてはならない。足りていないほうが、やり過ぎてしまっているよりは優れている。

学習のポイント

1　**「東照宮御遺訓」を読んで、「過猶不及」の話との考え方の違いを説明してみよう。**

考え方　『論語』における孔子の言葉「過猶不及」は、中庸の徳を重んじる孔子の考え方が端的に示されている。一方「東照宮御遺訓」における「及ばざるは過ぎたるよりまされり」という言葉は、人間の生き方として「満たされすぎているよりは、少し不足を感じているほうが、人生にとって有益である」という意味である。

解答例　『論語』における「過猶不及」という言葉は、「どちらもすぐれていないという意味では『過』も『不及』も同じである」と、子貢の間違いを正す内容となっている。一方、「東照宮御遺訓」では、「不及」は「過」よりもまさるという評価がされている。これは「不自由を常と思へば不足なし」という言葉に象徴されているように、「不及」こそが不満のない人生を送るために最も重要なものであるという徳川家康の考えが反映されていると考えられる。

2　**探究**　**「暴虎馮河」「過猶不及」を読んで、孔子は弟子たちにどのように教え諭していたか、考えてみよう。**

2は教707では学習しません。

考え方　二つの話はどれも、孔子が弟子を戒め諭す内容になっている。「暴虎馮河」では軽率に勇を誇る子路を、「過猶不及」では言葉の意味を取り違えて結論を歪めた子貢を、それぞれ戒めている。また、その言葉は少し遠回しな表現になっていることにも注目したい。

解答例　孔子は、軽率な発言をした弟子に対し、その間違いを正すという手法をとり、また、あえて遠回しに表現することで、弟子に自発的に理解してもらえるよう促していると考えられる。

句法

◆**書き下し文に直し、太字に注意して、句法のはたらきを書こう。**

1　師与商也、**孰**賢。

（　　）（　　）（　　）

2 然ラバ則チ師愈レル与。
（　　　　）（　　　　）

答
1 師と商とや、孰れか賢なる。／比較
2 然らば則ち師愈れるか。／疑問

師弟　子路問フ二君子ヲ一

※本教材は教708では学習しません。

〔論語、憲問〕

教707 147

【大意】教707 147ページ1～4行

君子（徳の高い立派な人物）について子路が孔子に尋ねた。自分を修養して天下の人々の生活を安定させるのが君子だと答えた。

【書き下し文】

❶子路君子を問ふ。❷子曰はく、「己を修めて以て敬す。」と。❸曰はく、「斯くのごときのみか。」と。❹曰はく、「己を修めて以て人を安んず。」と。❺曰はく、「斯くのごときのみか。」と。❻曰はく、「己を修めて以て百姓を安んず。❼己を修めて以て百姓を安んずるは、堯・舜も其れ猶ほ諸を病めるか。」と。

（論語、憲問）

【現代語訳】

❶子路が、君子（とはどういう人物をいうのか）について質問をした。❷孔子は、「自分自身を修養し、そして自分自身をつつしみ深くすることだ。」と答えた。❸子路は、「そのようなことだけでよいのですか。」と問い返した。❹孔子は、「自分自身を修養し、そして周囲の人々の生活を安定させることだ。」と答えた。❺子路は（重ねて）、「そのようなことだけでよいのですか。」と尋ねた。❻孔子は、「自分自身を修養し、そして天下の人々の生活を安定させることだ。❼自分自身を修養し、天下の人々の生活を安定させることは、（かの聖天子である）堯帝や舜帝も、これにやはり苦労したであろうか。」と答えた。

語句の解説　教707 147ページ

❷修メテレ己ヲ　自分自身を修養して。

3　「修レ己ヲ」とは、どのようにすることか。

答　行いを正し、正しい知識を学び、正しい人格を形成すること。

❸如クレ斯クノ而已乎　そのようなことだけでよいのか。「如レ斯クノ」は「このようである、このとおりである」の意。

*[A]而已　限定を表す。
*[A]乎　疑問を表す。

4 「敬」「安人」「安百姓」は、それぞれ誰に対してどのようなことをするのか。

答 「敬」は自分をつつしみ深くすること、「安人」は周囲の人々の生活を安定させること、「安百姓」は天下の人々の生活を安定させることを指す。

❼**其猶病諸**　これにやはり苦労したであろうか。「諸」は指示語で「修己以安百姓」の部分を指す。「其」は、強意。
*[A]諸　これを[A]するのか。疑問を表す。

学習のポイント

1 **子路が「如斯而已乎。」（147・1、同2）とたずねた理由を考えてみよう。**

考え方 子路と孔子の「修己」についての理解の仕方に違いがあることを読み取る。孔子は「堯・舜其猶病諸」とあるように、堯や舜といった立派な人物でさえ苦労をしたと述べているのに対し、子路の「如斯而已乎」という言葉には、そんなものでよいのか、と安易に考える気持ちが見て取れる。

解答例 君子になるには、とてつもない努力が必要だと考えていたのに、孔子の答えがありきたりのものであったため、もっと具体的で詳しい説明を加えてほしいと考えたから。

2 探究 **「暴虎馮河」「過猶不及」「子路問君子」を読んで、孔子は弟子たちにどのように教え諭していたか、考えてみよう。**

考え方 三つの話はどれも、孔子が弟子を戒め諭す内容になっている。「暴虎馮河」では軽率に勇を誇る子路を、「過猶不及」では言葉の意味を取り違えて結論を歪めた子貢を、「子路問君子」ではやはり物事を軽率に考える子路を、それぞれ戒めている。また、その言葉は遠回しな表現になっていることにも注目したい。

解答例 孔子は、軽率な発言をした弟子に対し、その間違いを正すという手法をとり、また、あえて遠回しに表現することで、弟子に自発的に理解してもらえるよう促していると考えられる。

句法

書き下し文に直し、太字に注意して、句法のはたらきを書こう。

1 如斯**而已乎**。（　　）（　　）

2 堯・舜**其**猶病**諸**。（　　）（　　）

答
1 斯くのごときのみか。／限定・疑問
2 堯・舜も其れ猶ほ諸を病めるか。／疑問

愛

兵者、不祥之器　〔老子、第三一章〕

教707 148　教708 321

【大意】　教707 148ページ2～7行　教708 321ページ2～7行

君子にとって武器は好ましくない物だから、やむを得ない場合だけに使うのがよい。そして、人を多く殺した場合は悲しみ、戦いに勝った場合でも喪礼をもって臨むものである。

【書き下し文】

❶兵は、不祥の器、君子の器に非ず。❷已むことを得ずして之を用ゐれば、恬惔を上と為す。❸勝ちて美とせず。❹而るに之を美とする者は、是れ人を殺すことを楽しむなり。❺夫れ人を殺すことを楽しむ者は、則ち以て志を天下に得べからず。❻吉事は左を尚び、凶事は右を尚ぶ。❼偏将軍は左に処り、上将軍は右に居り。❽喪礼を以て之に処るを言ふなり。❾人を殺すことの衆ければ、悲哀を以て之に泣き、戦ひ勝てば、喪礼を以て之に処り。

（老子、第三一章）

【現代語訳】

❶武器は、好ましくない器物であり、君子が用いる器物ではない。❷やむを得ず用いるにしても、無欲であっさりと用いるのが上策である。❸(もし戦いに)勝っても善いこととはしない(のがよい)。❹それにもかかわらず勝つことを善いこととする者は、人を殺すことを楽しむ者である。❺そもそも人を殺すことを楽しむ者は、自分の意志を天下に実現することはできない。❻(一般的に)めでたい行事では左を重んじ、不吉なことでは右を重んじる。❼(よって軍隊では)副将軍は左に配し、上将軍は右に位置する。❽(これは)喪礼のしきたりにのっとり、身を置くということである。❾(戦いによって)人を殺すことが多ければ、悲しみ悼んで泣き、戦いに勝っても、喪礼のしきたりにのっとり、身を置くのである。

語句の解説　教707 148ページ　教708 321ページ

❷不レ得レ已ムコトヲ　しかたなく。「已ム」は「そうしないですむ」の意。

❷為レ上スト　上位とする。

❸不レ美トセ　善いこととはしない。「美トス」は「優れたことととする」の意。

❹而ルニ　それなのに。しかし。

❺夫レ　そもそも。いったい。

❺不レ可三以テ得二志ヲ於天下一ニ矣　自分の意志を天下に実現することはできない。「得二志ヲ於天下一ニ」は「志を世の中に具現化する」の意。「矣」は、強意を示す置き字。

＊不レ可レ[A]（ス）　[A]することはできない。不可能を表す。

❻尚レ左　左を重んじ。当時、婚礼や朝廷での席次は左側を上座とし、葬儀や軍隊での席次は右側を上座とするのが通例であった。

❻凶事　（人の死に関連するような）不吉なこと。

❼上将軍　最上位の将軍。

1　「上将軍居レ右」とあるが、なぜか。

答　軍事に関することは凶事であり、凶事では右が重んじられるため。

❽喪礼　葬式や喪中の礼式や作法。

学習のポイント

◆「不レ可三以得二志於天下一矣。」（707 148・4、708 321・4）とは、どういうことか。

考え方　「得」は「手に入れる」の意で、「得二志於天下一」を直訳すると「自分の志を天下という場所で手に入れる」となり、それに不可能を表す「不レ可」を付けて、「自分の志を天下という場所で手に入れることはできない」という意味となる。しかし、「得二志於天下一」は「天下を取る」という意味の慣用表現となることから、端的にまとめることができる。

解答例　自分が持っている志を世の中に実現することはできない、つまり、天下を取れるはずがないということ。

愛　兼ネテ相ヒ愛ス

〔墨子、兼愛中〕

教707 149　教708 322

【大　意】 教707 149ページ1〜6行　教708 322ページ1〜6行

互いが愛し合い、利を与え合うには、他の国を自分の国のように、他人の家を自分の家のように、そして他人を自分として見ることが大切で、そうすれば争い事やわざわいも起こらず、世の中は平和になる。

【書き下し文】

❶兼ねて相愛し、交相利するの法は、将に奈何せんとするか。❷子墨子言ふ、「人の国を視ること、其の国を視るがごとくし、人の家を視ること、其の家を視るがごとくし、人の身を視ること、其の身を視るがごとくす。❸是の故に諸侯相愛

【現代語訳】

❶すべての人が互いに愛し合い、ともに利を分け合う方法は、いったいどのようにすればよいだろうか。❷先生である墨子が言うには、「他の国を見るのに、自分の国を見るように見て、他の領土を見るのに、自分の領土を見るように見て、他人の身を見るのに、自分の身を見るように見ることだ。❸こうして諸侯が互いに愛し合えば、

すれば、則ち野戦せず。❹家主相愛すれば、則ち相簒はず。❺人と人と相愛すれば、則ち相賊はず。❻凡そ天下の禍簒怨恨、起こること毋からしむべき者は、相愛するを以て生ずるなり。」と。（墨子、兼愛中）

野外での戦いは起きない。❹卿や大夫の位にある人が互いに愛し合えば、互いに（地位や領土、権力などを）奪い合わない。❺人と人とが互いに愛し合えば、互いに傷つけ合わない。❻おおよそこの世のわざわいや、奪い合い、怨恨などが起こらないようにさせることができる者は、互いに愛し合うことから生まれるのである。」と。

語句の解説　教707 149ページ　教708 322ページ

❶**兼相愛**　互いに愛し合い。「兼」には「自他を区別せずに広く」という意味があり、「兼愛」は「自他を区別せずに愛する」の意。

❶**交**　どれもこれもともに。

❶**将奈何哉**　どのようにすればよいか。

＊将A　再読文字。今にもAしようとする。

＊奈何　どうしたらよいか。疑問を表す。

＊A哉　Aするのか。疑問を表す。

❷**若視其国**　自分の国を見るようにして。

＊若A　Aするようなものである、Aするのと同じである、という比況の意を表す。

❸**是故**　こういう訳で。こうして。

❸**野戦**　野外にある戦場に赴いての戦い。

❹**不相簒**　互いに奪い合わない。「簒」は「奪い取る」の意。

❺**不相賊**　互いに傷つけ合わない。「賊」は「害する」の意。

❻**可使毋起者**　起こらないようにさせることができる者は。「毋」は「無」と同じ用法の漢字。

＊使B　Bさせる。使役を表す。

学習のポイント

◆右の文章に見られる墨子の「愛」は、どのようなものか。

考え方　孔子を開祖とする儒家の論理は、身分の上下間の秩序にもとづいており、「仁」も、為政者が備えるべき資質として考えられている。一方、墨子の思想の根幹の一つである「兼愛」は、身分の上下の区別なく、すべての人が平等で広く愛し合うことを求めている。これらを踏まえて、まとめる。

解答例　墨子の「愛」とは、身分の上下にかかわらず、すべての人が互いに愛し合うというものである。

句法

書き下し文に直し、太字に注意して、句法のはたらきを書こう。

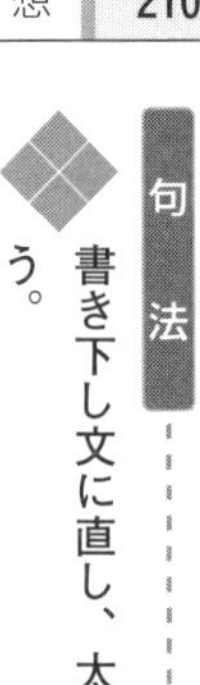

1 **将**ニ奈ニ何一セント**哉**。（　　）（　　）

2 **可**ㇾ**使**ㇾ毋ㇾ起ラ者ハ、（　　）（　　）

答
1 将に奈何せんとするか。／疑問
2 起こること毋からしむべき者は、／使役

愛 母之愛ㇾ子也〔韓非子、六反〕

教707 150 教708 323

【大意】 教707 150ページ1〜4行 教708 323ページ1〜4行

親の「愛」よりも、命令の「厳」のほうが、物事を推し進めるのに優れている。

【書き下し文】

❶母の子を愛するや父に倍す。❷父令の子に行はるる者は母に十す。❸吏の民に於けるや愛無し。❹令の民に行はるるや父母に万す。❺父母愛を積みて令窮し、吏威厳にして民聴従す。❻厳愛の筴、亦た決すべし。（韓非子、六反）

【現代語訳】

❶母が子を愛することは父の倍である。❷(しかし)父の命令が子に実行されることは母の十倍である。❸(一方で)役人は人民に対する愛情をもたない。❹(しかし)役人の命令が民に実行されることは父母の一万倍である。❺(つまり)父母は愛情をかけても命令は通らず、役人は威厳を示すと民は(命令に)聞き従うのである。❻(よって)厳格と愛情との優劣は、おおいに決めることができる。

語句の解説 教707 150ページ 教708 323ページ

❶**母之愛ㇾ子也倍ㇾ父** 母が子を愛することは父の倍である。
「也」は、主格提示の働きをする助字。

❷**父令之行二於子一者** 父の命令が子に実行されることは。
＊[A][C]二於[B]一 [A]は[B]に[C]される。受身を表す。

❺**令窮** 命令は行き詰まり。「窮ス」は「ふさがる・詰まる」の意。

2 「令窮ス」とは、命令がどうなることか。

答 命令が通らずに実行されなくなるということ。

❺**聴従** 聞き従う。命令に従う。

❻**亦** まったく。おおいに。強意を示す。

学習のポイント

「厳愛之筴、亦可レ決矣。」(707 150・3、708 323・3)とは、何の優劣が、どう「決」することなのか。

考え方 「厳愛之筴」の「厳」と「愛」とは、直前の「吏威厳」と「父母積愛」とを指す。「吏威厳」が「民聴従」という結果をもたらすのに対して、「父母積愛」は「令窮」という結果になると述べており、命令に従わせるという意味では、「吏威厳」のほうが「父母積愛」よりも優れているという点に注目してまとめる。

解答例 命令に従わせるという意味では、厳格と愛情では、厳格のほうがはるかに優れていると決することができるということ。

句法

書き下し文に直し、太字に注意して、句法のはたらきを書こう。

◇父令之行ハルル二於子一者ハ十レス母二。

(　　　　)(　　)

答　父令の子に行はるる者は母に十す。／受身

常識を疑う　夢為蝴蝶　〔荘子、斉物論〕

教707 151　教708 324

【大　意】 教707 151ページ3〜6行　教708 324ページ3〜6行

かつて荘周は夢でチョウとなり、目が覚めると周であった。周が夢でチョウになったのか、チョウが夢で周になったのかわからないが、区別はあるに違いない。これこそを万物の変化というのである。

【書き下し文】

❶昔者、荘周夢に蝴蝶と為る。❷栩栩然として蝴蝶なり。❸自ら喩しみて志に適へるかな。❹周たるを知らざるなり。❺俄かにして覚むれば、則ち蘧蘧然として周なり。❻知らず、周の夢に蝴蝶と為れるか、蝴蝶の夢に周と為れるかを。❼周と蝴蝶とは、則ち必ず分有らん。❽此を之れ物化と謂ふ。

【現代語訳】

❶かつて、荘周は夢の中でチョウになった。❷ひらひらと飛ぶチョウであった。❸ああ、快く楽しんで満足したことだなあ。❹(自分が)周であることに気づかなかった。❺不意に目覚めると、驚いたことに周であった。❻わからない、周が夢の中でチョウになったのか、チョウが夢の中で周になったのか。❼周とチョウとは、きっと区別があるだろう。❽これこそを万物の変化というのである。

語句の解説　（荘子、斉物論）…

教707 151ページ　教708 324ページ

❶**昔者**　かつて。昔。

❸**適レ志与**　ああ、満足したことだなあ。

＊A与　ああ、Aだなあ。「与」は終尾詞で、ここでは「かな」と訓読して、詠嘆を表す。

❺**則**　ここでは、条件を表す接続詞。…すると。

❻**周之**　周が。「之」は、ここでは主格を表す。

❻**為二蝴蝶一与**　チョウになったのか。

＊A与　「与」は、ここでは「か」と訓読して、疑問を表す。A(する)か。

1　何を「不レ知」と言っているのか。

答　荘周が夢の中でチョウになったのか、チョウが夢の中で荘周になったのかということ。

❼**周与二蝴蝶一**　周とチョウとは。

＊A与レB　AとBと。「与」は名詞と名詞をつなぐ。

❼**必有レ分矣**　きっと区別があるだろう。「矣」は、断定や詠嘆の意を表す置き字。

❽**此之謂二物化一**　これこそを万物の変化という。「此」は、周とチョウの区別が判然としないことを指す。「物化」とは、現象が変化すること。朝が夜になるのも物化であり、生命あるものの生死も物化である。荘子は、常識的(世俗的)な見地からさまざまに区別されている事物も、本来は一つのものだと主張している。

※教708の学習のポイントは「無之以為レ用」の後で扱っています。

句法

書き下し文に直し、太字に注意して、句法のはたらきを書こう。

1　自喩適レ志**与**。
（　　　　　）（　　　）

2　周之夢為二蝴蝶一**与**、
（　　　　　）（　　　）

答
1　自ら喩しみて志に適へるかな。／詠嘆
2　周の夢に蝴蝶と為れるか、／疑問

常識を疑う

無之以為用

※本教材は教708では学習しません。〔老子、第一一章〕 教707 152

【大意】 教707 152ページ1～4行

一見して役に立たないように見える何もない空間が重要な役割をもつのである。

【書き下し文】

❶三十輻は一轂を共にす。❷其の無に当たりて車の用有り。❸埴を埏ねて以て器を為る。❹其の無に当たりて器の用有り。❺戸牖を鑿ちて以て室を為る。❻其の無に当たりて室の用有り。❼故に有の以て利を為すは、無の以て用を為せばなり。

（老子、第一一章）

【現代語訳】

❶三十本の車輪のスポーク（放射状の棒）は一つの（車輪の中心にある）車軸を通す部分を共有し（て車輪を形成し）ている。❷その轂の部分に何もない空間があるから、車輪としての機能を有するのである。❸粘土をこねて器を作る。❹その器の中心に何もない空間があるから、器としての機能を有するのである。❺戸口や窓になる穴をあけて部屋を作る。❻その部屋の中に何もない空間があるから、部屋としての機能を有するのである。❼だから形のある物が役に立つのは、形のない空間がその役割を果たしているからなのである。

語句の解説

教707 152ページ

❶**共** 分かち合う。共有する。

❷**有二車之用一** 車輪としての働きが現れる。「用」は「働き・能力・作用」の意。

❸**以** この場合の「以て」は、手段や方法を示す。

2 三つの「其無」はそれぞれ何を指しているか。

答 一つ目の「其無」は車輪のスポークが集まる中心部の轂にある空間を、二つ目の「其無」は器の中にあるすっぽりと空いた空間を、三つ目の「其無」は室内の空間を、それぞれ指す。

❼**故有之以為レ利** だから形のある物が役に立つのは。「故」は「だから・したがって」の意。「利」は「効用」の意。また、この場合の「以て」は条件を示す。

学習のポイント

1 「夢為㆓蝴蝶㆒」と「無之以為㆑用」（教707のみ）の（二つ）の文章の考え方をまとめてみよう。

考え方 「夢為㆓蝴蝶㆒」の「周と蝴蝶とは、則ち必ず分有らん。此を之れ物化と謂ふ」という最後の二文には、「荘周と蝶には必ず区別があるはずである。これは（明確に区分けされているように見えるが、実際は）『物化（＝万物の変化）』の流れの中にある一現象に過ぎないのである」と述べられているが、ここには「万物は変化するものであり、その変化に抗わないことが大切である」という荘子の「無為自然」の考え方が示されている。

「無之以為㆑用」の「故に有の以て利を為すは、無の以て用を為せばなり」という最後の一文には、「形のある物が働くのは、形のない物の働きがあるからだ」と述べられているが、これは「目に見えるものだけが有用なのではなく、目に見えないものこそが大事な働きをするのだ」という老子の「無用の用」の考え方が示されている。

解答例 「夢為㆓蝴蝶㆒」では、万物が変化する中では常識的な物事の区別など通用しないので、変化を肯定して受け入れることが重要であるという荘子の考え方が述べられている。

「無之以為㆑用」では、形のない物の働きがあるからこそ、形のある物が有効に働くのであり、役に立たないものなど、この世に存在しないという老子の考え方が述べられている。

2 **探究** この単元から文章を一編選び、その現代的意義について考えてみよう。

考え方 論語を素材とした「師弟」では、弟子を教化する際の孔子の姿勢や手法を、現代的な視点から考えるということができる。また、「愛」では、「兼相愛」における博愛主義的な考え方が、多様性のある世界を目指す現代社会のあり方と関連付けて考えることも可能である。

解答例 「夢為㆓蝴蝶㆒」について

現代は前の世代の価値観がほぼ通用しない人類初の事態である。この百年ほどで価値観が変化し続け、親世代とは価値観が全く異なるという事態も珍しくない。また地域間での価値観の差異も、世界が狭くなり即座に情報を知り得てしまう現代では大きな障害となっている。

周は蝴蝶であり人でもあるように状態は変化するが、本質は同じである。そして世界の全てのものも変化する。小さな束縛にとらわれず、視点を変えて世界をみれば、全く違った形に見えてくる。価値観が変わり続ける現代で、世界の本質を見ぬくこと、それを自らの生き方に活かすこと。この「夢為㆓蝴蝶㆒」の視点は社会も価値観も変わり続ける現代にこそ必要な視点と思われる。

6 長恨歌と日本の文学

長恨歌

中唐の詩人白居易の作品。七言古詩。「恨」は「満たされない恋心」。玄宗皇帝(詩中では漢の皇帝)と楊貴妃との悲恋を幻想的に書いた長編叙事詩。男女の愛を題材にしたのは当時としては新しかった。

内容　安禄山の反乱による混乱の中、玄宗皇帝は不本意ながら楊貴妃を殺さなければならない状況に陥る。楊一族のみを重用した結果、兵士が皇帝への忠誠心を失っていたからだ。楊貴妃を見殺しにし身を守ることはできたが、都へ帰還してからも玄宗皇帝は楊貴妃を思い塞ぎ込んでいた。そんな折、死者の魂と話ができるという道士が現れ、楊貴妃の魂を捜させる。楊貴妃は、二人だけがわかる誓いの言葉をまぜながら、玄宗への変わらぬ愛を伝える。

長恨歌

白居易

教707 155〜161　教708 327〜333

【大　意】　1　教707 155ページ1〜4行　教708 327ページ1〜4行　韻 国・得・識・側・色

美女を長年求めていた天子のもとに、楊家の娘が選ばれてきた。その美貌となまめかしさの前に、他の女官の美しさは色あせて見えた。

【書き下し文】

○長恨歌

❶漢皇　色を重んじて　傾国を思ふ

❷御宇　多年　求むれども得ず

❸楊家に女有り　初めて長成し

❹養はれて深閨に在り　人　未だ識らず

❺天生の麗質は　自ら棄て難く

❻一朝　選ばれて　君王の側に在り

【現代語訳】

❶漢の天子は女性の美貌を重んじて、絶世の美人を(手に入れたいと)思っていた(が)、

❷治世の期間中、長年探し求めたが得ることができなかった。

❸楊家に娘がいて、やっと年頃になったばかり、

❹家の奥にある女性の部屋で育てられ、世間の人々はまだ(その娘のことを)知らなかった。

❺生まれつきの美しさは、そのままにうち捨てておかれるはずもなく、

❻ある日選ばれて天子のおそばに仕えることとなった。

❼眸を廻らして一笑すれば　百媚生じ
❽六宮の粉黛　顔色無し

❼（彼女が）視線を巡らせてひとたびほほえめば、多くのなまめかしさがあふれ、
❽宮中の奥御殿の美しい女官たちも、その美貌が色あせ（て見え）た。

語句の解説 1

教707 155ページ　教708 327ページ

○長恨歌　この詩の最終句の「此恨綿綿無尽期」に由来している。永遠に尽きることのない満たされない思いの歌。

❶重レ色　女性の美貌を重んじて。「好色」という直接的な表現を避けた。

❷不レ得　「得」は、ここでは動詞だが、可能の意を加えて訳す。得ることができなかった。

❸初長成　やっと年頃になったばかり。「初」は、副詞で「やっと…したばかり」の意。「長成」は、「成長」と同じ。ここでは、年頃になることをいう。

❹人未レ識　人々はまだ知らない。

＊未レ A（セ）　未到達を表す再読文字。まだA（し）ない。

❺天生麗質　生まれつきの美しさ。天が生みなした麗しい素質。

❺難二自棄一　楊家の娘がすばらしい美貌の持ち主であるために、必ずや誰かがそれに目をつけるであろうということ。「自」は、副詞で「自然に・ひとりでに」の意。

❼廻レ眸　視線を巡らせて。流し目をすること。

❼一笑　ひとたびほほえむと。下の「百媚」と呼応して、「ひとたび…すれば、多く…する」という表現になっている。

❽無二顔色一　美貌が色あせた。「顔色」は「容貌の美しさ」の意。

【大意】2　教707 155ページ5行～156ページ5行　教708 327ページ5行～328ページ5行

韻 池・脂・時／揺・宵・朝／暇・夜／人・身・春／土・戸・女

天子は、日々彼女を寵愛し、そのため早朝の政務を執らなくなってしまった。天子の寵愛はますます深く、二人は歓楽の日々を過ごす。楊一族は皆栄達し、世の人々は、子を生むなら女だと思うまでになった。

【書き下し文】

❶春寒くして　浴を賜ふ　華清の池
❷温泉　水滑らかにして　凝脂を洗ふ
❸侍児　扶け起こすに　嬌として力無し
❹始めて是れ　新たに恩沢を承くる時

【現代語訳】

❶春まだ寒い頃、（天子から）華清宮の温泉に浴することを許され、
❷温泉の水は滑らかで、きめのこまかな、白くつやのある肌を洗い清める。
❸侍女が手を添えてかかえ起こそうとすると、なよなよと愛らしくて力もなく、

❺雲鬢　花顔　金歩揺
❻芙蓉の帳暖かにして　春宵度る
❼春宵苦だ短く　日高くして起く
❽此れより　君王　早朝せず
❾歓を承け　宴に侍して　閑暇無く
❿春は春の遊びに従ひ　夜は夜を専らにす
⓫後宮の佳麗　三千人
⓬三千の寵愛　一身に在り
⓭金屋粧ひ成りて　嬌として夜に侍し
⓮玉楼宴罷みて　酔ひて春に和す
⓯姉妹弟兄　皆　土を列す
⓰憐れむべし　光彩の門戸に生ずるを
⓱遂に天下の父母の心をして
⓲男を生むを重んぜず　女を生むを重んぜしむ

❹まさに初めて天子の寵愛を受ける時であった。
❺豊かな美しい髪、花のような顔、(歩けば揺れる)黄金造りのかんざし、
❻はすの花の縫い取りをしたカーテンは暖かく、(その中で)春の宵は過ぎる。
❼春の夜の短さを嘆き、日が高く昇ってから起きる、
❽これから、天子は朝早くから政務を執ることがなくなった。
❾天子の喜ぶように振る舞い、宴席にはべって(天子のおそばを離れる)暇もなく、
❿春には春の遊びにお供をし、夜は(天子の)夜を独占する。
⓫後宮の美女は三千人(もいるが)、
⓬(その)三千人分の寵愛を一身に受けている。
⓭立派な部屋で化粧をほどこすと、なよなよとして愛らしく夜(の宴席)にはべり、
⓮美しい高殿での宴が終わると、酔って春の気分にとけこんでいく。
⓯(彼女の)姉妹兄弟はみな諸侯となり、領土をもち、
⓰ああなんと羨ましいことか、美しい光が(楊一族の)門口にさしている(ようだ)。
⓱かくて天下の父母たちの心に、
⓲男を生むのを重視させず、女を生むのを重視させるようになった。

語句の解説 2

教707 155ページ　教708 327ページ

❶**賜**　天子の入浴後に、後宮の女官に入浴を許す風習があったことをふまえた表現。

❷**洗凝脂**　きめのこまかな、白くつやのある肌を洗い清める。
「洗」は、ここでは「洗い清める」の意。

❸**侍児**　侍女。若い腰元。

❸**扶起** 手を添えてかかえ起こす。「扶」は「手を貸す・支え助ける」の意。

❸**無力** 力なげである。湯あがりで、自分の体を支える力もないのである。

❹**始是** 今こそちょうど…、まさに…、の意を表す表現。「始」は「ちょうど・まさに」。「初」と同じ。

❻**度** ここでは「過ぎる」の意。「渡」と同じ。

❼**日高起** 日が高く昇ってから起きる。太陽がすでに高く昇ってしまってから起きること。白居易の詩句にしばしば見られる表現。

❽**従此** これから。玄宗皇帝と楊貴妃が春の夜を一緒に過ごした時から、ということ。「従」は、起点を表す前置詞。…から。

❽**不早朝** 天子は、早朝、諸大臣から職務上の報告を聞くのがならいであった。それを怠ることをいう。

教707 156ページ　教708 328ページ

❿**夜専夜** 夜は夜を独占する。「専」は「独占する・ひとりじめにする」の意。

⓫**後宮** 宮女の居場所である奥御殿のこと。

【大意】 3 **教707 156ページ6～8行　教708 328ページ6～8行**

天子らは歌舞音曲に明け暮れた。しかし、そんな日々も、反乱軍が長安に迫り、終焉を遂げる。

韻 雲・聞／竹・足・曲

【書き下し文】

❶驪宮高き処　青雲に入り

❷仙楽風に飄りて　処処に聞こゆ

⓫**三千人** 「三」は数の多いことも表すので、「三千」は実数ではなく、後宮の女性たちが非常に多いということと考えてよい。

⓬**三千寵愛在一身** 三千人に与えられるべき玄宗皇帝の寵愛が、楊貴妃ただ一人に向けられていることをいう。

⓭**金屋** 黄金で飾られた部屋。立派な部屋のこと。楊貴妃の住まう部屋を指す。「金」は必ずしも黄金の意ではなく、一種の美称と考えてよい。

⓮**玉楼** 玉で飾った高殿。美しい高殿のこと。「玉」も「金屋」の「金」と同じく美称。

⓯**皆** それぞれみな。なお、古典中国語の「皆」は「二人・二つ」の意を表す場合もあり、現代日本語とは微妙に用法が違う。

⓰**光彩生門戸** ここでは楊一族の光り輝くような出世を表現している。

⓱**遂** 副詞。かくて。その結果。

⓱⓲**令天下父母心 不重生男重生女** 世間の父母たちに、生むのなら男でなく女がよいと思わせた、ということ。

＊令[A][B] 使役を表す。[A]に[B]させる。

【現代語訳】

❶驪山にある華清宮は、高い所が青雲に入りこむ(ようにそびえ)、

❷仙界で演奏されるような美しい音楽が、風に乗ってあちこちで聞こえる。

❸緩歌縵舞　糸竹を凝らし
❹尽日　君王看れども足らず
❺漁陽の鼙鼓　地を動かして来たり
❻驚破す　霓裳羽衣の曲

❸ゆったりとした歌や舞、(それらに合わせる)管弦の音をみごとに響かせ、
❹一日中、天子は(これを)見続けても飽きることはない。
❺(ところが突然)漁陽から馬上で鳴らす攻め太鼓(の音)が大地をゆり動かしてやって来て、
❻霓裳羽衣の曲を楽しんでいる玄宗や楊貴妃を驚かせた。

語句の解説 3

教707 156ページ　教708 328ページ

❶入二青雲一　高い所が青雲に入りこむ。「入青雲」は、高くそびえ立つことの比喩。

❷仙楽　仙界で演奏されるかのような美しい音楽。この世のものと思えぬほど美しい音楽ということ。

❷処処聞　あちこちで聞こえる。驪宮一帯の華やいだ雰囲気を表している。

❹尽日　一日中。終日。

❹看不レ足　見ても足りることがない。見飽きない。

❺漁陽鼙鼓動レ地来　安禄山の反乱軍が大地をゆり動かす勢いで都に進軍してくることを表す。

❻驚破霓裳羽衣曲　歌舞に興じていた宮中の人々を驚かしたことをいう。

【大　意】　4　教707 156ページ9行〜157ページ2行　教708 328ページ9行〜329ページ2行

天子は彼女とその一族らを連れて蜀に向かったが、兵士らは馬嵬から動こうとせず、彼女はそこで殺されてしまった。

韻　生・行／止・里・死／収・頭・流

【書き下し文】

❶九重の城闕　煙塵生じ
❷千乗万騎　西南に行く
❸翠華揺揺として　行きて復た止まる
❹西のかた　都門を出づること百余里
❺六軍発せず　奈何ともする無く

【現代語訳】

❶幾重にも重なる城門(＝天子の宮殿)には、煙や塵が立ち、
❷千の戦車と一万の騎馬兵(を従えた天子の一行)は、西南(の成都)を目指して(落ちのびて)いく。
❸カワセミの羽を飾った天子の旗がゆらゆらと揺れ、進んではまた立ち止まり、
❹都の門を西方に出て百里余りの所(＝馬嵬駅)で、
❺天子に直属する軍隊は出発(しようと)せず、(天子は)どうするこ

❻宛転たる蛾眉　馬前に死す
❼花鈿地に委てられて　人の収むる無く
❽翠翹　金雀　玉搔頭
❾君王面を掩ひて　救ひ得ず
❿廻り看れば　血涙相和して流る

ともできなくなり、
❻すらりとした美しいまゆをもつ美貌の人は、(天子の)馬前で死んだ。
❼花かんざしは地に捨てられたままで、拾う人もなく、
❽カワセミの羽の髪飾り、クジャクの形の黄金のかんざし、玉で作ったかんざし(も、うち捨てられたまま)。
❾天子は(手で)顔を覆って(いるばかりで)救うこともできない。
❿振り返って見ると、(天子の目からは悲憤の)血と涙が混じり合って流れる。

語句の解説 4

教707 156ページ　教708 328ページ

❶**煙塵**　戦乱によって立ち昇る煙と塵。
❷**千乗万騎**　「千乗」は「多数の車」、「万騎」は「多数の騎兵」の意。皇帝の隊列を示す慣用句。
❷**西南行**　安禄山の反乱軍が長安に迫ったため、玄宗皇帝は、皇太子や楊貴妃の一族らを連れて、長安から西南にある蜀の地へ逃避したのである。
❸**揺揺**　ゆらゆらと不安げに揺れ動く様子をいう。
❸**行復止**　進んではまた止まり。「復」は、ここでは、動作の進行や繰り返しを表す。
❹**西出㆓都門㆒百余里**　「都の城門から西方に百里ほど進んだ」地は、具体的には長安から西の方向にある馬嵬の駅のこと。
❺**不㆑発**　出発しようとせず。内乱の原因が楊一族にあるとして、その処刑を求めたため、軍が出動しなかったのである。
❺**無㆓奈何㆒**　どうすることもできず。どうしようもなく。
＊奈何　「如何」と同じで、手段・方法を問う疑問詞。
❻**馬前死**　兵士たちの要求で、玄宗がやむを得ず楊貴妃を殺させたことをいう。「馬前」を皇帝の馬前と限定する必要はなく、兵馬や馬嵬駅をも含むイメージととらえられる。

教707 157ページ　教708 329ページ

❼**委㆑地**　地に捨てられたままで。「委」は「そのままの状態で手がつけられず放置されている」という意。
❾**掩㆑面**　手で顔を覆って。玄宗皇帝が楊貴妃の死を直視できないでいたことを表す。
❾**救不㆑得**　救うことができない。
＊Ａ不㆑得　不可能を表す。Ａ(すること)ができない。
❿**廻看**　振り返ると。振り返って見ると。
❿**血涙相和流**　血と涙が混じり合って流れる。玄宗皇帝の悲憤

のすさまじさを表している。「相」は動作に対象があることを示す副詞。互いに。

【大意】5 教707 157ページ3行～158ページ1行 教708 329ページ3行～330ページ1行 韻 索・閣・薄／青・情・声

宮殿のある蜀の地は辺鄙で人影も少なく、天子は朝に夕に彼女を思い嘆く失意の日々を送る。

【書き下し文】

❶黄埃散漫　風蕭索
❷雲桟縈紆　剣閣に登る
❸峨嵋山下　人の行くこと少なり
❹旌旗光無く　日色薄し
❺蜀江は　水碧にして　蜀山は青く
❻聖主　朝朝暮暮の情
❼行宮に月を見れば　心を傷ましむる色あり
❽夜雨に鈴を聞けば　腸断つ声あり

【現代語訳】

❶黄色い土ぼこりが辺り一面にまいあがり、風がものさびしげに吹き、
❷雲に入るような、高い所にあるかけ橋はうねうねと曲がりくねり、(そこを通って)剣閣山に登っていく。
❸峨嵋山の麓は、人の往来も少なく、
❹天子の御旗は(色あせて)光彩なく、太陽の光まで薄れて見える。
❺蜀江の水は深い緑色で、蜀の山は青々としているが、
❻天子は朝な夕な(彼女への)思慕を募らせている。
❼旅先での臨時の皇居で月を見れば、(その光も)心を悲しませる感じで、
❽夜、雨の中で鈴の音を聞くと、はらわたがちぎれんばかりの(悲しい)音色(に聞こえる)。

語句の解説 5

教707 157ページ 教708 329ページ

❶**黄埃**　黄色い土ぼこり。黄土地帯特有の砂塵をいう。
❸**少人行**　人の往来も少なく。
❹**旌旗無光日色薄**　天子の威厳の衰えを表している。
❺**碧・青**　山川の美を表すが、同時に玄宗の悲哀を暗示している。
❻**聖主**　聖徳をそなえた君主。ここでは玄宗皇帝を指す。
❻**朝朝暮暮情**　朝な夕な思慕を募らせる。「朝朝暮暮」は、朝な夕な。「情」は、ここでは、楊貴妃への思い。

教707 158ページ 教708 330ページ

❼**見月**　月を目にすると。「見」は「無意識的に目に入る」という意。次句の「聞」に呼応する。
❼**傷心色**　月の光に悲しみをかきたてられることを表す。
❽**聞鈴腸断声**　鈴の音が玄宗皇帝をひどく悲しませることをいう。「腸断」は、「断腸」と同じで、はらわたがちぎれんばか

りの悲しみのこと。

【大　意】　6　教707 158ページ2〜4行　教708 330ページ2〜4行

天下の情勢が変わり、天子は都への帰途につく。彼女を失った場所に至ると、君臣ともに涙を流し、力なく都へと帰っていった。

韻　馭・去・処／衣・帰

【書き下し文】

❶天旋り　日転じて　竜馭を廻らす
❷此に到りて　躊躇して　去ること能はず
❸馬嵬の坡下　泥土の中
❹玉顔を見ず　空しく死せし処
❺君臣相顧みて　尽く衣を霑し
❻東のかた都門を望み　馬に信せて帰る

【現代語訳】

❶(やがて)天下の情勢が一変し、天子の車を都にかえすことになったが、
❷ここ(＝馬嵬)まで来ると、足が進まず立ち去ることができない。
❸馬嵬の坂道の辺り、泥土の中、
❹(そこにはもう)美しい顔は見えず、むなしく死んでいった場所(があるだけである)。
❺天子と臣下は、ともに(彼女が死んだ場所を)互いに顔を見合わせては、皆涙で着物をぬらし、
❻東の方の都の城門を目指して、馬の歩みにまかせて帰っていく。

語句の解説 6

教707 158ページ　教708 330ページ

1　「此」とは、どこのことか。

答　楊貴妃が死んだ馬嵬の地。

❷躊躇　ためらってその場から前に進めない様子をいう。
❷不レ能レ去　立ち去ることができない。
＊不レ能レ[A]　不可能を表す。[A](すること)ができない。
❹玉顔　美しい顔。「玉」は美称。具体的には楊貴妃を指す。
❺相顧　互いに顔を見合わせては。

2　「君臣」が「霑レ衣」とは、どのようなことか。

答　玄宗皇帝と家臣たちがともに涙を流すこと。

❻望　はるか遠くから眺めること。
❻信レ馬帰　悲しみのために、馬を御する力もない様子を表現している。

【大　意】　7　教707 158ページ5行～159ページ2行　教708 330ページ5行～331ページ2行

都に帰った天子は、四季折々につけ彼女を思い出し悲しみに暮れる。眠れない夜は長く、夢の中にも彼女は現れてくれない。

韻　旧・柳／眉・垂・時／草・掃・老／然・眠・天／重・共・夢

【書き下し文】

❶帰り来たれば　池苑　皆旧に依る
❷太液の芙蓉　未央の柳
❸芙蓉は面のごとく　柳は眉のごとし
❹此に対して　如何ぞ涙垂れざらん
❺春風桃李　花開く夜
❻秋雨梧桐　葉落つる時
❼西宮南苑に　秋草多く
❽宮葉階に満ちて　紅掃はず
❾梨園の弟子　白髪新たに
❿椒房の阿監　青娥老いたり
⓫夕殿に蛍飛びて　思ひ悄然
⓬孤灯挑げ尽くして　未だ眠りを成さず
⓭遅遅たる鐘鼓　初めて長き夜
⓮耿耿たる星河　曙けんと欲する天
⓯鴛鴦の瓦冷やかにして　霜華重く
⓰翡翠の衾寒くして　誰と与共にせん

【現代語訳】

❶(長安に)帰って来ると、(宮殿の)池も庭も皆昔のままである。
❷太液の芙蓉も未央宮の柳も。
❸芙蓉の花は(彼女の)顔のようで、柳は眉のようである。
❹これらを目の前にして、どうして涙を流さないでいられようか(、いや、流さずにはいられない)。
❺春風が吹いて、桃やスモモの花が咲く夜、
❻秋の雨にあおぎりの葉が落ちる時(彼女を思い悲しみもひとしおである)。
❼西の宮殿や南の庭園には秋草が生い茂り、
❽宮殿の落ち葉が階段に散り積もっても、(誰も)紅葉を掃除しない。
❾(天子が養成した)梨園の教習生も白髪が目立ちはじめ、
❿皇后の居室の宮女を取り締まる女官も、美しい容貌が(すっかり)老いてしまった。
⓫夜の宮殿に蛍が飛ぶと、(天子はそれを見て)しょんぼりともの思いにふけり、
⓬たった一つの灯火の芯を引き出し尽くし明るくしても、まだ眠れない。
⓭時刻を知らせる鐘や太鼓(の音)が遅く感じられる、(秋の)夜長になったばかりの夜、
⓮かすかに輝く天の川が、今にも夜が明けようとしている空(に見

⓱悠悠たる生死　別れて年を経たり
⓲魂魄　曽て来たりて夢にも入らず

える)。

⓯⓰おしどりの形の瓦は冷え冷えとして霜が厚く降り、かわせみの模様を刺繡した掛けぶとんは寒く、誰とともにしようか(、いや、ともにする人はいない)。

⓱はるか遠く隔たった生と死(＝この世とあの世)、別れて何年もたってしまった。

⓲(彼女の)魂は、(天子の)夢に現れることさえない。

語句の解説 7

教707 158ページ　教708 330ページ

❸芙蓉如レ面　芙蓉の花は顔のようで。
＊如レA　比況を表す。Aのようだ。
❸柳如レ眉　柳の葉はかの人(＝楊貴妃)の眉のようだ。なお、「柳眉」は、美人を形容する語。
❹如何不二涙垂一　どうして涙を流さないでいられようか、いや、流さずにはいられない。つまり、きっと涙を流すはずだ、ということ。
＊如何A　反語を表す。
❼多二秋草一　秋草が生い茂り。玄宗皇帝を訪れる人もまれになったことを示している。
❽紅不レ掃　散り積もった紅葉を誰も掃除しない。前句の「多秋草」とともに、荒廃した宮殿の様子を表現している。

3　「紅」とは、何のことか。

答　宮殿の階段に落ちている紅葉した葉。

❾白髪新　今は白髪が目立つようになり。「新」には「…したばかり・最近・近ごろ」の意がある。
⓫夕殿　夜の宮殿。「夕」は「夜」の意を表す。
⓬孤灯　たった一つだけの灯火。ここでは、楊貴妃を失った孤独な玄宗皇帝の心を象徴する。
⓬挑尽　(灯心を)引き出し尽くしても。ここでは、長い時間が経過したことを表している。
⓬未レ成レ眠　まだ眠れない。
＊未レA　未到達を表す再読文字。まだA(し)ない。
⓭初長夜　秋の夜長になったばかりの夜。「初」は、副詞で、「やっと…したばかり」の意。
⓮耿耿星河　ここでは、夜が明けつつある中で、天の川の光がしだいにかすかになっていくさまをいう。
⓮欲レ曙天　今にも夜が明けようとしている空。

＊欲[ス]Ａ[(セ)ント] ここでは「(今にも)Ａしそうだ・Ａしようとしている」の意。

⑯誰与共 教707 159ページ 教708 331ページ
誰とともにしようか、いや、ともにする人はいない。

＊誰[ト]Ａ[(セ)ン] 反語を表す。「誰」は人物を問う疑問詞。

⑰生死 「生」は玄宗のいる世界、「死」は楊貴妃のいる世界を示している。

⑱不曽来入夢 夢に現れることさえない。「曽」は、ここでは、否定の意を強調する働きをしている。

答 4 「魂魄不曽来入夢」とは、どういうことか。
楊貴妃の魂が、天子の夢にも現れなくなったということ。

【大意】 8 教707 159ページ3〜9行 教708 331ページ3〜9行 韻 客・魄・覓／電・遍・見／山・間／起・子・是

天子の苦悩を解くために、彼女の魂をくまなく捜し求めた道士は、海上にある仙人の山のことを耳にし、そこに向かった。

【書き下し文】

❶臨邛の道士　鴻都の客
❷能く精誠を以て　魂魄を致す
❸君王展転の思ひに感ずるが為に
❹遂に　方士をして殷勤に覓めしむ
❺空を排し　気に馭して　奔ること電のごとく
❻天に昇り　地に入りて　之を求むること遍し
❼上は碧落を窮め　下は黄泉
❽両処　茫茫として皆見えず
❾忽ち聞く　海上に仙山有り
❿山は　虚無縹緲の間に在り
⓫楼閣玲瓏として　五雲起こり

【現代語訳】

❶臨邛の(神仙の法をおこなう)道士で、長安の都に滞在していた旅人が、
❷真心をこめた念力で魂を招き寄せることができる(という)。
❸(側近たちは、)天子の、(彼女を思うあまり)眠れずに、しきりに寝返りをうつほどの強い思慕の情に感じ入ったために、
❹かくて(その)道士に、心をこめて(彼女の魂を)捜し求めさせた。
❺大空を押し分け、大気に乗り、稲妻のように駆け巡り、
❻天に昇り、地下にもぐって、これ(＝彼女の魂)をくまなく捜し求めた。
❼上は青空の果てから、下は死者の行く、地下の世界まで、
❽どちらも果てしなく広がっていて、どこにも見あたらない。
❾(そのうち)ふと(こんなことを)耳にした、海上に仙人の住む山があると。
❿山は俗界を離れた、広々とはるかな世界にある(という)。

⑫其の中　綽約として仙子多し
⑬中に一人有り　字は玉真
⑭雪の膚　花の貌　参差として是れなりと

⑪楼閣は透き通るように美しく、五色の彩りのある雲がわき起こり、
⑫その中にはしとやかで美しい仙女がたくさんいた。
⑬(その仙女の)中に一人、字を玉真という者がいて、
⑭雪のような白い肌に花のように美しい顔だちで、楊貴妃にそっくりである、と。

語句の解説 8

教707 159ページ　教708 331ページ

❷**能** (能力があって)…できる、の意を表す副詞。

❷**精誠** ここでは、道家の精神集中法を指す。

❸**為レ感** 「感」の主語は、天子の側近たち、と解した。主語を「道士」とする説もあるが、その場合は❹の「方士」は道士の部下となる。「為」は、原因・理由を表す前置詞で、「…のために」の意。

❹**遂** 副詞。かくて。そのまま。

❹**教二方士一殷勤覓** 方士(=道士)に丁寧に捜し求めさせた。

＊教二Aヲシテ B一(セ) 使役を表す。

❺**如レ電** 稲妻のように。

＊如レA 比況を表す。Aのようだ。

❻**遍** すみずみまで。ゆきわたったさまを表す。

❽**両処** 「碧落」と「黄泉」を指す。

❽**茫茫** 果てしなく広がる様子。

❾**忽** 心理的な意味での突然さをいう副詞。思いがけなく。ふと。

❾**聞** どこまでが「聞」の内容かについては諸説あるが、ここでは「海上有二仙山一」までと解して訳した。

❾**仙山** 渤海にあるという伝承に基づく。「蓬萊山」「方丈山」「瀛州山」とされる。

❿**間** あたり。漠然とした空間をさす。

⑪**楼閣** 高い建物。高殿。

⑬**字** 名。呼び名。

⑬**玉真** 楊貴妃は玄宗皇帝の後宮に入る前に、一度道教の寺院に入って女道士となっている。「玉真」はその時の名。

⑭**雪膚花貌** 雪のような白い肌、花のような美しい顔。生前の「凝脂」「花顔」(大意2❷❺句)とまったく変わらない美しさを表す。「貌」は、ここでは「顔・顔つき」の意。

【大意】 9　教707 159ページ10行～160ページ4行　教708 331ページ10行～332ページ4行　韻 扃・成・驚／徊・開・来／挙・舞・雨

天子の使いが来たと聞いて玉真は驚き、急いで会いに来た。その翻る衣は霓裳羽衣の舞のようで、涙にぬれたその顔は、春の雨にぬれた一枚の梨の花のようだった。

【書き下し文】　…**【現代語訳】**

❶金闕の西廂に　玉扃を叩き
❷転じて　小玉をして双成に報ぜしむ
❸聞道くならく　漢家天子の使ひなりと
❹九華の帳裏　夢中に驚く
❺衣を攬り　枕を推して　起ちて徘徊す
❻珠箔銀屛　邐迤として開く
❼雲鬢半ば垂れ　新たに睡り覚めたり
❽花冠整へず　堂より下り来たる
❾風は仙袂を吹きて　飄颻として挙がり
❿猶ほ　霓裳羽衣の舞に似たり
⓫玉容寂寞として　涙　欄干
⓬梨花一枝　春　雨を帯びたり

❶黄金で飾った御殿の正堂の西側にある小部屋に行って玉で飾られた門扉をたたいて案内を請い、
❷(侍女の)小玉に、(別の侍女の)双成に報告させて(玉真へと)取り次いでもらう。
❸聞くことには、漢の天子の使いであるということで、
❹たくさんの花模様を刺繡したカーテンの中で、夢うつつだった(楊貴妃の)魂は、はっと目を覚ました。
❺上着を手に取り、枕を押しやり、立ち上がって(部屋の中を)行きつ戻りつする。
❻(やがて)たまのすだれと銀のびょうぶが、次々と連なって開かれ、
❼雲のように豊かな髪はなかば乱れて、眠りから覚めたばかりのようで、
❽美しい冠もきちんとつけずに奥の部屋から下りてくる。
❾(この時)風が仙女の着ている上着のたもとを吹きあげ、ひらひらと舞い上げると、
❿あたかも、(あの)霓裳羽衣の舞にそっくりである。
⓫(その)玉のように美しい顔は寂しげで、涙がはらはらと流れ、
⓬(まるで)一枝の梨の花が春の雨にぬれている(かのようである)。

語句の解説 9

教707 159ページ　教708 331ページ

❷**転**　取り次いで。伝言して。
❷**教㆔小玉報㆓双成㆒**　小玉に、双成に報告させる。
＊教㆓Ａ Ｂ㆒　使役を表す。ＡにＢさせる。
❸**漢家天子**　漢の天子の。「家」は、ここでは「国家」の意。
❹**夢中驚**　夢うつつであった楊貴妃の魂が、はっと目覚めることをいう。

教707 160ページ　教708 332ページ

❺**攬衣**　上着を手に取り。「攬」は「手に取る・握る」。
❺**起徘徊**　立ち上がって行きつ戻りつする。ここでは、玄宗皇

帝の使者の突然の訪れに動揺する楊貴妃の姿を表している。

❼**雲鬢半垂** 豊かで美しい髪の寝乱れたさまをいう。

❼**新睡覚** 眠りから覚めたばかり。「新」は、「…したばかり」の意の副詞。

❽**花冠不レ整** 冠もきちんとつけられていないことから、楊貴妃の動揺ぶりがわかる。「花冠」は、仙女のかぶる美しい模様のついた冠。

❽**堂** 奥の部屋。または、建物の高いところを指す。

❿**猶** あたかも。

❿**似二霓裳羽衣舞一** 霓裳羽衣の舞にそっくりである。

＊似レ A 比況を表す。 A のようだ。

⓫**玉容** 玉のように白く輝く美しい容貌。「玉」は美称。「花顔」「玉顔」「花貌」なども同じ。

⓫**寂寞** ひっそりと寂しい様子をいう。

⓬**梨花一枝春帯レ雨** ここでは、楊貴妃の白く美しい顔に、涙が流れている様子をたとえている。

【大 意】 10 教707 160ページ5行～161ページ4行 教708 332ページ5行～333ページ4行

玉真は、天子と別れてからのつらい心情を述べ、思い出の品である青貝細工の小箱の「ふた」と「み」のどちらか片方と、ふたまたの金のかんざしの一方の脚を使者に預けて持たせた。別れに際し玉真は言う。生まれ変わっても、天にあっては比翼の鳥となり、地にあっては連理の枝となろうと誓った二人の心は、永遠に尽きないだろうと。

韻 王・茫・長／処・霧・去／扇・鈿・見／詞・知・時・枝・期

【書き下し文】

❶情を含み 睇を凝らして 君王に謝す

❷一別 音容 両つながら眇茫

❸昭陽殿裏 恩愛絶え

❹蓬萊宮中 日月長し

❺頭を廻らして 下 人寰の処を望めば

❻長安を見ずして 塵霧を見る

❼唯だ旧物を将て 深情を表はし

【現代語訳】

❶思いを込め、じっと見つめて、(道士を介して)天子にお礼を申し上げる。

❷お別れして以来、(皇帝の)お声もお姿もともにはるかに遠くかすかになりました。

❸(かつて)昭陽殿の中でいただいたご寵愛も絶え、

❹(この)蓬萊宮の中で長い月日がたちました。

❺振り返って、(仙界の)下の人間世界を眺めても、

❻長安は見えず、塵や霧が見えるばかり。

❼せめて思い出の品によって深い真心を示したいと、

❽青貝細工の小箱とふたまたの金のかんざしを、(使者に)頼んで

❽鈿合　金釵　寄せ将ち去らしむ
❾釵は一股を留め　合は一扇
❿釵は黄金を擘き　合は鈿を分かつ
⓫但だ心をして　金鈿の堅きに似しめば
⓬天上人間　会ず相見んと
⓭別れに臨みて　殷勤に重ねて詞を寄す
⓮詞中誓ひ有り　両心のみ知る
⓯七月七日長生殿
⓰夜半人無く　私語の時
⓱天に在りては　願はくは比翼の鳥と作り
⓲地に在りては　願はくは連理の枝と為らんと
⓳天は長く地は久しきも　時有りて尽く
⓴此の恨みは　綿綿として尽くる期無からん

（白氏文集）

持って行かせましょう。
❾かんざしは一方の脚を残し、小箱は「ふた」と「み」のどちらか一方を（残し）、
❿かんざしは黄金を二つに裂き、小箱は青貝の「ふた」と「み」を分けましょう。
⓫ただ、（二人の）心が（この）黄金や青貝の堅さに似てさえいたならば（＝二人の心を堅固にしておけば）、
⓬天上とこの世（とに分かれていても）、いつかきっとお会いできるでしょう、と。
⓭（使者との）別れにあたって、丁寧に再度言葉を託す。
⓮その言葉の中には誓いの言葉があり、（それは天子と彼女の）二人の心だけが知るものだった。
⓯七月七日、長生殿において、
⓰夜が更け、辺りに人影もなく、二人がひそかに語り合った時、
⓱天上にあっては比翼の鳥になりたいと思い、
⓲地上にあっては連理の枝になりたいと思う（と誓った）。
⓳天と地は悠久（＝永遠に不変）であるといっても、（いつかは）尽きてしまう時があろうが、
⓴この満たされない恋心は、いつまでも続いて、決して尽きる時はないであろう。

語句の解説 10

教707 160ページ　教708 332ページ

❶**謝二君王一**　天子にお礼を申し上げる。「謝」の内容は、「一別音容…会 相見ン」。

❷**一別**　楊貴妃が殺されてからの別離のことを言っている。

❸**恩愛**　もともとは、男から女への一方的な愛情を意味するが、ここでは相思別離（＝互いに相手を思いながらの別離）をいう。

❹**日月長** 仙人の世界では人間界と時間感覚が異なることの他、不幸な時間はひどく長く感じられることも意味する。

❺**望二人寰処一** 人間世界を眺めても。「人寰」は人の住むところ。「処」は空間や場所、時間や時刻を表す語。ここでは「人寰処」で、「人間世界」と訳す。

❻**不レ見二長安一** 長安は見えず。「見」は「(自然と)目に入る」の意。

❻**塵霧** ①ちりが霧のように立ちこめる様子、②世俗の汚れ、の意があるが、ここでは①。「兵乱」の意と解する説もある。

❼**唯** 限定の副詞。ここでは「せめて(…したい)」の意。

❼**将二旧物一** 思い出の品を用いて。「将」は、ここでは、前置詞「以」に同じで、手段・方法を表す。「…によって・…で」の意。

❽**寄将去** 頼んで持って行かせる。

＊将　ここでは、動詞に添えて語調を整える助字。

❿**擘** 引き裂き。手によって裂き。

⓫**但令三心似二金鈿堅一** ただ心が黄金や青貝の堅さに似てさえいたならば。二人の心を黄金や青貝のように堅固にしてさえいれば。

＊令二A B一 仮定を表す。AがB(である)ならば。

⓬**天上人間** 天上とこの世。二人が天上とこの世に分かれていても、ということ。

⓬**会相見** きっとお会いできるでしょう。「会」は、ここでは「必」に同じ。きっと…であろう。

⓭**寄レ詞** 言葉を託す。伝言する。「詞」の内容は、「七月七日…連理枝」。

⓮**有レ誓** 「誓」の内容は、「在レ天…連理枝」。

教707 161ページ　教708 333ページ

⓰**私語** 「私」は「ひそかに・こっそりと」の意で、ひそかに語るとは、恋人・夫婦間のささめごとを指す。

⓱⓲**在レ天願作二比翼鳥一　在レ地願為二連理枝一** 天上にあっても、地上にあっても、離れず一緒にいよう、ということ。

＊願A　(自分の)願望を表す。

⓳**天長地久** 「天地長久」と同意。天地が悠久不変であることをいう。

⓳**有レ時尽** 永遠のものと思われる天地であっても、いつかは尽きる時がある、という一種の無常観の表明。

⓴**無二尽期一** 尽きる時はないであろう。つまり、終わることはない、ということ。「期」は、ここでは「かぎり・限界」の意。

学習のポイント

1 各段落の(」の印で示す)に従って、それぞれの内容をまとめてみよう。

考え方 各段落の【大意】参照。

2 探究 「長恨歌」の中から、特に印象に残った句を抜き出して「長恨歌」名句集を作り、互いに批評しあってみよう。

考え方 1 短い語句の中で多くの内容を表現しているものを挙げる。

2 語調が優れているものを挙げる。漢文訓読上のもので構わない。日本語として語調がよいと感じられればよい。

3 長い詩の中でポイントと思われる表現を抜き出すのもよい。

句法

書き下し文に直し、太字に注意して、句法のはたらきを書こう。

1 **遂令**天下父母心 不重生男重生女
（　　　　）（　　　　）

2 六軍不発**無奈何**
（　　　　）（　　　　）

3 **如何**不涙垂
（　　　　）（　　　　）

4 **誰**与共
（　　　　）（　　　　）

5 **教**方士殷勤覓
（　　　　）（　　　　）

答
1 遂に天下の父母の心をして男を生むを重んぜず女を生むを重んぜしむ／使役
2 六軍発せず奈何ともする無く／疑問
3 如何ぞ涙垂れざらん／反語
4 誰と与共にせん／反語
5 方士をして殷勤に覓めしむ／使役

読み比べ　源氏物語　翼をならべ、枝をかはさむ

紫式部

教707 162〜163　教708 334〜335

【大意】 1 教707 162ページ1〜6行　教708 334ページ1〜6行

桐壺の更衣が亡くなってから帝は長恨歌ばかりを読むようになり、更衣との誓いを思い出し嘆く。

【品詞分解／現代語訳】

命婦 は(係助)、まだ(副) 大殿籠ら(四・未) せ(助動・尊・用) たまは(補尊・四・未) ざり(助動・打・用) ける(助動・詠・体) と(格助)、あはれに(ナリ・用) 見(上一・用) たてまつる(補謙・四・終)。

靫負の命婦は、(帝が)未だにお休みになっていなかったと、しみじみといたわしく存じ上げる。

御前 の(格助) 壺前栽 の(格助)、いと(副) おもしろき(ク・体) 盛り なる(助動・断・体) を(格助)、御覧ずる(サ変・体) やうに(助動・比・用) て(接助)、忍びやかに(ナリ・用)、心にくき(ク・体) 限り の(格助)

御殿の中庭の植え込みが、大変趣深い盛りであるのを、(帝は)御覧になるふりをなさって、ひっそりと、奥ゆかしい

女房、四、五人 さぶらは(四・未) せ(助動・使・用) たまひ(補尊・四・用) て(接助)、御物語 せ(サ変・未) させ(助動・尊・用) たまふ(補尊・四・体) なり(助動・断・用) けり(助動・過・終)。

女官だけ、四、五人をおそばにお置きになって、お話をしていらっしゃるのであった。

このごろ、明け暮れ(副) 御覧ずる(サ変・体) 長恨歌 の(格助) 御絵、亭子の院 の(格助) かか(四・未) せ(助動・使・用) たまひ(補尊・四・用) て(接助)、

このごろ、明けても暮れても御覧になっている長恨歌の御絵、(それは)宇多天皇がお描かせになり、

伊勢、貫之 に(格助) よま(四・未) せ(助動・使・用) たまへ(補尊・四・已(命)) る(助動・完・体)、やまと言の葉 を(格助) も(係助)、唐土 の(格助) 詩 を(格助) も(係助)、

伊勢や、紀貫之に和歌をお詠ませになったものであるが、和歌についても、漢詩についても、

ただ(副) そ(代) の(格助) 筋 を(格助) ぞ(係助(係))、枕言 に(接助) せ(サ変・未) させ(助動・尊・未) たまふ(補尊・四・体(結))。

ただこの長恨歌の妻に先立たれたような話の筋を、口ぐせのように言う言葉になさっている。

語句の解説 1

教707 162ページ　教708 334ページ

1 大殿籠らせたまはざりける　お休みになっていない。「大殿籠る」

は「寝(い)ぬ」の尊敬語。

1あはれに見(み)たてまつる　しみじみといたわしく存じ上げる。

5やまと言(こと)の葉(は)　和歌。

5唐土(もろこし)の詩(うた)　漢詩。

【大意】　2　教707 162ページ7行〜163ページ5行　教708 334ページ7行〜335ページ5行

桐壺の更衣の母からの贈り物を見て、帝は長恨歌の故事を思い出し、その内容と比べて、更衣の死を嘆く。

【品詞分解／現代語訳】

か(代)の(格助)贈り物御覧ぜ(サ変・未)さす(助動・使・終)。「亡き(ク・体)人の(格助)すみか、たづね出で(下二・用)たり(助動・完・用)けむ(助動・過伝婉・体)しるしの(格助)釵

(靫負の命婦は)亡き桐壺の更衣の形見として贈られた装束や、くしなどを帝にご覧に入れる。「(帝は)これが楊貴妃の魂のありかを、尋ねて得たという釵で

なら(助動・断・未)ましか(助動・反仮・已)ば(接助)。」と(格助)思ほす(四・体)も(係助)、いと(副)かひなし(ク・終)。

あったならうれしいのだが。」とお思いになるのも、まことにしかたがないことである。

たづねゆく(四・体)まぼろしもがな(終助)つてにて(格助)も(係助)魂の(格助)ありかを(格助)そこ(代)と(格助)知る(四・終)べく(助動・可・用)

(楊貴妃の場合のように、桐壺の更衣の魂を)捜しに行く幻術士(道士)がいてくれたらよいのになあ。たとえ人づてにでも魂のありかがどこだとつきとめることができるように。

絵に(格助)書け(四・已)る(助動・完・体)楊貴妃の(格助)かたちは(係助)、いみじき(シク・体)絵師と(格助)いへ(四・已)ども(接助)、筆限りあり(ラ変・用)けれ(助動・過・已)ば(接助)、

絵に描いてある楊貴妃の容貌は、どんなに優れた画家でも、筆の力に限界があるので、

いと(副)にほひ少なし(ク・終)。太液の(格助)芙蓉、未央の(格助)柳も(係助)、げに(副)、かよひ(四・用)たり(助動・完・用)し(助動・過・体)かたちを(格助)、

生き生きとした美しさはない。太液池の芙蓉(蓮)の花、未央宮の柳にも、実に、(楊貴妃に)似通っていた容貌であるので、

唐めい(四・用(音))たる(助動・完・体)よそひは(係助)、うるはしう(シク・用(音))こそ(係助(係))あり(補・ラ変・用)けめ(助動・過伝婉・已然(結))、なつかしう(シク・用(音))らうたげなり(ナリ・用)し(助動・過・体)を(格助)

唐風の(楊貴妃の)装いは、綺麗ではあっただろうが、(更衣の容姿が)心ひかれ、かわいらしげであったのを

おぼし出づる(下二・体)に(接助)、花鳥の(格助)色に(格助)も(係助)音に(格助)も(係助)、よそふ(下二・終)べき(助動・可・体)方ぞ(係助(係))なき(ク・体(結))。朝夕の(格助)言ぐさに(格助)、

(帝は)思い出され、どんな花の色にもどんな鳥の音色にも、比べることはできない。毎日朝夕なく合い言葉のように、

「翼を ならべ、枝を かはさ む。」と 契ら せ たまひ し に、
格助 下二・用 格助 四・未 助動・意・終 格助 四・未 助動・尊・用 補尊・四・用 助動・過・体 接助
「天に在っては比翼の鳥、地に在っては連理の枝となろう。」と約束なさったのに、

かなは ざり ける 命 の ほど ぞ、尽きせ ず、恨めしき。（桐壺）
四・未 助動・打・用 助動・過・体 格助 係助(係) サ変・未 助動・打・用 シク・体(結)
叶わなかった(更衣の)寿命が、尽きることなく、恨めしい。

語句の解説 2

教707 162ページ 教708 334ページ

8 かひなし　効き目がない。むだである。価値がない。ここでは「しかたがない」の意。

9 まぼろしもがな　幻術士がいてくれたらよいのになあ。「もがな」は願望を表す終助詞。

9 そこ　魂のありか。ここでは桐壺の更衣の魂のありか。

教707 163ページ 教708 335ページ

1 かよひたりしかたち　似通っていた容貌。

2 よそひ　「よそひ」は、装い。服装の意。

4 契らせたまひし　約束なさった。

5 尽きせず　尽きることなく。恨めしいという思いが尽きることがない、ということ。更衣の命が尽きない、ということではない。

読み比べ　更級日記　七月七日　菅原孝標の女

教707 164 教708 336

【大　意】 教707 164ページ1～6行 教708 336ページ1～6行

長恨歌を読んでみたい筆者は気持ちを歌にして送る。

【品詞分解／現代語訳】

世 の 中 に、長恨歌 と いふ 文 を、物語 に 書き て ある ところ あん なり と 聞く に、
格助 格助 格助 四・体 格助 格助 四・用 接助 補・ラ変・体 ラ変・体(音) 助動・伝聞・終 格助 四・体 接助
世間に、長恨歌という漢詩を、物語風に書いたものを持っている家があるそうだと聞いて、

いみじく ゆかしけれ ど、え いひよら ぬ に、さる べき たより を 尋ね て、
シク・用 シク・已 接助 副 四・未 助動・打・体 接助 ラ変・体 助動・当然・体 格助 下二・用 接助
とても心が引かれ(読んでみたいと思っ)たけれど、言い出すことができずにいたところへ、しかるべき手づるを探して、

七月七日　いひやる。
七月七日に(とうとう次のように)詠んで送る。

契り　けむ　昔　の　今日　の　ゆかしさ　に　天の川波　うちいで　つる　かな
昔、(玄宗皇帝と楊貴妃が永遠の愛を誓った七夕である)今日のことを知りたくて、(彦星が)天の川(を渡る)ように、思い切ってお願いします。

返し、
(するとその)返歌に、

たちいづる　天　の　川辺　の　ゆかしさ　に　つね　は　ゆゆしき　こと　も　忘れ　ぬ
(牽牛と織女が)天の川の川辺で立ち出でて会う(今日という日の)興味深さゆえ、ふだんならば不吉なこととして遠慮するのですが、今日だけは忘れました。(ですので、お貸ししましょう。)

語句の解説

教707 164ページ　教708 336ページ

1 **あんなり**　「あるなり」の撥音便。「なり」は伝聞。

2 **いみじくゆかしけれど**　とても心が引かれたけれど。ここでは「読んでみたい」と思ったということ。

2 **えいひよらぬに**　言い出すことができずにいたところへ。「え…ず」で「…できない」の意。「いひよる」は「申しこむ・頼み込む」の意。

4 **天の川波**　続く「うちいで」の序詞。

4 **うちいで**　勢いよく口にだして言う。

6 **たちいづる**　牽牛と織女が立ち出でて会う。

読み比べ　枕草子　梨花一枝　清少納言

教707 164〜165　教708 336〜337

【大　意】　教707 165ページ1〜8行　教708 337ページ1〜8行

梨の花についての、清少納言のイメージ語り。当時梨の花はつまらないものとしての評価しかなかったが、長恨歌では美しいものとして詠まれていることに触れ、その美しさと価値について語っている。

【品詞分解／現代語訳】

梨 の[格助] 花、 世に[副] すさまじき[シク・体] もの に[助動・断・用] して、[接助] 近う[ク・用(音)] もてなさ[四・未] ず、[助動・打・用]

梨の花は、実にとりえのない花であって、近くに置いて面倒を見ることもしないで、

はかなき[ク・体] 文 つけ[下二・用] など[副助] だに[副助] せ[サ変・未] ず。[助動・打・終] 愛敬 おくれ[下二・用] たる[助動・完・体] 人 の[格助] 顔 など[副助] を[格助]

ちょっとした手紙を結びつけるなどのことさえしない。かわいらしさのない人の顔などを

見[上一・用] て[接助] は、[係助] たとひ に[格助] 言ふ[四・体] も、[係助] げに、[副] 葉 の[格助] 色 より[格助] はじめ[下二・用] て、[接助] あいなく[ク・用] 見ゆる[下二・体] を、[格助]

見ては、（梨の花のようだと）たとえに出して言うのも、実に、葉の色をはじめとして、興味がなく見えるのを、

唐土 に[格助] は[係助] 限りなき[ク・体] もの に[助動・断・用] て、[接助] 文 に[格助] も[係助] 作る、[四・体] なほ[副] さり[ラ変・終] と[格助] も[係助]

唐の地ではこの上ないよいもの（花）として、詩にも歌われるのは、やはりそれなりの事情が

やう あら[ラ変・未] む[助動・推・終] と、[格助] せめて[副] 見れ[上一・已] ば、[接助] 花びら の[格助] 端 に、[格助] をかしき[シク・体] にほひ こそ、[係助(係)]

あるのだろうと（思い）、じっくり見ると、花びらの端の方に、美しい色合いが、

心もとなう[ク・用(音)] つき[四・用] た[助動・存・体(音)] めれ。[助動・定・已(結)] 楊貴妃 の、[格助] 帝 の[格助] 御使ひ に[格助] 会ひ[四・用] て[接助]

ほんのりと頼りないようすでついているようだ。楊貴妃が、玄宗皇帝の使い（の幻術士）に会って

泣き[四・用] ける[助動・過・体] 顔 に[格助] 似せ[下二・用] て、[接助] 「梨花一枝、春、雨 を[格助] 帯び[上二・用] たり。」[助動・完・終] など[副助] 言ひ[四・用] たる[助動・完・体] は、[係助]

泣いた顔のことをたとえて（長恨歌では）、「梨の花の一枝が、春の、雨に濡れているようだ。」などと詠んでいるのは、

おぼろけなら[ナリ・未] じ[助動・打推・終] と[格助] 思ふ[四・体] に、[接助] なほ[副] いみじう[シク・用(音)] めでたき[ク・体] こと は、[係助] たぐひ あら[ラ変・未] じ[助動・打推・終]

普通のことではないだろうと思われるが、そうだとすれば梨の花もとてもすばらしいものであることは、並ぶものがないほどだ

と[格助] おぼえ[下二・用] たり。[助動・完・終]

と感じられる。

（第三五段）

語句の解説

教707 165ページ　**教708** 337ページ

1**世に**　実に。非常に。

1**すさまじきもの**　おもしろくないもの。興ざめなもの。ここでは「とりえのない花」の意。

1**もてなさず**　面倒を見ない。世話をしない。

2**だにせず**　さえもしない。「だに」は「さえ」「すら」。

2**愛敬**　かわいらしさ。

2**げに**　実に。ほんとうに。

3**あいなく**　興味がなく。

3**唐土**　唐。唐は、中国大陸の代表的国家。清少納言の存命時の国家としては宋。

3**限りなき**　最高である。最上である。この上ない。

3**文**　手紙。ここでは「漢詩」の意。

4**なほさりともやうあらむ**　やはりそれなりの事情があるのだろう。

4**せめて**　熱心に。じっくり。

4**をかしきにほひ**　美しい色艶。美しい色合い。「にほひ」は本来、赤い色を表す「丹」が「秀」なことから、赤く色づくことを表す。強い香りを放つ、という意味は、ここから派生した意味。

5**心もとなう**　頼りない。わずかに。かすかに。「心もとなし」の連用形「心もとなく」のウ音便。

5**つきためれ**　ついているようだ。「つきたるめれ」が「つきたんめれ」と撥音便化し、「ん」が表記されていない形。「たる」は存続を表す助動詞「たる」の連体形。「めれ」は推定の助動詞「めり」の已然形で、直前の「こそ」を受けて係り結びとなっている。

5**楊貴妃の**　楊貴妃が。「長恨歌」に出てくる楊貴妃を表す。史実の楊貴妃ではない。

5**帝**　ここでは「長恨歌」に出てくる「漢の玄宗皇帝」のこと。

5**御使ひ**　「長恨歌」に出てくる楊貴妃の魂を捜す「道士」。道士は老荘思想の流れをくむ「道教」の術士(方術士)。

6**梨花一枝、春、雨を帯びたり**　梨の花の一枝が春の雨に濡れている。「長恨歌」の引用。「梨花一枝春帯雨」(**707** 160・4行目 **708** 332・4行目)を訓読すれば「梨花一枝、春、雨を帯びたり」となる。

6**おぼろけならじ**　普通のことではないだろう。「おぼろけ」は、普通のこと。打消を伴って、「普通ではない・特別なこと」の意。「じ」は打消推量の「じ」の終止形。「ないだろう」の意。

7**たぐひ**　類。並ぶもの。同類。「たぐひあらじ」で「並ぶものがない・特別だ」の意。

学習のポイント

1 **「翼をならべ、枝をかはさむ」「七月七日」「梨花一枝」は、それぞれ「長恨歌」のどの句を引用し、あるいはどの部分を踏まえているか、確認してみよう。**

考え方　「長恨歌」の口語訳を見て、それぞれの表現を探してみる。

解答例

「翼をならべ、枝をかはさむ」

「亡き人のすみか…しるしの釵ならましかば」＝「唯将㆓旧物㆒表㆓深情㆒、鈿合金釵寄将去、釵留㆓一股㆒合一扇、釵擘㆓黄金㆒合分㆑鈿」（707 160・8～9 708 332・8～9）を前提として書かれている。

「たづねゆく…魂のありかをそこと知るべく」＝（707 159・3～161・3 708 331・3～333・3）の内容を意訳で引用。道士が、楊貴妃の魂をたずね、釵と香箱を道士に託し玄宗に言葉を贈る内容を前提として書かれている。

「太液の芙蓉…かよひたりしかたちを」＝「太液芙蓉未央柳、芙蓉如㆑面柳如㆑眉、対㆑此如何不㆓涙垂㆒」（707 158・5～6 708 330・5～6）の部分を前提として書かれている。

「翼をならべ、枝をかはさむ」＝「在㆑天願作㆓比翼鳥㆒、在㆑地願為㆓連理枝㆒」（707 161・2 708 333・2）の内容を前提として書かれている。

「尽きせず、恨めしき」＝「天長地久有㆑時尽、此恨綿綿無㆓尽期㆒」（707 161・3 708 333・3）の内容を前提として書かれている。

「七月七日」

「七月七日いひやる。…契りけむ昔」＝「七月七日長生殿、夜半無㆑人私語時、在㆑天願作㆓比翼鳥㆒、在㆑地願為㆓連理枝㆒」（707 161・1～2 708 333・1～2）の内容を前提としている。

「梨花一枝」

「楊貴妃の、帝の御使ひに会ひて泣きける顔に似せて、『梨花一枝、春、雨を帯びたり。』など言ひたるは」＝「聞道漢家天子使…玉容寂寞涙欄干、梨花一枝春帯㆑雨」（707 159・11～160・4 708 331・11～332・4）の内容を前提として書かれている。

2 探究 **「翼をならべ、枝をかはさむ」「七月七日」「梨花一枝」について、「長恨歌」の引用のしかたや踏まえ方にどのような共通点や相違点があるのか、比較してまとめてみよう。**

考え方 引用の仕方は、訓読をそのまま流用しているか、内容をふまえて話題としているか、という視点から考えるパターンと、どの部分を流用しているかを考えるパターンなどが考えられる。

解答例

・引用の仕方

「翼をならべ、枝をかはさむ」「七月七日」は「長恨歌」の内容をふまえた書き方。「梨花一枝」は「長恨歌」の一節の書き下しを引用しているという違いがある。

・引用部分

「翼をならべ、枝をかはさむ」と「七月七日」は、楊貴妃の誓いを前提としている。「梨花一枝」では「長恨歌」そのものを引用している。「翼をならべ、枝をかはさむ」と「梨花一枝」は、楊貴妃の容姿を連想させる句を引用している。

読み比べ　楊貴妃（やうきひ）がことを詠める

源俊頼（みなもとのとしより）〔俊頼髄脳（としよりずいなう）〕

教707 166～169

※本教材は教708では学習しません。

【大意】1　教707 166ページ1行～167ページ4行

「思ひかね…」の歌は、楊貴妃にまつわる伝説を詠んだものである。唐の玄宗皇帝は、寵愛（ちょうあい）した妃（きさき）を相次いで亡くした後、絶世の美女、楊貴妃に出会う。彼女に夢中になった皇帝は政治を疎（おろそ）かにし、楊貴妃の親族に政治の実権を握らせてしまい、世間の反感を買う。

【品詞分解／現代語訳】

下二・用／下二・用／助動・過・体／格助／カ変・用／接助／上一・已／接助／格助／係助(係)／四・体(結)

思ひかね　別れ　し　野べ　を　き　て　みれ　ば　浅茅が原　に　秋風　ぞ　吹く

恋しさに耐えきれず、あの日(あなたに)死に別れた野辺に来てその場所を見たところ、ちがやが一面に生えた荒れた野原に、秋風が(寂しく)吹くばかりであるよ。

(代)／係助／格助／格助／四・已(命)／助動・完・体／助動・断・終／格助／四・已(命)／助動・存・体／係助

これ　は、楊貴妃　が　こと　を　詠め　る　なり。楊貴妃　と　いへ　る　は、昔、唐土

これは、楊貴妃(に関して)のことを詠んだ歌である。楊貴妃と(人々が)呼んでいた女性は、昔、唐の国

格助／格助／四・体／サ変・用／助動・過・終／副／格助／係助(係)／四・用／補尊・四・用／助動・過・体(結)／シク・用(音)

に　玄宗　と　申す　帝　おはし　けり。もとより、色　を　なむ　好み　たまひ　ける。いみじう

に玄宗と(お呼び)申し上げる皇帝がいらっしゃった。もともと、女性との恋愛を好んでいらっしゃった。たいそう

サ変・用／補尊・四・用／助動・過・体／係助(係)／サ変・用／助動・過・体(結)／(連語)／格助／四・用／(連語)

あひし　たまひ　ける、女御、后　なむ　おはし　ける。后　をば　源憲皇后　と　いひ、女御　をば

(皇帝と)仲が良くていらした、女御と后がおいでになった。(その)后を源憲皇后と言い、女御は

格助／係助(係)／下二・用／助動・過・体(結)／シク・用(音)／四・用／助動・過・体／接助／四・用／接助／下二・用

武淑妃　と　なむ　聞こえ　ける。いみじう　あひ思し　ける　ほどに、とり続き　二人　ながら　亡せ

武淑妃と(人々は)お呼びしていた。(二人と玄宗皇帝は)たいそうお互いに大事に思いあっているうちに、(ある時)続けて二人とも

補尊・四・用／助動・完・用／助動・過・終／(代)／四・用／接助／(代)／格助／上一・用／助動・存・体／係助(係)／ラ変・体(結)／格助

たまひ　に　けり。それ、思し召し嘆き　て、これら　に　似　たる　人　や　ある　と

亡くなられてしまった。(皇帝は)そのことを、思い嘆きなさって、この(亡くなられた)方々に似ている女性はいないかと

下二・用　補尊・四・体　接助　副(音)　格助　四・已(命)　助動・存・体　格助　ラ変・用　助動・過・終　副
求め たまふ ほどに、やうやう 楊元琰 と いへ る 人 の むすめ あり けり。容姿、世に
お捜しになっているうちに、ようやく楊元琰と呼ばれていた人の娘が（条件に合うものとして）いた。（その女性の）容貌

副　ク・用　係助(係)　サ変・用　助動・過・体(結)　(代)　格助　四・用　接助　四・用　接助　サ変・用　助動・過・体
すぐれて めでたく なむ おはし ける。帝、これ を 聞こし召し て、迎へとり て 御覧じ ける
は、ことのほかきわだって美しくていらっしゃった。皇帝は、このことをお聞きになって、（その女性を）宮中に迎え入れてご覧になった

接助　副　サ変・用　助動・過・体　格助　係助　四・用　接助　ク・用　係助(係)　補尊・サ変・用　助動・過・体(結)　格助
に、はじめ おはし ける 女御、后 に も まさり て、めでたく なむ おはし ける。三千人 の
ところ、以前いらっしゃった武淑妃や、源憲皇后にもまさって、美しくていらっしゃった。（後宮に侍る美女）三〇〇〇人

係助(係)　サ変・用　助動・過・体(結)　格助　四・用　補尊・四・用　助動・過・体　接助　格助　格助　係助　サ変・用
寵愛、一人 なむ おはし ける を もて遊び たまひ ける ほどに、世の中 の 政治 を も し
分の寵愛を、（受けるのはこの）一人でいらっしゃるかのように（皇帝がこの女性・楊貴妃だけを）慈しみなさったので、（皇帝は）世の中の政治を執ることも

補尊・四・未　助動・打・終　係助　格助　副　四・用　係助　格助　副　サ変・用　係助　格助　サ変・用
たまは ず。春 は 花 を 共に もて遊び、秋 は 月 を 共に 御覧じ、夏 は 泉 を あひし、
なさらない（状態になった）。（皇帝と楊貴妃は）春は花を一緒に楽しみ、秋は月を一緒にご覧になり、夏は泉のそばに寄り添い、

係助　格助　上一・用　補尊・四・用　助動・過・終　(代)　格助　ク・用　(代)　格助　格助　格助
冬 は 雪 を 二人 見 たまひ き。これ より 御いとま なく、この 女御 の 御兄 の
冬は雪を一緒にご覧になった。これらのことにより（皇帝には他に目を向ける）余裕がなくなり、この妃の兄上の

格助　四・已(命)　助動・存・体　格助　係助(係)　(代)　格助　(連語)　下二・用　接助　サ変・未　助動・使・用　補尊・四・用
楊国忠 と いへ る 人 に なむ、その 政治 をば 任せ て せ させ たまひ
楊国忠という名の人物に、唐の国の政治を任せて行わせなさった。

助動・過・体(結)　(代)　格助　係助(係)　シク・用(音)　四・用　接助　四・用　助動・過・体(結)　格助　ラ変・未　助動・婉・体
ける。これ より、世間 なむ いみじう 嘆き て 言ひ ける。「世 に あら む 人
このことから、世間（の人々）はたいそう悲しんで言った。「（この）世の中で暮らす人は、

係助　(連語)　下二・未　(連語)　格助　係助(係)　下二・終　助動・適・体(結)　格助　係助(係)　四・用　助動・過・体(結)
は、男子 をば まうけ ずして、女子 を なむ まうく べき。」と ぞ 言ひ ける。
（自分の子として）男の子を作るのでなく、女の子を作るのがよい。」と言ったということである。

語句の解説 1

教707 166ページ

1 **思ひかね**　恋しさに耐えきれず。

「…かぬ」は接尾語で、「…できない・…しきれない」の意。

3 **色をなむ好みたまひける**　恋愛を好んでいらっしゃった。

「色を好む」は、ここでは「多情である・異性関係を好む」の意。

4 **女御、后**　いずれも天皇や皇帝の妃の位を指す。

4 **をば**　格助詞「を」＋係助詞「は（濁音化）」。「を」の強調。

5 **聞こえける**　（名を…と）申し上げた。

「聞こゆ」は、ここでは「言ふ」の謙譲語。「名を…とお呼びする」の意。

5 **あひ思しけるほどに**　お互いに大事に思いあっているうちに。

「あひ」は「相」で、ここでは「互いに」。「ほどに」は名詞「ほど」＋格助詞「に」からできた接続助詞。

7 **やうやう**　ようやく。やっと。「漸く」のウ音便の形。

10 **三千人の寵愛、一人なむおはしける**　後宮に仕える宮人は三〇〇〇人いるが、その女性たちに分けられるはずの帝の寵愛を、この女御（楊貴妃）一人が一身に受けた、ということ。

教707 167ページ

3 **男子をばまうけずして、女子をなむまうくべき**　男子を生んで立身出世させるより、女子を生んで帝にさし上げる方が、家の繁栄につながるということ。

「ずして」は、打消の助動詞「ず」＋接続助詞「して」よりの連語。

【大　意】　2　教707 167ページ5～14行

世の乱れの原因は楊貴妃にあると考えた安禄山が反乱を起こし、楊貴妃を皇帝の目の前で殺してしまう。悲嘆にくれる皇帝は、みずから皇帝の位を辞し、生きる気力をもなくしたような、抜け殻同然の日々を送る。

【品詞分解／現代語訳】

かく（副）　世の中　なむ（係助）　騒ぎ（四・用）　ける（助動・過・体）　を（格助）　聞き（四・用）　て、（接助）　世人　の（格助）　心　に（格助）　従ひ（四・用）　て、（接助）　安禄山　と（格助）　いふ（四・体）　人、

このように世の中が（玄宗皇帝が楊貴妃にかまけて国の政治を疎かにしていると嘆き）騒いでいるのを聞いて、（そういう）世間の人々の気持ちに応じて、

いかで（副）　帝　を（格助）　危ぶめ（下二・用）　たてまつり（補謙・四・用）　て、（接助）　こ（代）　の（格助）　女御　を（格助）　殺さ（四・未）　む（助動・意・終）　と（格助）　思ふ（四・体）　心　あり（ラ変・用）　けり。（助動・過・終）

安禄山という人物が、どうにかして皇帝に危ういと思わせ申し上げて、この妃を殺したいと思う気持ちがあった。

漁陽 と[格助] いへ[四・已(命)] る[助動・存・体] 所 に[格助] 遊ば[四・未] せ[助動・尊・用] たまひ[補尊・四・用] ける[助動・過・体] ほどに、[接助] こ[(代)]の[格助] 安禄山 戦

(皇帝と楊貴妃が)漁陽と呼んでいた場所にお出かけなさった間に、この安禄山は反乱

を[格助] 起こし、[四・用] 矛 を[格助] 腰 に[格助] さし[四・用] て、[接助] 御輿 の[格助] さき に[格助] 伏し[四・用] て、[接助] 申し[四・用] ける[助動・過・体] やう、「願はくは、[(連語)]

を起こし、矛を腰にさして、(皇帝と楊貴妃の乗る)御輿の前に平伏して、(皇帝に)申し上げるには、「どうか、

そ[(代)]の[格助] 楊貴妃 を[格助] 賜ひ[四・用] て、[接助] 天下 の[格助] 怒り を[格助] 和め[下二・未] む。」[助動・意・終] と[格助] 申し[四・用] けれ[助動・過・已] ば、[接助] 帝

そちらの楊貴妃さまを(私におあずけ)ください、そうして天下の人々の怒りを和らげたく存じます。」と申し上げたところ、皇帝

惜しみ[四・用] たまは[補尊・四・未然] ずして、[(連語)] こ[(代)]の[格助] 女御 を[格助] 賜ひ[四・用] て[接助] けり。[助動・過・終] 安禄山、賜はり[四・用] て、[接助] 帝 の[格助] 御前

は(特に)拒否なさることなく(＝潔くお振る舞いになり)、この妃を(安禄山)におあずけになった。安禄山は、(楊貴妃をおあずけ)いただいて、皇帝の

にして[(連語)] 殺し[四・用] て[助動・完・用] けり。[助動・過・終] 帝、これ[(代)] を[格助] 御覧じ[サ変・用] て[接助] 肝心 惑ひ[四・用] て、[接助] 涙 よも に[格助] 流れ[下二・用] て[接助] 見[上一・用]

目前で命を奪ってしまった。皇帝は、これをご覧になって正気を失い取り乱して、涙がとめどなく流れて見るに堪えないという

たまふ[補尊・四・体] に[格助] 堪へ[下二・未] ず[助動・打・用] ぞ[係助(係)] あり[ラ変・用] ける。[助動・過・体(結)] かくて、[接] 都 に[格助] 帰り[四・用] たまひ[補尊・四・用] て、[接助] 位 をば[(連語)]

ご様子でいらっしゃった。この後、(皇帝は)都にお帰りになって、(皇帝の)位を

東宮 に[格助] 譲り[四・用] たまひ[補尊・四・用] に[助動・完・用] けり。[助動・過・終] こ[(代)]の[格助] こと 思し嘆き[四・用] て、[接助] 春 は[係助] 花 の[格助] 散る[四・体] を[格助] も[係助]

皇太子にお譲りになってしまった。(そうして)この(楊貴妃が悲劇的な死を遂げた)ことを思い嘆きなさって、春は花が散るのも

知ら[四・未] ず、[助動・打・用] 秋 は[係助] 木の葉 の[格助] 落つる[上二・体] を[格助] も[係助] 見[上一・用] たまは[補尊・四・未] ず。[助動・打・終] 木の葉 は[係助] 庭 に[格助]

目に入らず、秋は木の葉が落ちるのも目に留めなさらない(というご様子だった)。木の葉は庭に

積もり[四・用] たれ[助動・存・已] ど、[接助] あへて[副] 払ふ[四・体] 人 なし。[ク・終]

積もっていったが、(それを)まったく掃除する人もいない。

語句の解説 2

教707 167ページ

1 「かく」とはどのようなことを指すか。

答 玄宗皇帝が楊貴妃を寵愛するあまりに、政務を怠ったあげく楊貴妃の親族に政治の実権を握らせてしまい、世の人々の反感を買っていること。

6 **いかで帝を危ぶめたてまつりて…む**　どうにかして皇帝に危ういと思わせて…(し)たい。
「いかで」は、ここでは意志や願望を表す語を伴って「何とかして・どうしても」という強い希望を表す。
「危ぶむ」は、ここでは「危険だと思う・気にかかり不安に思う」の意。

7 **遊ばせたまひける**　お出かけなさった。
「遊ぶ」は、ここでは「遠くに出かける・動き回る」の意。

8 **願はくは…む**　どうか(ぜひ)…させてください。
「願はくは」は四段活用動詞「願ふ」の未然形＋名詞化する接尾語「く」＋係助詞「は」からできており、漢文の訓読から生じた語である。文末は意志や命令を表す語が呼応する。命令の場合は「どうか…してください」と相手に請う形である。

9 **賜ひて**　(おあずけ)くださって。
「賜ふ」は四段活用動詞で、ここでは「与ふ・やる」の尊敬語。

10 **賜はりて**　(おあずけ)いただいて。
四段活用動詞「賜はる」は、ここでは「受く・もらふ」の謙譲語。

10 **にして**　「において」の意の連語(格助詞「に」＋格助詞「して」)。

11 **肝心惑ひて**　正気を失い取り乱して。
「肝心」は、ここでは「心・精神」の意。「惑ふ」は、ここでは「取り乱す・惑乱する」「悲しみもだえる・嘆き悲しむ」の意。

11 **よもに**　「四方に」で、もとは「いたるところに」の意。

14 **あへて払ふ人なし**　まったく掃除する人もいない。
副詞「あへて」は、ここでは否定の語と呼応して「まったく・全然」の意。

【大　意】 3　教707 167ページ15行〜168ページ14行

皇帝の悲嘆に同情した幻術使いの道士が、亡くなった楊貴妃の魂の行方を捜し当てると約束する。東方の仙郷にいるとの噂から、ようやく居場所にたどり着いた道士は、寝所から出てきた楊貴妃に尋ねられ、その後の皇帝の様子などを伝える。

【品詞分解／現代語訳】

かく	思し嘆く	を	聞き	て、	幻	と	いへ	る	道士	の	参じ	て	申さく、	「我	が	帝	の
副	四・体	格助	四・用	接助		格助	四・已(命)	助動・存・体		格助	サ変・用	接助	(連語)	(代)	格助		格助

このように(皇帝が)嘆き悲しむことを聞いて、幻術士だという道士が参上して申し上げることには、「私の(主君である)皇帝の

御使ひとして、この女御のおはし所を尋ねはべらむ。」と申しければ、帝

使者として、この妃の（死後に）いらっしゃる場所をお捜ししましょう。」と申し上げたところ、皇帝

大きに喜びてのたまはく、「しからば、我がために、この人のあり所を尋ねて聞か

は大いに喜んでおっしゃることには、「それならば、私のために、この妃の（死後の）居場所を捜し当てて教えよ。」

せよ。」とのたまふ。この詔を承りて、上は大空をきはめ、下はそこ根の国まで

とおっしゃった。このお言葉を承って、天上は大空の果てまで至り、地下は黄泉の国まで

求めけれど、終にえ尋ね得ずなりにけり。ある人の曰はく、

捜しに行ったが、結局捜し当てることができなかった。（そんなとき）ある人物が言うことには、

「東の海に、蓬莱といふ島あり。その島の上に、大きなる宮殿あり。そこになむ、

「東方の海上に、蓬莱という島がある。その島の上に、大きな宮殿がある。そこに、

玉妃の大真院といふ所あり。それになむおはする。」と言ひければ、尋ねて

帝妃の大真院という所がある。そこに（楊貴妃は）おいでになる。」と言ったので、（道士はその場所を）捜し当てて

至りにけり。その時に、山の端に日やうやう至りて、海の面、暗がりゆく。

到着した。その頃、山の稜線に太陽が次第に隠れて、海面は、暗くなっていった。

花の扉もみなたてて、人の音もせざりければ、この戸をたたきけり。

（大真院では）、花で飾った扉はすっかり閉められていて、人がいる音もしないので、この扉を叩いた。

青き衣着たる乙女の、鬢づらあげたる、出で来たりて曰はく、「汝は、

（すると）青い着物を着た少女で、左右に分けて輪にした髪を頭上で結った髪型の少女が、（扉から）出てきて言うには、「あなたは、

ナリ・体 格助 四・已(命) 助動・完・体 終助 下二・用 接助 (連語) 格助 助動・断・終 四・終

いかなる 所 より 来たれ る 人 ぞ。」幻、答へ て 曰はく、「帝 の 御使ひ なり。申す

どういった所から来たお方でしょうか。」道士が答えて言うことには、「皇帝の使者である。(楊貴妃

助動・当・体 格助 ラ変・体 格助 四・用 副 ナリ・用 四・已(命) 助動・完・体 助動・断・終 (代) 格助 格助

べき こと の ある に より、かく はるかに 尋ね来たれ る なり。」この 乙女 の

に)申し上げなくてはならないことがあるため、このようにはるか遠くから(この場所を)捜し当ててきたのだ。」この少女が言うには、

(連語) 副 下二・用 補尊・四・已(命) 助動・存・終 (連語) 副 四・用 補尊・四・命 (代) 格助

曰はく、「玉妃、まさに 寝 たまへ り。願はくは、しばらく 待ち たまへ。」その 時、

「お妃さまは、今ちょうどお休みになっておられたところです。どうか、しばらくお待ちくださいませ。」その間、

格助 下二・用 接助 上一・用 助動・存・終 下二・用 接助 (代) 格助 格助 下二・用 接助 (連語)

幻、手 を 手向け て 居 たり。夜 明け て、この 幻 を 召し寄せ て、玉妃 のたまはく、

道士は、手を(楊貴妃のいる場所に向かって)合わせて(祈りをささげて)いた。夜が明けて、この道士をお呼び寄せになって、楊貴妃がおっしゃるには、

係助 ナリ・用 補尊・四・終 係助 係助 格助 係助 格助 格助 四・体 副助

「帝王 は、平かに おはします や、否 や。次 に は、天宝十四年 より このかた 今日 に 至る まで、

「皇帝は、(今)心穏やかでいらっしゃるのか、どうか。また、天宝一四年からのち今日に至るまで、

ナリ・体 係助(係) ラ変・体(結) (代) 格助 格助 格助 四・用 助動・過・終

いかなる こと か ある。」幻、その 間 の こと を 語り申し けり。

(そちらの世界では)どのようなことがあったのか。」道士は、その期間の出来事を(楊貴妃に)お話し申し上げた。

語句の解説 3

教707 167ページ

15 **申さく**(もう) 申し上げることには。

四段活用動詞「申す」未然形＋名詞化する接尾語「く」からできた語。上代の文章や漢文訓読調の文章に多く現れる。

16 **…として** 断定の助動詞＋サ変動詞＋接続助詞からできた連語。

16 **尋ねはべらむ**(たず)(ン) お捜ししましょう。

「尋ぬ」は、ここでは「捜す・捜し求める」の意。「はべり」は丁寧の補助動詞で、会話の聞き手である帝に対する敬意を表す。

教707 168ページ

1 **のたまはく**(ワ) おっしゃることには。連語。

「のたまふ」は「言ふ」の尊敬語。成り立ちは「申さく」と同じ。

2 **詔**(みことのり) 天皇・皇帝のお言葉。

3 **え尋ね得ず**　捜し当てることができなかった。
「え…ず」、「得ず」ともに不可能を表す。

3 **曰はく**　言うことには。連語。
成り立ちは「申さく」「のたまはく」と同じ。

4 **蓬莱**　古代の中国で、仙人が棲むという伝説の仙郷。東方の海上または海中にあるとされた。道教の神仙思想による。

5 **玉妃**　王妃や帝妃のこと。楊貴妃を指すことが多い。

6 **やうやう**　ここでは、「だんだん・次第に」の意。

7 **花の扉もみなたてて**　花で飾った扉がすっかり閉じられていて。
この「たつ」は下二段活用動詞で、「(戸を)閉め切る」の意。

8 **青き衣着たる乙女の、鬢づらあげたる**　青い着物を着た少女で、鬢づらの髪を頭上で結った少女が。
「鬢づら」は、左右に分けた髪を輪にして結った髪型。この「の」は同格の格助詞。

11 **手を手向けて居たり**　死者に対してであるので、祈るようなしぐさをした、ということか。道士としての呪術的手振りとも考えられる。

2 「帝王」とは誰のことか。また「天宝十四年」とはどのような年か。

答 帝王…玄宗皇帝。
天宝十四年…楊貴妃が亡くなった(安禄山に殺された)年。

13 **…や、否や**　…であるか、それともそうではないのか。
漢文の訓読から生じた表現。

【大　意】 4　教707 168ページ14行～169ページ13行

帰り際に楊貴妃から、形見のかんざしと、皇帝と楊貴妃の秘密の語らいを言付かり、皇帝のもとへ帰って伝える。より悲しみの深まった皇帝はほどなく亡くなる。冒頭の歌は、楊貴妃の死後にその場を訪れた皇帝の気持ちに成り代わって詠んだものである。

【品詞分解／現代語訳】

帰り(四・用) **な**(助動・強・未) **む**(助動・意・終) **と**(格助) **し**(サ変・用) **ける**(助動・過・体) **時** **に**(格助) **臨み**(四・用) **て**(接助)、**玉** **の**(格助) **かんざし** **を**(格助) **なむ**(係助(係))、**つみ折り**(四・用) **て**(接助)

(道士が)今にも帰ろうとしたちょうどそのとき、(楊貴妃は)宝玉でできたかんざしを、(挿して保管してある場所から)つまみ取って

賜はせ(下二・用) **ける**(助動・過・体(結))。「**これ**(代) **を**(格助) **持ち**(四・用) **て**(接助)、**帝** **に**(格助) **奉れ**(四・命)。**昔** **の**(格助) **こと**、**これ**(代) **にて**(格助) **思し出でよ**(下二・命)。」**と**(格助) **なむ**(係助(係))

(道士に)お与えになった。「これを持ち帰って、皇帝に献上しなさい。昔の(私との)ことは、これで思い出してほしい。」と申し上げなさった。

申し(四・用) **たまひ**(補尊・四・用) **ける**(助動・過・体(結))。

幻 **申さく**(連語)、「**玉** **の**(格助) **かんざし** **は**(係助)、**世** **に**(格助) **ある**(ラ変・体) **物** **なり**(助動・断・終)。

道士は申し上げるには、「宝玉のかんざしは、世の中に(いくらでも)ある物でございます。

（代） 格助 四・未 助動・仮・体 接助 （代） 格助 格助 四・未 助動・打推・終 副 格助 四・用 接助
これを奉らむに、我が君、まことと思し召さじ。ただ、昔、君と忍びて
そういう物を献上しても、我が君玄宗皇帝は、（私が楊貴妃さまにお会いしたのを）本当のことだとお思いにならないでしょう。ただ、昔に、

四・用 補尊・四・用 助動・過伝婉・体 格助 格助 四・未 助動・受・未 助動・打・体 ラ変・用 助動・過推・終 （代） 格助
語らひたまひけむことの、人に知られぬ侍りけむ。それを
皇帝と人目から隠れて語り合われたようなことで、他人に知られていないことがございましたでしょう。それを

四・用 補尊・四・命 接 係助（係） 格助 係助 四・終 助動・推・体（結） 格助 四・用 助動・過・已 接助
申したまへ。さてなむ、まこととは思し召すべき。」と申しければ、楊貴妃、
申して下さいませ。そうすれば、（皇帝は私の話を）本当だとお思いになるに違いありません。」と申し上げたところ、楊貴妃は、

副 四・用 接助 （連語） （代） 格助 上一・用 助動・過・体 格助
しばらく思しめぐらしてのたまはく、「われ、昔七月七日に、七夕あひ見し夕に、帝、
しばらくの間思い巡らしてからおっしゃるには、「私は、昔七月七日に、（皇帝と）七夕をともに見た夕べに、皇帝が、

（代） 格助 四・用 接助 四・未 助動・尊・体 係助 格助 ナリ・終 （代） 係助
われに立ちそひてのたまはるることは、『織女星、彦星の契りあはれなり。われも
私のそばに身を寄せておっしゃるには、『織女星、彦星のかたく交わされた男女の約束はしみじみと心をうつものだ。

副 ラ変・未 助動・意・終 格助 四・終 副 格助 ラ変・未 接助 格助 四・已（命） 助動・存・体 格助 四・未 助動・意・終
かくあらむと思ふ。もし天にあらば、翼を並べる鳥とならむ。
私もあのようでありたいと思う。もし大空にいるなら、翼を並べて（飛んで）いる（二羽の）鳥（＝比翼の鳥）となろう。

格助 ラ変・未 接助 （連語） 格助 四・用 助動・存・体 格助 四・未 助動・意・終 係助 ク・用 係助 シク・用
地にあらば、願はくは枝を交はしたる木とならむ。天も長く、地も久しく、
大地の上にいるなら、ぜひとも（一本の木の）枝が（他の木の枝と）つながっている木（＝連理の枝）となろう。天はいつまでもあり、地も永遠に存在し、

四・体 ラ変・未 接助 （代） 格助 係助 タリ・用 接助 下二・体 ク・未 助動・推・終 格助 四・命 格助
終はることあらば、この怨みは綿綿として絶ゆる期なからむ。』と申せ。」と
（それでも天地が）いつか終わることがあるならば、（天地がそうであっても）この私たちの切ない想いはいつまでも続いて絶える時は来ないだろう。』と（皇帝に）

四・用 補尊・四・用 助動・過・体 四・用 接助 （代） 格助 格助 サ変・用 助動・過・已 接助 ナリ・用 四・用 補尊・四・用
語らひたまひける。帰りてこの由を奏しければ、帝、大きに悲しびたまひ
申し上げなさい。」と語りなさった。（道士が皇帝のもとに）帰ってこのことを奏上したところ、皇帝は、たいそうお悲しみになって、

（品詞分解）接助／副／格助／下二・未／（連語）／副／係助／ク・用／接助／下二・用／補尊・四・用／助動・完・用／助動・過・終／格助／係助（結略）

て、つひに、悲しびに堪へずして、幾程もなくて亡せたまひにけりとぞ。

とうとう、（その）悲しみに堪えきれずに、（それから）ほどなく崩御されたという。

（品詞分解）（代）／格助／格助／四・未／助動・受・用／助動・過・体／格助／四・用／接助／サ変・用／助動・過・已／接助／格助

その楊貴妃が殺されける所へおはしまして御覧じければ、野辺に浅茅、

（冒頭の歌は、）その楊貴妃が殺された所へ（皇帝が）いらしてご覧になったところ、野原に（生い茂った）ち

（品詞分解）格助／四・用／接助／ナリ・用／助動・過推・終／格助／（代）／格助／格助／格助／格助／四・用／接助／四・已（命）／助動・完・体／助動・断・終

風に波よりてあはれなりけむと、かの帝の御心のうちを推し測りて詠める歌なり。

がやが、風に吹かれて波打って（荒れた景色があるばかりで）切なさつらさがひときわ身に染みたであろうと、例の皇帝の御心のうちを推し測って詠んだ歌である。

語句の解説 4

教707 169ページ

2 **忍(しの)びて**　「忍ぶ」は、ここでは「人目から隠れる」の意。

2 **語(かた)らひ(イ)**　語り合われて。

「語らふ」は、ここでは「男女が親しく話す」の意。

6 **契(ちぎ)り**　ここでは、かたく交わされた男女の（結婚や恋愛関係の）約束。「前世からの宿命的なもの」のニュアンスもある。

7 **天(てん)にあらば…木(き)とならむ(ン)**　『長恨歌』参照。

8 **怨(うら)み**　切ない想い。「怨み」はいつまでも残る情を表す言葉。

9 **この由(よし)を奏(そう)しければ**　このことを（皇帝に）奏上したところ。「由」は、ここでは「こと・旨・事情」の意。「奏す」は絶対敬語で、基本的に帝（または院）に対してのみ使われる、「言ふ」の謙譲語。

3　「楊貴妃が殺されける所」とはどこか、「長恨歌」の中から抜き出して答えよ。

答　馬嵬

読み比べ

『俊頼髄脳』と「長恨歌」の共通点と相違点を整理してみよう。また、玄宗と楊貴妃の話を扱った他の作品について調べ、発表してみよう。

考え方　玄宗皇帝と楊貴妃を扱った日本の古典作品が教科書に紹介されているので、それ以外の作品、特に中国の物も調べよう。

解答例　【『俊頼髄脳』と「長恨歌」の共通点と相違点】

・共通点…大まかな構成はほぼ同じである。

皇帝が色好みであること・楊貴妃がお仕えしてから、皇帝は寵愛を楊貴妃一人に集中し、政治を疎かにして、その実権を楊貴妃の親族に握らせたこと・世間の人々は、出世のためには男子より女子を生む方がいいと思ったこと・国に反乱が起こり、楊貴妃が皇帝の目の前で殺されたこと・道士が皇帝のために、楊貴妃の魂の行方を捜し求めたこと・仙郷にいるという噂を耳にし、捜し当てたこと・楊貴妃が道士に思い出の品と「比翼の鳥・連理の枝」の語らいを言付けたこと・皇帝が後に楊貴妃が亡くなった場所に足を運んだこと

・相違点…細かい点はさまざまあるが、目立つものを挙げる。『俊頼髄脳』にのみ見られることとして、皇帝には楊貴妃の前に深く寵愛した二妃があったと名も記されていること・反乱の首謀者安禄山の名があり、楊貴妃が世間や役人に憎まれ、世の乱れの責任を一身に背負って殺された、ということが明確に記されていること

【玄宗と楊貴妃の話を扱った他の作品について】

日本の小説…井上靖（いのうえやすし）『楊貴妃伝』
陳舜臣（ちんしゅんしん）『楊貴妃は灞水を見た』

中国…唐代の七言古詩・杜甫（とほ）『哀江頭』
清代の戯曲・洪昇（こうしょう）『長生殿』

人虎伝

李景亮

● 人虎伝とは

「人虎伝」は、中島敦の短編小説「山月記」の基となったことでよく知られる唐代に書かれた伝奇小説の一つで、人が動物などに身を変えたり、動物が人に化けたりする話(変身譚)に分類される。情欲を抑えることができず、人間の領域を超えてしまったために虎になってしまう主人公李徴の苦悩と悲哀を描き出した作品。

(一) 才を恃みて倨傲なり

教707 170〜171　教708 338〜339

【大　意】 1　教707 170ページ5行〜171ページ1行　教708 338ページ5行〜339ページ1行

隴西の李徴は博学で文才もあったが、才能を自負して傲慢であったため同僚から憎まれていた。

【書き下し文】

❶隴西の李徴は、皇族の子なり。❷虢略に家す。❸徴少くして博学、善く文を属す。❹天宝十五載の春、進士の第に登る。❺後数年、江南の尉に調補せらる。❻徴性疎逸、才を恃みて倨傲なり。❼跡を卑僚に屈する能はず。❽嘗に鬱鬱として楽しまず。❾同舎の会既に酣なる毎に、顧みて其の群官に謂ひて曰はく、「生は乃ち君等と伍を為さんや。」と。❿其の僚友咸之を側目す。

【現代語訳】

❶隴西の李徴は、皇族の子孫であった。❷虢略に家を構えていた。❸李徴は若い頃から博学で、巧みに詩文を作った。❹天宝十五年の春、進士に及第した。❺それから数年経って、江南地方の県の下級官吏に選任された。❻徴は気ままで、人と親しまない性格で、自分の才能を自負して尊大な態度をとった。❼これから先を下級の役人の地位に甘んじることができなかった。❽いつも鬱々として楽しむことがなかった。❾同じ役所の宴会で宴もたけなわになった頃、見回して同僚の役人たちに向かって言った、「私がきみたちと仲間になどなれようか(、いや、仲間になれない)。」と。❿その同僚たちはみな彼を憎んで見た。

語句の解説 1

教707 170ページ　教708 338ページ

❻性 もって生まれた性格。生まれつき。

❻恃 (自分の才能を)自負して。「矜恃」(＝自分の才能を誇る)の意。

❼不レ能レ屈二跡卑僚一 これから先を下級役人の地位に甘んじることができなかった。「跡」は、ここでは、李徴にとっての今後の人生をいう。

＊不レ能レA　Aすることができない。

❽嘗 ここでは「常」と同じ用法。

❾既 ここでは、すでにし終わった状態になっていることを表す。

教707 171ページ　教708 339ページ

❾生 学者や先生をいう。ここでは謙遜の自称として用いられているが、李徴が自分のことを誇らしげに自称していると考えられる。

❾乃 意外感を表す。李徴の「自分のように優秀な人間が、こともあろうにこんな連中と…」といった気持ちを表現している。

❾与二君等一 きみたち(のような連中)と。「与」は、英語の with に相当する前置詞。

❾為レ伍耶 仲間になれようか、いや、なれない。

＊A耶　反語を表す。

【大　意】 2　教707 171ページ2～8行　教708 339ページ2～8行

李徴は県の下級官吏の任期が明け、生活に困窮してやむなく呉楚の地で一年余り過ごした後、虢略に戻る途中の宿屋で病気にかかり正気を失ってしまった。

【書き下し文】

❶謝秩に及べば、則ち退き帰りて間適し、人と通ぜざる者、歳余に近し。❷後衣食に迫られ、乃ち東のかた呉楚の間に遊び、以て郡国の長吏に干む。❸徴呉楚に在りて、且に歳余ならんとし、獲る所の饋遺甚だ多し。❹西のかた虢略に帰らんとして、未だ至らず。❺汝墳の逆旅の中に舎り、忽ち疾を被りて発狂す。❻何も無く夜狂走し、其の適くところを知る莫し。

【現代語訳】

❶任期が満了すると、辞して、(故郷の虢略に)帰って静かに暮らし、人と交際しないことが約一年余り続いた。❷その後、衣食に余裕がなくなり、そこで(やむなく)東の呉楚の地方を旅して、その地方の上級官吏に援助を求めた。❸李徴が呉楚の地に滞在して一年余りになろうとする頃、もらった餞別はとても多かった。❹西方の虢略に帰ろうとして、まだ帰り着かないでいた。❺汝墳の宿屋に泊まり、突然病気にかかって発狂した。❻ほどなく夜中に訳もわからず走り出し、その行方を知る者はいなかった。

語句の解説 2

教707 171ページ　教708 339ページ

❶**不㆓与㆑人通㆒者**　他人と交際しないこと。「者」は、「不与人通」を体言化している。「こと」と訓読して「…すること」の意を表す。

❶**歳余**　一年。

❷**迫㆓衣食㆒**　衣食に余裕がなくなって。生活が苦しくなって、ということ。「迫」は「逼迫する・せきたてる」。

❷**乃**　ここでは「そこではじめて・そこでやっと」の意。

❷**遊**　遠くへ出かけることをいう。

❷**郡国長吏**　地方の上級役人。吏は地方で採用された役人。これに対し、中央で採用された役人は官。「郡国」はもともとは地方の行政区分単位のこと。郡は天子に属し、国は諸侯に属した。

❸**且㆓歳余㆒**　一年余りになろうとし。

＊且㆑[A]㆒(セント)　再読文字。今にも[A](しようと)する。

❸**所㆑獲饋遺**　もらった餞別。贈り物。

＊所㆑[A]　[A]するもの。[A]すること。

❹**未㆑至**　李徴が、家のある虢略にまだ到達していないことをいう。

＊未㆑[A]　未到達の状況を表す再読文字。

❺**忽**　急に。突然。思いがけず。

句法

◇**書き下し文に直し、太字に注意して、句法のはたらきを書こう。**

生**乃**与㆓君等㆒為㆑伍**耶**。

（　　　　　　）（　　　）

答　生は乃ち君等と伍を為さんや。／反語

二　道に虎有り

教707 172～174　教708 340～342

【大意】 1　教707 172ページ4～7行　教708 340ページ4～7行

李徴が行方知れずになった翌年、李徴の旧友であった袁傪が使者として嶺南に向かっていた。その途中にある商於という地の境まで来た際、宿場の役人からこの先の道に人食い虎が出るという報告を受ける。

【書き下し文】

❶明年に至り、陳郡の袁傪監察御史を以て、詔を奉じて嶺南に使ひす。❷伝に乗りて商於の界に至り、晨に将に去らんとす。❸其の駅吏白して曰はく、「道に虎有り、暴にして人を

【現代語訳】

❶翌年になり、陳郡出身の袁傪が、監察御史として天子のご命令を承って嶺南への使いに立った。❷宿場の役人用の馬車に乗り、商於という地の境界までやって来て、夜明け頃に(宿場を)出発しようとした。❸(その時に)宿場の役人が申し上げるには、「(この先の)

食らふ。❹故に此に途する者は、昼に非ざれば敢へて進むもの莫し。❺今は尚ほ早し。❻願はくは且く車を駐めよ。❼決して前むべからず。」と。❽傪遂に駕を命じて行く。

道には虎がいて、凶暴で人間を食います。❹だからこの道を通る者は、昼でなければ(その虎を恐れて、この道を)自分から進んで通ろうとはしません。❺今はまだ(時間帯が)早すぎます。❻どうかひとまず馬車をとどめてください。❼決して出発なさってはいけません。」と。❽(しかし)傪はそのまま車の用意を命令して出発した。

語句の解説 1

教707 172ページ　教708 340ページ

❶以二監察御史一　監察御史として。この場合の「以て」は身分や資格を示す。

❶奉レ詔　天子のご命令を承って。「詔」は「天子の命令」。

❷晨　夜明け。早朝。

❷将レ去　(宿場を)今にも出発しようとする。

＊将レ[A]　再読文字。今にも[A](しようと)する。

❸白　申し上げて。「白」は「申す・申し上げる」の意。

❹故　だから。接続詞として、前文を根拠として後文という結論を導き出す働きをする。

❹途　通る。進む。

❹非レ昼莫二敢進一　昼でなければ自ら進んで通ろうとする者はいない。本来、進んで進もうとしない、となるが進むが重なるので、進むを通るとした。

＊非レ[A]莫二[B]者一　[A]でなければ[B]する人はいない。

＊莫二敢[A]一　進んで[A]するような人はいない。

❺尚早　まだ早い。夜が明けきっていないので虎が出る可能性があるのでまだ早いと言っていることに注意。

❻願且駐レ車　どうかとりあえず馬車をとどめてください。「且」は「ひとまず」「とりあえず」の意。

＊願[A]　どうか[A]してください。他人への願望の意。

❼決不レ可レ前　決して出発してはいけない。

＊不レ可レ[A]　ここでは禁止の意。

❽傪遂命レ駕而行　「遂」は「そのまま」の意で、役人の助言にもかかわらずという意が込められている。この部分では、職務を全うしようとする袁傪の様子が描かれており、責任感の強さや、自分が一度決めたことを曲げない性格を読み取ることができる。

【大　意】 2　教707 172ページ8行～173ページ4行　教708 340ページ8行～341ページ4行

宿場役人の忠告を振り切って出発した袁傪の前に虎が現れるが、その虎はすぐに草むらに身を隠した。そしてその草むらから聞こえてきた声に袁傪はとまどいつつも、虎に話しかけてみることにした。

【書き下し文】

❶去りて未だ一里を尽くさざるに、果たして虎有り、草中より突りて出づ。❷傪驚くこと甚だし。❸俄かにして虎身を草中に匿し、人声もて言ひて曰はく、「異なるかな。❹幾ど我が故人を傷つけんとするなり。」と。❺傪其の音を聆くに、李徴なる者に似たり。❻傪昔徴と同じく進士の第に登り、分極めて深し。❼別れて年有り。❽忽ち其の語を聞きて、既に驚き且つ異しみて、測る莫し。❾遂に問ひて曰はく、「子は誰と為す。❿豈に故人の隴西子に非ずや。」と。⓫虎呼吟すること数声、嗟泣する状のごとし。⓬已にして傪に謂ひて曰はく、「我は李徴なり。」と。

【現代語訳】

❶(宿場を出て)まだ一里にも達しないうちに、案の定(一頭の)虎が草むらからとび出てきた。❷傪はひどく驚いた。❸(ところが)突然虎は草むらに身を隠し、人間の声で言うには、「不思議なことだよ。❹すんでのところで旧友を傷つけるところだった。」と。❺傪がその声をじっと聴いてみたところ、李徴の声に似ていた。❻傪はその昔、徴と同じ年に進士の試験に合格し、付き合いがとても深かった。❼(だが徴と)別れた後、何年も経過していた。❽思いがけなくその(徴の)声を聞き、驚いたと同時に不思議にも思い、(何が起きているのか)わからなかった。❾そこで(傪が虎に)問いかけて言うには、「あなたは誰なのか。❿私の旧友である隴西出身の人(李徴)ではないのか。」と。⓫虎は数回低い声でうなったが、それはまるですすり泣くかのようであった。⓬やがて(虎が)傪に向かって言うには、「(まさしく)私は李徴である。」と。

語句の解説 2

教707 172ページ　教708 340ページ

❶**未レ尽二一里一**　まだ一里にも達しないうちに。「一里」は、約五六〇メートル。「未尽」は「まだ終わらない」の意。

＊未レ[A]　未到達の状況を表す再読文字。

❶**果**　思った通り。予想通り。案の定。

❶**自二草中一**　草むらの中から。「自」は、起点を表す前置詞。

❶**突而出**　勢いよく飛び出してきた。「突」は「勢いよく飛び出す」の意。

❷**驚甚**　ひどく驚いた。「甚」は程度を表す修飾語であるが、「[A]甚」と被修飾語である[A]の後に置かれることが多い。

❸**俄而**　突然。急に。ほどなくして。

1　**「虎匿二身草中一」とあるが、虎はなぜかくれたのか。**

答　李徴は虎に変身した自分の姿を、旧友である袁傪に見られることを恥じ、ためらいを感じたから。

❸**異乎哉**　不思議なことだなあ。「異」は「不思議である・変である」の意。

＊[A]乎哉　詠嘆の意を表す助字。

❹幾　すんでのところで。あやうく。

❹故人　昔なじみの友人。旧友。

❺聆其音　その声をじっと聴く。「聆」は「じっと聞く・耳を傾けてよく聴く」の意。

❻与徴同登進士第　李徴と同じ年に進士(＝科挙の科目の一つである韻文)の試験に合格し。「与」は、英語の with に相当する前置詞。「登第」は「試験に合格する」の意。

教707 173ページ　教708 341ページ

❽忽　思いがけなく。急に。

❽其語　言葉。ここでは話す様子、または話す声の意。

❽既驚且異　驚いたと同時に不思議にも思い。

＊既A且B　AをしたうえでさらにBもする。

❽莫測　何がなんだかわからない。見当がつかない。「莫」は「無」と同じく単純否定を表す。

❾遂　そこで。その結果。

❾子　あなた。敬意を込めて相手を呼ぶときの二人称。

❾為誰　誰なのか。「誰」は、疑問を表す。

❿豈非故人隴西子乎　旧友である隴西子(李徴)ではないのか。ここでは疑問を表す。

＊豈非A乎　Aではないのか。

⓫若嗟泣状　まるですすり泣いているようであった。「嗟泣」は「すすり泣く」の意。

＊若A　Aのようなものである、Aと同じである、という比況の意を表す。

⓬已而　やがて。まもなく。

【大意】　3　教707 173ページ5～10行　教708 341ページ5～10行

虎の正体が李徴であることを知った袁傪は、虎になってしまった理由を李徴に尋ねるが、李徴は、出世を果たし立派な姿となった袁傪を祝福するのであった。

【書き下し文】

❶傪乃ち馬より下りて曰はく、「君何に由りてか此に至れる。」と。❷虎曰はく、「我足下と別れてより、音容曠阻し且つ久し。❸幸ひに恙無きを得たるか。❹宦途淹留を致さざるか。❺今又何くにか適く。」と。❻傪曰はく、「近者幸ひに御史の列に備へらるるを得たり。❼今使ひを嶺南に奉ず。」と。❽虎曰はく、「吾子文学を以て身を立て、位朝序に登る。❾盛

【現代語訳】

❶傪がそこで馬車から降りて言うには、「きみはどうしてこのようなことになったのか。」と。❷虎が言うには、「私があなたと別れて以来、遠く離れていて会えなくなり、そのうえ随分と時間がたってしまった。❸(その間、きみは)幸いにも無事で過ごしてきたのだろうか。❹(また)役人として出世することも滞りなく果たしたのだろうか。❺今はまたどこに行くのか。」と。❻傪が言うには、「近頃幸いにも観察御史の仲間に加わることができた。❼今は使者として嶺南に詔書を奉戴して赴くところだ。」と。❽虎が言うには、「きみ

んなりと謂ふべし。⑩心に故人の此の地に居るを喜ぶ。⑪甚だ賀すべし。」と。

は学問で身を立て、朝廷の高官にまで昇進した。❾まことに目覚ましいことだ。⑩旧友（のきみ）がこのような地位にいることを心からうれしく思う。⑪とてもめでたいことだ。」と。

語句の解説 3

教707 173ページ　教708 341ページ

❶**乃**　そこで。そこではじめて。そこでようやく。

❶**下レ馬**　馬車から降りて。

❶**何由至レ此**　どうしてこのようなことになったのか。「此」は、ここでは李徴の現在の状況や境遇を指す。

＊何由二Ａ一　どうしてＡするのか。疑問を表す。

2　**「至レ此」とは、どのようなことをいうのか。**

答　李徴が虎になってしまったこと。

❷**自下与二足下一別上**　あなたと別れて以来。「足下」は「あなた」。敬意を込めた二人称として用いられる。

❷**且**　そのうえ。文中で添加の接続詞として用いられる。

❸**得レ無レ恙乎**　無事で過ごしてきたのだろうか。「無レ恙」は、「平穏無事である」の意。

＊得Ａ乎　Ａすることができるか。疑問を表す。

❺**何適**　どこに行くのか。「適」は「目的に向かって行く」意。

＊何Ａ　どこにＡするのか。疑問を表す。

❻**近者**　近頃。最近。「者」は、時間を表す語に付ける助字。

❻**得レ備二御史之列一**　御史の仲間に加わることができた。「御史」は、袁傪の役職である監察御史を指す。「備」は「加える・数に入れる」の意。

❽**以**　この場合の「以」は手段や方法、または資格を示す。

❽**立レ身**　人間としての基礎を確立し、一人前になること。

❾**可レ謂レ盛**　勢いが盛んであると言える。「可」は可能もしくは当然を表す助動詞。「盛」は「隆盛である」の意。

❿**居二此地一**　この地位にいることを。「地」は「地位・身分」の意。

3　**「此地」とは、具体的に何を指すか。**

答　袁傪が現在就いている監察御史の地位を指す。

【大　意】 4　教707 173ページ11行～174ページ5行　教708 341ページ11行～342ページ5行

李徴から出世を祝福された袁傪は、友人としての親しいつきあいのあった李徴への思いを述べ、姿を見せるよう李徴に促すが、虎になってしまった李徴は、今の自分を恥じて袁傪の望みを拒んだ。

【書き下し文】

①傪曰はく、「往者に吾と執事と年を同じくして名を成す。②交契の深密なること、常友に異なり。③声容間阻してより、去日流るるがごとし。④風儀を想望して、心目倶に断ゆ。⑤意はざりき、今日君が旧を念ふの言を獲んとは。⑥然りと雖も執事何為れぞ我を見ずして、自ら草木の中に匿るる。⑦故人の分、豈に当に是くのごとくなるべけんや。」と。⑧虎曰はく、「我今人たらず。⑨安くんぞ君に見ゆるを得んや。」と。⑩傪曰はく、「願はくは其の事を詳らかにせん。」と。

【現代語訳】

①傪が言うには、「以前、私とあなたとは同じ年に(進士に合格して)名声を轟かせた。②二人の交誼の親密さといったら、並の友人関係とは違う(深い)ものだった。③(しかし)遠く離れていて会えなくなって以来、過ぎ去った日々(の速さ)は流れるようであった。④(そのため、あなたの)立派な姿を遠く思いやっても、心や目(に記憶として残るあなたの姿)は消えてしまう。⑤(それが)思いもかけず、今日、きみの昔を懐かしむ言葉を聞くことができようとは。⑥それなのにあなたはどうして私の顔を見ようともせず、自分から草木の中に隠れるのか。⑦旧友(である二人)のありようとして、どうしてこのように(疎遠な感じで)あってよいはずがあろうか(、いや、よいはずがない)。」と。⑧虎が言うには、「私は今、人間ではないのだ。⑨(それなのに)どうしてきみと顔を合わせることができようか(、いや、できない)。」と。⑩傪が言うには、「どうか(このような状況になった)その事情を詳しく述べてほしい。」と。

語句の解説 4

教707 173ページ　教708 341ページ

①往者 以前。過ぎ去った時間。

①執事 あなた。「執事」はもともと「侍者」「秘書」の意味であるが、直接名指しすることを避け、その左右にいる「執事」に呼びかける形をとったもの。

①同レ年成レ名 同じ年に進士に合格して名声を轟かせる。「同レ年」は、前にある「与レ徴同登二進士第一」を言い換えたもの。「成レ名」は「名を広く知られるようになる」の意。

②交契 親しい交わり。交誼。

教707 174ページ　教708 342ページ

②常友 並の友人。ごく一般的な友人。

③去日如レ流 過ぎ去った日々の速さは流れるようであった。「去日」は「過ぎ去った日(過日)」。

＊如レA　Aするようなものである、Aするのと同じである、という比況の意を表す。

④心目 心と目。そこから、「心や目に記憶として残る印象」とい

う意味になる。
❺**不レ意**　思いがけず。はからずも。
❺**獲二君念レ旧之言一**　きみの昔を懐かしむ言葉を聞くことができようとは。「念レ旧之言」は「昔のことを懐かしく思い出す言葉」の意。「獲」は、「不レ意」と倒置の関係になる。
❻**雖レ然**　それなのに。
❻**何為**　どうして…(するの)か。
＊何為[A]　どうして[A]するのか。疑問を表す。
❼**故人之分**　旧友としてのありよう。この場合の「分」は「本来的に分け与えられたもの・常識的な範囲」という意味。
❼**豈当レ如レ是耶**　どうしてこのようであってよいはずがあろうか、いや、よいはずがない。「如レ是」は「このようである」の意。
＊当二[A]一　再読文字。当然[A]であるべきだ。[A]であらねばならない。
＊豈[A]耶　どうして[A]であろうか(、いや、[A]ではない)。反語を表す。
❽**不レ為レ人**　人間ではない。ちなみに「為レ人」は「人と為り」と読んで「生まれつき・性格・人柄」という意になる慣用表現。
❾**安得レ見レ君乎**　どうしてきみと顔を合わせることができようか、いや、顔を合わせることはできない。「見」は「人と対面する」の意。
＊安得レ[A]乎　どうして[A]することができようか(、いや、[A]することはできない)。反語を表す。
❿**願詳二其事一**　どうかその事情を詳しく述べてほしい。「詳」は「内容を詳しく述べる」の意。
＊願[A]　どうか[A]してください。他人への願望の意。

4　「其事」とは、どのようなことか。

答　李徴が虎になってしまった事情やいきさつ。

句法　書き下し文に直し、太字に注意して、句法のはたらきを書こう。

1　異**乎**哉。（　　）（　　）
2　子為レ**誰**。（　　）（　　）
3　**豈**非二故人隴西子一**乎**。（　　）（　　）
4　**何**由至レ此。（　　）（　　）
5　幸喜得レ無レ恙**乎**。（　　）（　　）
6　今又**何**適。（　　）（　　）
7　**何為**不レ見レ我、（　　）（　　）
8　**豈**当レ如レ是**耶**。（　　）（　　）
9　**安**得レ見レ君**乎**。（　　）（　　）

答

1 異なるかな。／詠嘆
2 子は誰と為す。／疑問
3 豈に故人の隴西子に非ずや。／疑問
4 何に由りてか此に至れる。／疑問
5 幸喜ひに恙無きを得たるか。／疑問
6 今又何くにか適く。／疑問
7 何為れぞ我を見ずして、／疑問
8 豈に当に是くのごとくなるべけんや。／反語
9 安くんぞ君に見ゆるを得んや。／反語

教707 174~176 教708 342~344

(三) 化して異獣と為り、人に靦づる有り

【大意】 1 教707 175ページ1~8行 教708 343ページ1~8行

袁傪から虎になったいきさつを尋ねられた李徴は、気づくと自分が虎と化し、空腹になると山の中の獣を捕まえて食べたが、獣たちが避けるようになり獣を捕まえることができなくなった、と語った。

【書き下し文】

❶虎曰はく、「我が前身呉楚に客たり。❷去歳方に還らんとして、道に汝墳に次り、忽ち疾に嬰りて発狂す。❸夜戸外に吾が名を呼ぶ者有るを聞き、遂に声に応じて出で、山谷の間を走る。❹覚えず、左右の手を以て地を攫みて歩む。❺是れより心愈狠、力愈倍せるを覚ゆ。❻其の肱髀を視るに及びては、則ち毛の生ぜる有り。❼心に甚だ之を異しむ。❽既にして渓に臨みて影を照らせば、已に虎と成れり。❾悲慟すること良久し。❿然れども尚ほ生物を攫みて食らふに忍びざるなり。⓫既に久しくして飢ゑて忍ぶべからず、遂に山中の鹿豕獐兎を取りて食に充つ。⓬又久しくして諸獣皆遠く避け、得

【現代語訳】

❶虎が言うことには、「私は以前、呉楚の地方を旅していた。❷去年、ちょうど家に帰ろうとして、途中で汝墳に宿泊したとき、突然病気になって発狂した。❸夜に家の外で私の名を呼ぶ声があるのを聞いて、そのまま声に応じて外に出て、山や谷の間を走った。❹知らないうちに、左右の手で地面をつかんで歩いていた。❺それから心がますます残忍になり、力もますます強くなるように感じた。❻自分のひじとももを見ると、毛が生えている。❼心の中でひどく不思議に思った。❽やがて谷川に面して姿を映してみると、すっかり虎になっていた。❾しばらくの間悲しんで声をあげて泣いた。❿しかしまだ生き物を捕まえて食べることには耐えられなかった。⓫しばらくして腹が減って我慢できなくなり、そのまま山の中のしか、いのしし、のろじか、うさぎなどの野獣を捕まえて食糧にあてた。⓬またしばらくすると獣たちは皆遠く避け、獲物がいなくなり、飢

る所無く、飢ゑ益甚だし。

…えがますますひどくなった。

語句の解説 1

教707 175ページ　教708 343ページ

❶**前身**　虎に変身する前のこと。

5　**「前身」とは、何を意味するか。**

答　虎に変身する前の人間だった頃の李徴。

❷**去歳**　去年。

❷**方**　ちょうど…しようとしている。

❷**還**　家に帰ろうとして。「還」は「元の場所に戻る」の意。

❷**道次二汝墳一**　途中で汝墳に宿泊し。「道」は「途中で」。「次」は「宿泊する」。

❸**遂**　そのまま。

❹**不レ覚**　知らないうちに。自覚のない様子をいう。

❺**自レ是**　それから。「自」は、起点を表す前置詞。

❼**異レ之**　ひじやももに毛が生えていたことを不思議に思う。

❽**照レ影**　姿を映してみると。「影」は、姿。

❾**良久**　しばらくの間。「良」は、程度が進んでいることをいう。

⓫**既久**　しばらくして。

⓫**不レ可レ忍**　我慢ができない。「忍」は「我慢する・耐える」の意。

＊不レ可レA　ここでは不可能の意。

【大　意】　2　教707 175ページ9行～176ページ2行　教708 343ページ9行～344ページ2行

空腹に耐えきれなくなった李徴は、ある日人間の女性を食べてしまった、と告白し、天地の神に背く行いが自分を獣にしたので、恥ずかしくて人とは会えない、と言って泣いた。

【書き下し文】

❶一日婦人有り、山下より過ぐ。❷時に正に餒ゑ迫り、徘徊すること数四、自ら禁ずること能はず、遂に取りて食らふ。❸今其の首飾、猶ほ巌石の下に在るなり。❹妻孥を念ひ、朋友を思はざるに非ず。❺直だ行ひ神祇に負けるを以て、一旦化して異獣と為り、人に靦づる有り。❻故に分として見え

【現代語訳】

❶ある日婦人が、山のふもとから通りかかった。❷その時ちょうどどうしようもなく空腹で、しばしば行ったり来たりして、自分を抑えきれず、そのまま捕まえて食べてしまった。❸今その髪飾りは、まだ岩の下にある。❹妻子のことを考えたり、友人のことを思ったりしないわけではない。❺ただ行動が天地の神に背いたものであったことで、ある日異獣となってしまい、人に対して恥ずかしい。❻それゆえ異獣としての分際で会わないのだ。」と。❼そうしてうめ

ず。」と。❼因りて呼吟咨嗟し、殆ど自ら勝へずして遂に泣く。

いてためいきをついて嘆くと、ほとんど自分では我慢しきれなくなってそのまま泣いた。

語句の解説 2

教707 175ページ 教708 343ページ

❶従㆓山下㆒過 山のふもとから通りかかった。「過」は「通りかかる」。「従」は、起点を表す前置詞。

❷不㆑能㆓自禁㆒ 自分を抑えきれない。

＊不㆑能… …できない。

❹非㆑不㆘念㆓妻孥㆒、思㆗朋友㆖ 妻と子のことを考えたり、友人のことを思ったりしないわけではない。

＊非㆑不㆑A 二重否定を表す。

❺直 限定の副詞。文末の「ノミ」が省略されている。

教707 176ページ 教708 344ページ

❺一旦 ある日。

❼因 それで。そうして。

❼不㆓自勝㆒ 自分では我慢しきれない。「勝」は「たえる」。

6 「不㆑能㆓自禁㆒」とは、どういうことか。

答 婦人を捕まえて食べる欲望を抑えられないということ。

【大意】 3 教707 176ページ3～8行 教708 344ページ3～8行

獣になっても人の言葉が話せるのは何故か袁傪が尋ねると、李徴は心がまだはっきりしているからだと言う。長らく飢えた李徴に、袁傪は自分の羊の肉を置いていくことにする。

【書き下し文】

❶傪且つ問ひて曰はく、「君今既に異類と為る。❷何ぞ尚ほ人の言を能くするか。」と。❸虎曰はく、「我今形変ずるも、心悟むるのみ。❹此の地に居りてより、歳月の多少を知らず。❺但だ草木の栄枯するを見るのみ。❻近日絶えて過客無く、久しく飢ゑて堪へ難し。❼不幸にして故人に唐突す。❽慙惶殊に甚だし。」と。❾傪曰はく、「君久しく飢う。❿食籃の中

【現代語訳】

❶傪がさらに尋ねて言うには、「きみは今すでに獣になっている。❷どうしてまだ人間の言葉が話せるのか。」と。❸虎は言った、「私は今姿は変わっているが、心ははっきりしている。❹この地に居ついてから、どれくらいの歳月が経過したのかわからない。❺ただ草木が茂っては枯れるのを見ただけだ。❻近頃は旅人がまったくおらず、長い間飢えて耐えがたかった。❼不幸にも旧友に不意につきあたってしまった。❽本当に恥じて恐れるばかりだ。」と。❾傪が言うには、「きみは長い間飢えている。❿食物を入れる竹のかごの中

に羊肉数斤有り。⑪留めて以て贈るを為さん、可ならんか。」と。⑫曰はく、「吾方に故人と旧を道へば、未だ食らふに暇あらざるなり。⑬君去るとき則ち之を留めよ。」と。

に羊の肉が数斤ある。⑪ここに置いて贈り物にしようと思うが、よいだろうか。」と。⑫(虎が)言うには、「私はちょうど旧友と昔話をしているところなので、食べる暇がない。⑬きみが去るときにこれを置いていってくれ。」と。

語句の解説 3

教707 176ページ　教708 344ページ

❶且 さらに。そのうえ。

❶異類 人間でないもの。ここでは、虎になったことをいう。

❷何尚能二人言一耶 どうしてまだ人間の言葉が話せるのか。

「能」は、…できる。

❸心悟 心がはっきりしている。人としての意識があることをいう。

＊何[A]耶　疑問を表す。

❹自レ居二此地一 この地に居ついてから。「自」は、起点を表す。

❹不レ知二歳月多少一 どれくらいの歳月が経過したのかわからない。「多少」は、「どれくらいか」という意味の疑問詞。

❺但見二草木栄枯一耳 ただ草木が茂っては枯れるのを見るだけだ。

＊但[A]耳　ただ[A]だけだ。限定を表す。

❻絶無二過客一 旅人がまったくいない。「絶無」は「まったくいない」。「過客」は「旅人」。

❼唐突 不意につきあたる。

⑪可乎 よいだろうか。

⑫道レ旧 昔話をする。「道」は「話す」。

句法

◆書き下し文に直し、太字に注意して、句法のはたらきを書こう。

1 **非**レ**不**下念二妻孥一、思中朋友上。（　　）（　　）

2 **直**以三行負二神祇一、（　　）（　　）

3 **何**尚能二人言一**耶**。（　　）（　　）

4 而心悟**耳**。（　　）（　　）

5 不レ知二歳月**多少**一。（　　）（　　）

6 **但**見二草木栄枯一**耳**。（　　）（　　）

7 留以為レ贈、可**乎**。（　　）（　　）

答　1 妻孥を念ひ、朋友を思はざるに非ず。／二重否定　2 直だ行ひ神祇に負けるを以て、／限定　3 何ぞ尚ほ人の言を能くするか。／疑問

4 心悟むるのみ。／限定
5 歳月の多少を知らず。／疑問
6 但だ草木の栄枯するを見るのみ。／限定
7 留めて以て贈るを為さん、可ならんか。／疑問

(四) 我将に託する所有らんとす

教707 177〜179 教708 345〜347

【大意】 1 教707 177ページ4〜9行 教708 345ページ4〜9行

袁傪が頼みをきいてくれると言うので、李徴は虢略にいる妻子に自分はもう死んだとだけ伝えるよう頼んだ。

【書き下し文】

❶又曰はく、「我と君とは真に忘形の友なり。❷而して我将に託する所有らんとす、可ならんか。」と。❸傪曰はく、「平昔の故人、安くんぞ可ならざること有らんや。❹恨むらくは未だ何如の事なるかを知らず。❺願はくは尽く之を教へよ。」と。❻虎曰はく、「君我に許さずんば、我何ぞ敢へて言はん。❼君既に我に許さば、豈に隠すこと有らんや。❽吾が妻孥尚ほ虢略に在らん。❾豈に我化して異類と為るを知らんや。❿君南より回らば、為に書を齎して、吾が妻子を訪へ。⓫但だ我已に死せりと云ひ、今日の事を言ふこと無かれ。⓬之を志せ。」と。

【現代語訳】

❶さらに言った、「私ときみは本当に外形にとらわれず、心で結ばれた友だ。❷そこで私はきみに頼みたいことがあるのだが、きいてくれないか。」と。❸傪は言った、「以前からの友人だ、どうしてきかないことがあろうか。❹残念なことにどのようなことかまだわからない。❺どうか全部それを教えてくれ。」と。❻虎が言った、「きみが引き受けてくれなければ、私はどうして思い切って言えるだろうか。❼きみが引き受けてくれたのだから、どうして隠したりするだろうか。❽私の妻子はまだ虢略にいるだろう。❾どうして私が獣になったと知っているだろうか。❿きみが南方から帰ったら、私のために手紙を送って、私の妻子の様子を尋ねてくれ。⓫ただ私はもう死んだとだけ言って、今日のことは言わないでくれ。⓬このことは覚えておいてくれ。」と。

語句の解説 1

教707 177ページ 教708 345ページ

❷所レ託　頼みにすること。

❸安有不可哉　どうしてきかないことがあろうか。
＊安[A]哉　どうして[A]か（、いや、[A]ない）。反語を表す。
❹恨　残念なことには。
❹何如事　どのようなことなのかを。
❼豈有隠耶　どうして隠すことがあろうか。
＊豈[A]耶　どうして[A]か（、いや、[A]ない）。反語を表す。

7 「豈有隠耶」とあるが、何をかくすのか。

答　李徴が袁傪に頼みたいこと。

⓫但　「ただ…だけ」と、限定の意味を表す。
⓫我已死　私はもう死んだ。

【大意】2　教707 177ページ10行〜178ページ3行　教708 345ページ10行〜346ページ3行

虎になった李徴は、残された家族、とりわけ子供の行く末を案じて、友人の袁傪に助けてくれるよう涙ながらに頼む。袁傪もこれを承知する。

【書き下し文】

❶乃ち曰はく、「吾人の世に於いて、且つ資業無し。❷子有るも尚ほ稚く、固より自ら謀り難し。❸必ず其の孤弱を念ふを望む。❹時に之を賑恤し、道途に殍死せしむること無くんば、亦た恩の大なる者なり。」と。❺言ひ已はりて、又悲泣す。❻傪も亦た泣きて曰はく、「傪と足下とは休戚同じ。❼然らば則ち足下の子は亦た傪の子なり。❽当に力めて厚命に副ふべし。❾又何ぞ其の至らざるを虞れんや。」と。

【現代語訳】

❶そして言った、「私は人間の世界にいた時、財産が無かった。❷子供はいるがまだ幼く、言うまでもなく自分で生計をたてるのが難しい。❸ぜひこの父親のいない幼子を心にかけてほしい。❹しかるべき時にこの困窮している者を哀れんで救い、道ばたで飢えて死ぬことがないようにしてくれれば、これはまた大きな恩徳だ。」と。❺言い終わると、また悲しげに泣く。❻傪もまたもらい泣きして言った、「私ときみとは喜びも悲しみも共にする仲だ。❼それならばきみの子はまた私の子でもある。❽きっとねんごろな依頼に沿うよう努力しよう。❾そのうえどうして私がきちんと果たさないことを心配することがあろうか。」と。

語句の解説 2

教707 177ページ　教708 345ページ

❷固　言うまでもなく。

教707 178ページ　教708 346ページ

❹道途　道ばた。
❹亦恩之大者　これまた大きな恩徳だ。
❼然則　そのようであれば。

❽力（つとメテ）　努力をして。

8 「其ノ不レ至ラ」とは、どういうことか。

答 袁傪が李徴の頼み事をきちんと実行しないこと。

【大意】 3 教707 178ページ4行～179ページ6行　教708 346ページ4行～347ページ6行

虎になった李徴は、自分が人間であった頃に作った詩文を子孫に残すために書き取ってくれと袁傪に頼んだ。袁傪は部下に命じてそれを書き取らせた。さらに李徴は、自分の今の思いを伝えたいと詩を作り、詠んだ。袁傪はこれを読んで、何か悔やんでいることがあるのではないかと李徴に問いかけた。

【書き下し文】

❶虎曰はく、「我に旧文数十編有り。❷未だ代に行はれず。❸君我が為に伝録せよ。❹誠に文人の口閾に列すること能はざるも、然れども亦た子孫に伝ふるを貴ぶなり。」と。❺傪即ち僕を呼び筆を命じて、其の口に随ひて書せしむ。❻二十章に近し。❼文甚だ高く、理甚だ遠し。❽閲して歎ずる者、再三に至る。❾虎曰はく、「此れ吾が平生の業なり。❿又安くんぞ寝めて伝へざるを得んや。」と。⓫既にして又曰はく、「吾詩一編を為らんと欲す。⓬蓋し吾が外異なりと雖も、而も中異なる所無きを表さんと欲す。⓭亦た以て吾が懐ひを道ひて、吾が憤りを攄べんと欲するなり。」と。⓮傪復た吏に命じ、筆を以て之に授けしむ。⓯詩に曰はく、

偶狂疾に因りて殊類と成り

【現代語訳】

❶虎は言った、「私には以前に作った詩文が数十編ある。❷まだ世間で読まれていない。❸きみよ私のために記録してくれ。❹実のところ文人たちのうわさにならないのだが、それでも子孫に伝えることを重んじるのだ。」と。❺傪はすぐに部下を呼んで筆録を命じて、虎の言う通りに書き取らせた。❻二十編近くあった。❼文章は大変格調高く、内容も大変深遠であった。❽よく読んで感嘆することが、何度もあった。❾虎は言った、「これが私の以前に行った仕事だ。❿またどうしてやめて伝えないでいられようか(、いや、伝えずにはいられない)。」と。⓫やがてまた言った、「私は詩を一編作ろうと思う。⓬というのは、私の外見は人間とは異なってしまったけれども、心の内は異なっていないことを示したいからだ。⓭またそれによって私の思いを言い、私の憤りを述べようと思うからだ。」と。⓮傪はまた役人に命じて、筆を用意させ書き取らせた。⓯詩に言うことには、

思いがけず狂気の病気にかかり異類となってしまった

⓰災難が重なり合って逃げられなかった

⑯災患相仍りて逃るべからず
⑰今日爪牙誰か敢へて敵せん
⑱当時声跡共に相高し
⑲我は異物と為る蓬茅の下
⑳君は已に軺に乗りて気勢豪なり
㉑此の夕べ渓山明月に対ひ
㉒長嘯を成さずして但だ嗥ゆるを成すと。
㉓傪之を覧て驚きて曰はく、「君が才行、我之を知れり。㉔而も君の此に至れるは、君平生自ら恨むこと有る無きを得んや。」と。

⑰今や誰が進んでこの爪と牙に立ち向かうだろうか(、いや、誰も立ち向かわない)
⑱あの頃は名声と経歴が私もきみも高かった
⑲私は異類となり、くさむらの中にいる
⑳君はすでに馬車に乗って勢いが盛んである
㉑今夜山谷の中で明月に向かい
㉒声を長く引いてうたうこともできずただ吠えるばかりであると。
㉓傪はこれを読んで驚いて言った、「きみの才知と品行は、私はよくわかった。㉔しかしきみがこのような状況に至ったのには、きみが日頃から自ら悔やんでいることがないのだろうか(、いや、なくはないだろう)。」と。

語句の解説 3

教707 178ページ　教708 346ページ

❸**伝録**　記録して伝えよ。書きとめよ。

❺**即**　すぐさま。

❼**高**　格調が高く。

❼**理甚遠**　内容が非常に深遠である。「理」は「内容」。「遠」は、「深遠」である。

❿**安得寝而不伝歟**　どうしてやめて伝えないでいられようか、いや、伝えずにはいられない。「寝」は「やめる・中止する」。

＊安 A 歟　反語を表す。

⑫**蓋**　というのは。

9　「外」と「中」とは、それぞれ何についていったものか。

答　「外」は外面の虎になった姿、「中」は内面の人間の心。

⑭**命吏、以筆授之**　役人に命じて、筆を用意させ書き取らせた。「吏」は「役人」。

＊命 A B　使役を表す。

教707 179ページ 教708 347ページ

⑮偶 思いがけず。

⑯災患相仍 災難が重なり合って。「災患」は「災難」。「仍」は「重なって・続いて」の意。

⑰誰敢敵 誰が進んで立ち向かおうか。

＊誰敢Ａン 反語を表す。誰が進んでＡしようか、Ａする者は誰もいない。

⑳気勢豪 勢いが盛んである。「気勢」は「勢い」。「豪」は「盛んである」。

【大意】4 教707 179ページ7～11行 教708 347ページ7～11行

袁傪の問いかけに、李徴はかつて自分が犯した罪を告白する。

【書き下し文】

❶虎曰はく、「若し其の自ら恨む所を反求せば、則ち吾も亦た之れ有り。❷定めて此に因るを知らざらんや。❸吾故人に遇へば、則ち自ら匿す所無きなり。❹吾常に之を記す。❺南陽の郊外に於いて、嘗て一孀婦に私す。❻其の家窃かに之を知り、常に我を害する心有り。❼孀婦は、是に由りて再び合ふを得ず。❽吾因りて風に乗じて火を縦ち、一家数人、尽く之を焚殺して去る。❾此を恨みと為すのみ。」と。

㉑対明月 明月を眺めること。美しい風景を見て、それを詩に詠むのが当時の文人のたしなみであった。「対」は「面と向かう」。

㉓矣 断定の語気を表す置き字。

㉔而 ここでは逆接の接続詞。けれども。

10 「至於此」とは、どのようなことか。

答 李徴が虎になってしまったこと。

【現代語訳】

❶虎が言うには、「もし自ら悔やむことを振り返って考えてみるならば、私にもまたそうしたものがある。❷きっとこれが原因であるとわからないことがあろうか（、いや、きっとわかる）。❸私は昔からの友人に会ったのだから、自ら隠し立てすることはない。❹私はいつもこのことを記憶している。❺南陽の町の郊外で、以前私は夫に先立たれたある女性とひそかに交際していた。❻その家の者たちがひそかにこのことを知り、常々私に危害を加えるつもりでいた。❼夫に先立たれた女性は、このために二度とは会うことができなくなってしまった。❽私はそこで風が強いのを利用して火を放ち、一家数人を、全員焼き殺して立ち去った。❾このことをただ悔やんでいるのだ。」と。

語句の解説 4

教707 179ページ　教708 347ページ

❶**若**シ反‐求セバ其ノ所ヲ二自ラ恨ム一　もし自分自身で悔やむことを振り返って考えてみるならば。

*若シ[A](ナラ)バ　仮定を表す。もし[A]ならば。

❶**則**チ　「[A](ス)レバ則チ」の構文で「[A]の場合には」の意を表す。

❷**不**ランレ知ラ二**定**メテ因ルヲ一レ此ニ**乎**　これが原因に違いない、ということ。

「定」は「きっと」。

*不ラン[A](セ)乎　反語を表す。

❸**故人**　古くからの友人。ここでは袁傪を指す。

❹**記**ス　記憶する。覚えておく。

❻**有**リ二**害**スルレ我ヲ**心**一　私に危害を加えようとする気持ちがある。

❼**不**レ**得**二**再**ビ**合**フヲ一　二度とは会うことができない。

*不レ得レ[A](スル)ヲ　不可能を表す。（機会がなくて）[A]できない。

*不二再ビ[A]一(セ)　部分否定を表す。二度とは[A](し)ない。

❽**乗**ジテレ**風**ニ　風が強いのを利用して。

❽**而**　接続詞。前に「…シテ」と送ってあるので順接。

❾**此**ヲ**為**スレ**恨**ミト**爾**　このことをただ悔やんでいるだけだ。

*[A](スル)爾　限定を表す。

句法

◆書き下し文に直し、太字に注意して、句法のはたらきを書こう。

1 **安**クンゾ有ランレ不ルコトレ可ナラ**哉**。（　　　）（　　　）

2 恨ムラクハ未ダレ知ラ二**何如**ノ事ナルカヲ一。（　　　）（　　　）

3 我**何**ゾ敢ヘテ言ハン。（　　　）（　　　）

4 **豈**ニ有ランレ隠スコト**耶**。（　　　）（　　　）

5 **豈**ニ知ラン三我化シテ為ルヲ二異類ト一**乎**。（　　　）（　　　）

6 **但**ダ云ヒ二我已ニ死セリト一、（　　　）（　　　）

7 **無**カレレ言フコト二今日ノ事ヲ一。（　　　）（　　　）

8 無クンバレ**使**ムルコト三殍‐死セ於道途ニ一、（　　　）（　　　）

9 又**何**ゾ慮レン二其ノ不ルヲ一レ至ラ**哉**。（　　　）（　　　）

10 又**安**クンゾ得ン二寝メテ而不ルヲ一レ伝ヘ**歟**。（　　　）（　　　）

11 今日爪牙**誰**カ敢ヘテ敵セン。（　　　）（　　　）

12 得ンレ無キヲレ有ル二自ラ恨ムコト一**乎**。（　　　）（　　　）

13 **若**シ反‐求セバ其ノ所ヲ二自ラ恨ム一、（　　　）（　　　）

14 此ヲ為スレ恨ミト**爾**。（　　　）（　　　）

答

1 安くんぞ可ならざること有らんや。／反語
2 恨むらくは未だ何如の事なるかを知らず。／疑問
3 我何ぞ敢へて言はん。／反語
4 豈に隠すこと有らんや。／反語
5 豈に我化して異類と為るを知らんや。／反語
6 但だ我已に死せりと云ひ、／限定
7 今日の事を言ふこと無かれ。／禁止
8 道途に殍死せしむること無くんば、／使役
9 又何ぞ其の至らざるを虞れんや。／反語
10 又安くんぞ寝めて伝へざるを得んや。／反語
11 今日爪牙誰か敢へて敵せん　／反語
12 自ら恨むこと有る無きを得んや。／反語
13 若し其の自ら恨む所を反求せば、／仮定
14 此を恨みと為すのみ。／限定

(五) 再び此の途に遊ぶこと無かれ

教707 180～181 教708 348～349

【大意】 1 教707 180ページ4～9行 教708 348ページ4～9行

李徴は袁傪に、帰路ではこの道を通らないように告げ、二人は別れの挨拶をした。

【書き下し文】

❶虎又曰はく、「使ひして回る日、幸ひに道を他郡に取り、再び此の途に遊ぶこと無かれ。❷吾今日尚ほ悟むるも、一日都て酔はば、則ち君此を過ぐるとき、吾既に省せず、将に足下を歯牙の間に砕かんとし、終に士林の笑ひを成さん。❸此れ吾の切祝なり。❹君前み去ること百余歩、小山に上り下視すれば尽く見えん。❺此に将に君をして我を見しめんとす。❻勇を矜らんと欲するに非ず、君をして見て復た再び此を過ぎざらしめんとすればなり。❼則ち吾故人を待つことの薄からざるを知らん。」と。❽別れを叙すること甚だ久し。

【現代語訳】

❶虎がまた言った、「使者の仕事を終えて帰る日には、どうか道は他の郡のを選び、二度とこの道を通ってはいけない。❷私は今日はまだ心がはっきりしているけれども、ある日すっかり心が麻痺してしまったならば、きみがここを通り過ぎるとき、私はもうきみのことがわからず、きみを牙でかみ砕こうとし、結局教養人の仲間の間で笑い者になるだろう。❸これが私の切実な願いだ。❹きみがここから百歩余り進んで、小高い山に登り見下ろしたならばすべて見える。❺そこできみに私の姿を見せようと思う。❻勇姿を誇りたいのではない、きみに見せてもう二度とここを通らないようにさせるためだ。❼そうすれば、私の旧友への待遇の仕方が薄情ではないことがわかるだろう。」と。❽大変長い間、別れの言葉を述べた。

語句の解説 1

教707 180ページ　教708 348ページ

❶無㆔再遊㆓此途㆒　二度とこの道を通ってはいけない。
＊無　禁止を表す。…するな。

❷都酔　すっかり心が麻痺する。「都」は「すっかり」。

❷則　接続詞。…の場合には。…ならば。

❺将ㇾ令　…させようと思う。
＊令[A][B](セ)　使役を表す。AにBさせる。

❻不㆓復再過㆒ㇾ此　もう二度とここを通らない。
＊不㆓復[A]㆒(セ)　部分否定を表す。二度とA(し)ない。

❼待㆓故人㆒　旧友をもてなすこと。旧友への待遇。

❽叙ㇾ別　別れの挨拶をすること。

11 「都酔」とは、どのようなことをいうのか。

答 すっかり心が麻痺して、人間の心を失ってしまうこと。

【大意】2 教707 180ページ10行〜181ページ3行　教708 348ページ10行〜349ページ3行

李徴と袁傪は泣きながら別れ、袁傪が峰の上から見ると、虎が林から出て谷を揺るがして咆哮しているのが見えた。

【書き下し文】

❶傪乃ち再拝して馬に上り、草茅の中を回視すれば、悲泣聞くに忍びざる所あり。❷傪も亦た大いに慟き、行くこと数里、嶺に登りて之を看れば、則ち虎林中より躍り出でて咆哮し、巌谷皆震へり。（唐人説薈）

【現代語訳】

❶袁傪はようやく丁寧な挨拶をして馬に乗り、草むらの中を振り返って見ると、もの悲しい泣き声が聞くに耐えられなかった。❷袁傪もまた大声をあげて泣き、数里ほど行って、峰に登ってこれを見てみると、虎が林の中から躍り出て荒々しく吠え、険しい山や谷は皆震えた。

語句の解説 2

教707 180ページ　教708 348ページ

❶乃　そこではじめて。やっと。

❶再拝　相手に敬意を表するために、二度お辞儀をする丁寧な挨拶。

❶回視　振り返って見ると。

❶草茅　草とチガヤ。草むらのこと。

❶不ㇾ忍ㇾ聞　聞くに耐えられない。「忍」は「耐える」。

教707 181ページ　教708 349ページ

❷則　いわゆる「レバ則」。…の場合には。…すると。

❷咆哮　獣が荒々しく吠えること。

❷巌谷　山や谷。「巌」は「険しい山」。

学習のポイント

1 (一)～(五)の各段について、リード文も参考にして、要旨をまとめてみよう。

考え方 李徴が体験した怪異を中心にまとめながら、李徴と袁傪の関係性にも注目しよう。

解答例

(一) 李徴は皇族の子孫で、博学で詩文の才に優れていたが、人と親しまない性格で尊大な態度をとり、下級の役人でいることに満足できなかった。任期が終わり隠棲したものの、生活に困窮して援助を求める旅に出るが、帰途で突然発狂し、行方不明となる。

(二) 翌年、李徴の旧友で高官に出世した袁傪は、職務のため南方に出向く途中で虎となった李徴と遭遇する。自身の姿を恥じる李徴は、草むらに身を隠したまま袁傪と言葉を交わす。袁傪は李徴に事の次第を説明するよう求める。

(三) 李徴は帰りの宿で名を呼ばれるままに外に出、いつしか虎の姿になっていたと語る。当初は生き物を食べるのに忍びなかったが、空腹に耐えられなくなり、ついには人間の女性まで食べてしまったと告白し、獣となりはてた身では恥ずかしくてもう人とは会えないと嘆いた。虎となっても人の言葉が話せるのは何故か、袁傪が尋ねると、姿は変わったが、人としての意識ははっきりしているのだ、と李徴は語った。

(四) 李徴は袁傪に妻子の世話を頼み、現在の心境をうたう詩を作った。また、李徴は、虎となった原因は、かつて交際していた女性の一家を焼き殺したからだろうと語る。

(五) 李徴は、いつか人間の心を失ってわからなくなってしまいそうだから、二度とこの道は通らないでくれと袁傪に忠告する。互いに別れの挨拶を済ませると、李徴は虎として咆哮する姿を袁傪に見せたのだった。

2 探究 李徴はどのような人物として描かれているか、まとめてみよう。

考え方 李徴の性格が描かれている部分をピックアップしてみる。

(一) 「性疎逸、恃レ才倨傲。」＝気ままで人と親しむことがなく、自分の才能を誇り、他人に対して傲慢な性格。

(三) 「非レ不下念二妻孥一、思中朋友上。」＝家族や友人への気遣いがないわけではない。

(四) 「有レ子尚稚、固難二自謀一……亦恩之大者。」＝親としての子どもに対する愛情。

(四) 「此吾平生之業也。又安得二寝而不レ伝歟。」＝自分の詩文に対する誇り。

(四) 「一家数人、尽焚二殺之一而去。」＝残忍な性格。

解答例 李徴は家柄もよく、才能にも恵まれていたが、性格は傲慢なところがあり、周囲からは嫌われていた。また自分勝手で残忍なところもある一方で、友人や家族のことを忘れているわけではなく、特に我が子に対する愛情は厚く、人間味のある面ももっていた。けれども、我が身の不幸を憤り嘆く詩を作るなど、最後まで文人官僚であることを捨てきれずにいる人物として描かれている。

3 **探究** **「漢文の窓⑦（708⑧）『人虎伝』と『山月記』」（707 182ページ 708 350ページ）を参考に、「人虎伝」と中島敦（あつし）の小説「山月記」を読み比べてみよう。**

考え方 中島敦が描く李徴は、①文人として自らの詩文に対して異常な執着を有する、②虎に変身した理由を「尊大な羞恥心」と「臆病な自尊心」に求めている、という二点において、『人虎伝』とは大きく異なっている。

解答例 『人虎伝』は、李徴が生前（人間であった時）の悪行によって虎に変身するという、一種の因果応報話であるが、中島敦の『山月記』は、変身の理由を「尊大な羞恥心」と「臆病な自尊心」という、いわば誰でももち得る心の弱さに求めている。それゆえ『山月記』は、抗（あらが）いがたい運命に翻弄される一人の詩人（＝官僚）であり、自らの心の中に巣くう「虎」の存在に怯（おび）える李徴の姿を通して、時空を超えて共有される人間の本質的な弱さを描き出した作品といえる。

句法

◆ **書き下し文に直し、太字に注意して、句法のはたらきを書こう。**

1 **無**カレ三再ビ遊ブコト二此ノ途ニ一。（　　）（　　）

2 此ニ将ニレ**令**メント二君ヲシテ見レ我ヲ焉。（　　）（　　）

答
1 再び此の途に遊ぶこと無かれ。／禁止
2 此に将に君をして我を見しめんとす。／使役